1798, de la campagne d'Helvétie à l'

# Expédition d'Égypte

Lionel Marquis

*Planches uniformologiques de André Jouineau*

HEIMDAL

Cet ouvrage est dirigé par Jean-Marie Mongin.
Conception, maquette et mise en pages : *« le Studio des éditions des Soixante »*

Éditions Heimdal.

2 rue de la cartoucherie - 14406 Bayeux Cedex
Téléphone : 02 31 51 68 68
Site internet : www.editions-heimdal.fr



ISBN 978-2-84048-535-3

# *Sommaire*

# 1798...

Apparemment, une année comme les autres. En apparence seulement. Certes, cette année semble clore le cycle décennal infernal qui s'est ouvert en 1789. La France est apaisée, ses frontières consolidées. C'est un pays agrandi qui vit le XVIIIe siècle finissant.

Mais un pays où les cendres des incendies allumés plus tôt n'en finissent pas de rougeoyer, pouvant ainsi rallumer à tout moment la flamme des antagonismes.

1798, c'est aussi le commencement de la fin pour le Directoire, un régime de plus en plus discrédité dans l'opinion publique à cause de ses compromissions, sa corruption tant des mœurs que des esprits. C'est aussi la montée du militarisme, seule solution satisfaisante pour panser les plaies politiques du pays.

En fait, 1798 sera une année charnière où tous les acteurs se mettent en place pour jouer la pièce qui amènera à la chute brutale des institutions un an plus tard. Mais cette fin n'était-elle pas déjà inscrite dans les prémisses de cette période ?

Commencée dans la paix, l'année 1798 se terminera dans le fracas des combats.

Le général Bonaparte devant Le Caire
*(Jean-Léon Gérôme, Google art Project)*

# 1 La situation politique

La journée du 18 fructidor an V de la République, le 4 septembre 1797 donc. Ce jour, Barras Reubel et Réveillère opèrent un coup d'État contre les royalistes et les jacobins majoritaires aux conseils des Cinq-cents et au conseil des anciens. Cette journée marque la prise du pouvoir de l'exécutif sur le législatif. *(Bnf French Révolution archives, Stanford, USA)*

Frontispice de la Constitution du V fructidor an V et de la déclaration des droits de l'homme et du citoyen. *(Bnf French Revolution archives, Stanford, USA)*

Si en 1798 la France est, intérieurement, en lutte contre le terrorisme monarchique et les mouvements ouvriers (comme la conjuration des « Égaux » de « Gracchus » François Noël Babeuf, guillotiné le 27 mai 1797), la France est en paix. C'est la première année de paix après cinq ans de guerre. Et cette situation, elle est en partie imputable à un jeune général de vingt-neuf ans, Bonaparte, qui a terrassé les ennemis, ce que les généraux de la République n'étaient pas parvenus à réaliser. En récompense, Bonaparte est nommé à la tête de l'armée d'Angleterre, car le Directoire verrait d'un bon œil s'éloigner ce général un peu trop remuant et un peu trop célèbre, surtout après avoir arraché la paix de Campo-Formio à l'Autriche. Malheureusement, Bonaparte n'éprouve aucune attirance pour les contrées au climat frais comme c'est le cas du nord de la France où stationne cette armée d'Angleterre ni pour les eaux froides de la Manche. D'autant moins qu'il est au courant de la préparation d'une intervention en Irlande pour venir en aide à l'insurrection irlandaise, d'ailleurs déjà matée.

## Le Directoire

La chute de Robespierre, en 1794, avait révélé le désir de stabilité d'une bourgeoisie lasse des expériences révolutionnaires et aspirant à jouir en paix des conquêtes de 1789. En 1798, le pouvoir exécutif est représenté par le Directoire. Il est le fruit de la Constitution de l'an III (22 août 1795), proclamée « loi fondamentale de la République », votée par la Convention le 17 août 1795 et adoptée le 1er vendé-

CONSTITUTION DE LA RÉPUBLIQUE FRANÇAISE.
du 5 Fructidor an 3. (22 Aout 1795)
DECLARATION DES DROITS ET DES DEVOIRS DE L'HOMME ET DU CITOYEN.
DROITS.
DEVOIRS.
DISPOSITIONS GÉNÉRALES.
Binet Rue Aubry le Boucher, 35

miaire an IV (25 septembre 1795) après référendum par 1 057 390 de « oui » contre 49 978 « non », sur 6 millions d'électeurs environ. Ce régime durera donc du 4 brumaire an IV (26 octobre 1795, date de la séparation de la Convention) au 19 brumaire an VIII (10 novembre 1799), à la suite du coup d'État de Bonaparte, instaurant un nouveau régime, le Consulat.

En fait, le Directoire n'était qu'un changement formel, étant donné que les soutiens et les dirigeants de Thermidor et ceux du Directoire étaient les mêmes, usèrent des mêmes méthodes et eurent la même fin. Selon l'art. 132 de la Constitution de l'an III, « *le pouvoir exécutif est délégué à un directoire de cinq membres, nommé par le Corps législatif* [Conseil des Anciens et Conseil des Cinq-Cents], *remplissant alors les fonctions d'assemblée électorale, au nom de la nation* ». Les membres du Directoire doivent être âgés de quarante ans au moins et leur mandat est de cinq ans.

Pour devenir Directeur, le Conseil des Cinq-Cents forme une liste de cinquante candidats et la présente au Conseil des Anciens, qui choisit au scrutin secret également, dans cette liste. Ces cinq directeurs sont renouvelables par tirage au sort à raison d'un chaque année. En octobre 1795, les cinq premiers Directeurs élus sont : Paul François Jean Nicolas, vicomte de Barras*[1], élu avec 129 voix, le plus mal élu ; « *patron des nobles tarés et des pourfendeurs* » (Carnot). « *La galanterie, la débauche, le jeu, la table et l'intrigue avaient perverti et déshonoré sa jeunesse* » selon La Révellière. Le député du Var de 1792, sauveur le 9 thermidor et le 13 vendémiaire de la Convention, n'en demeurait pas moins l'homme fort du régime. Louis Marie de La Révellière-Lépeaux*, avec ses 216 voix, fut le plus plébiscité. Pour lui, Barras était un « *flibustier, homme de sac et de corde, entouré des chefs de l'anarchie la plus crapuleuse, des aristocrates les plus corrompus, de femmes perdues, d'hommes ruinés, de faiseurs d'affaires, d'agioteurs, de maîtresses et de mignons* » ; « *patron des prêtres scandaleux* » pour l'intègre Carnot* ; Louis Honoré Letourneur* 189 voix et Jean-François Reubell*, 176 voix. Selon La Révellière, Reubell « *avait tout*

1. Ces petites étoiles vous renvoient au dictionnaire en fin de chaque grande partie de notre ouvrage.

## *Les ministres du Directoire en 1798*

| | |
|---|---|
| **Relations Extérieures** | |
| Charles Maurice de Talleyrand-Périgord* | (15 juillet 1797-20 juillet 1799) |
| **Police Générale** | |
| - Pierre Jean-Marie Sotin de la Coindière* | (25 juillet 1797-13 février 1798) |
| - Nicolas Dondeau* | (13 février-16 mai 1798) |
| - Marie Jean-François Philibert | (16 mai-29 octobre 1798) |
| - Le Carlier d'Ardon* | |
| - Jean-Pierre Duval* | (29 octobre 1798-23 juin 1799) |
| **Intérieur** | |
| François Sébastien Letourneux* | (13 septembre 1797-17 juin 1798) |
| Nicolas François dit de Neufchâteau* | (17 juin 1798-22 juin 1799) |
| **Justice** | |
| Charles Joseph Mathieu Lambrechts* | (24 septembre 1797-20 juillet 1799) |
| **Finances** | |
| Dominique Vincent Ramel de Nogaret* | (14 février 1796-20 juillet 1799) |
| **Guerre** | |
| Gal Barthélémy Louis Joseph Scherer* | (22 juillet 1797-21 février 1799) |
| **Marine et Colonies** | |
| Georges-René Pléville-le Pelley* | (15 juillet 1797-27 avril 1798) |
| Contre-amiral Eustache Bruix* | (27 avril 1798-2 juillet 1799) |

*l'extérieur d'un homme versé dans les premières classes de la société* [...]. *Mais par un contraste singulier, il était souvent dur et impoli* [...] ». Pour Carnot, ce dernier « *était constamment le patron des gens accusés de vols et de dilapidation* » ; Sieyès*, qui avait obtenu 156 voix renonça et fut remplacé par Lazare Nicolas Marguerite Carnot (1753-1823).

Les cinq Directeurs qui « *ne prétendaient point être des hommes de génie* » (Barras), nomment les ministres selon l'art. 148 de la Constitution de l'an III. Toutefois, ceux-ci ne peuvent pas être choisis s'ils n'ont pas trente ans, « *ni parmi les parents ou alliés de ses membres* ».

L'année suivante, le 29 mai 1797, conformément à la Constitution, Letourneur est remplacé par Balthasar François marquis de Barthélémy qui se verra éliminé avec Carnot par le coup d'État du 18 fructidor.

De par le fait qu'il est constitué – comme le demande la Constitution – d'anciens

« Quand un Incroyable rencontre une Merveilleuse ». Cette peinture de Boilly est intitulée « Point de Convention », en 1797. Ces parangons de la Mode sont tout aussi visibles dans les jardins du Palais Égalité – le Palais Royal – que dans les salons du Directeur Barras. *(WCommons, droits réservés)*

Audience du Directoire exécutif du 30 brumaire an IV de la République (21 novembre 1795), quelques semaines après la séparation de la Convention et les débuts du Directoire. *(Gravure de Berteaux, 1795, Bnf French Revolution archives, Stanford, USA)*

conventionnels, ce régime est sans cesse menacé ; d'autant plus qu'il se révèle incapable d'obtenir une majorité durable dans les différents organes législatifs de par le fait du renouvellement annuel par tiers des deux assemblées.

Le 4 septembre 1797 (18 fructidor an V), coup de force exécuté par les membres républicains du Directoire, à savoir Barras, La Révellière-Lépeaux et Reubell contre leur collègue Balthasar François de Barthélémy* et contre la nouvelle majorité royaliste ou modérée du Conseil des Cinq-Cents et du Conseil des Anciens, issue des élections d'avril 1797 qui virent la défaite de 205 des 216 conventionnels sortants, remplacés par un grand nombre de députés royalistes dans les conseils du Directoire, portant à l'élection de l'un des leurs, Barthélémy. Carnot se tenant dans l'abstention, les trois directeurs firent cerner les Conseils par le général Augereau*, qui arrêta Barthélémy, Pichegru (président du Conseil des Cinq-Cents) et les principaux députés modérés. Barthélémy et Carnot furent condamnés à la déportation, de même que onze membres du Conseil des Anciens, quarante-deux du Conseil des Cinq-Cents et une foule de « conspirateurs », réels ou prétendus, parmi lesquels un grand nombre de prêtres. Tous furent déportés en Guyane. On condamna à mort d'anciens émigrés, la liberté de la presse fut suspendue, les élections annulées dans 49 départements.

Le 11 mai 1798 (22 floréal an VI), nouveau « coup d'État ». L'opposition royaliste brisée le 18 fructidor, le Directoire empêche la victoire électorale de l'opposition jacobine. Exploitant le climat de menaces et de violences suscité par les Jacobins qui se voient déjà sur le point de reprendre le pouvoir, le Directoire favorise des scissions dans la plupart des assemblées électorales, de telle sorte que la majorité (généralement jacobine) élit ses candidats, et la minorité les siens. Le gouvernement annula alors les élections des majorités, soit 106 députés jacobins et approuva celle des minorités. Quarante-cinq députés gouvernementaux furent ainsi déclarés élus, quoiqu'ayant eu moins de voix que leurs concurrents. Cette initiative permet l'élection de Jean-Baptiste Treilhard* comme Directeur en remplacement de François de Neufchâteau* et Philippe Antoine Merlin de Douai*. Treilhard sera éliminé par le « coup d'État » du 30 prairial an VI.

Le 30 prairial an VI (18 juin 1798) le Directoire décida d'un remaniement dans sa composition. Celui-ci intervenait sous la pression des Conseils et notamment des néojacobins qui avaient obtenu la majorité aux Cinq-Cents. Trois directeurs, Treilhard, La Révellière-Lépeaux et Merlin de Douai, connus pour leur opposition aux Jacobins, furent contraints de démissionner et remplacés par Louis Jérôme Gohier*, Roger Ducos* et le général Moulin*.

Le Directoire eut aussi à organiser la guerre contre la coalition, même si elle était avantagée par le fait que les puissances étrangères étaient lassées et elles-mêmes préoccupées par leurs questions internes, comme celle polonaise. Cette menace, ainsi que le coup d'État du 18 fructidor, soulignèrent l'influence croissante des chefs militaires dans la vie politique.

Les armées, qui ne comprenaient désormais plus que des soldats de métiers depuis l'amalgame de 1793-1794 réalisé par Carnot et consistant à associer en une demi-brigade deux bataillons de jeunes soldats recrutés par la levée en masse à un bataillon de soldats de l'ancienne armée, vouaient un attachement important à leurs chefs; Hoche, Augereau et surtout Bonaparte, sorti auréolé de sa campagne d'Italie. Mais en septembre 1798, la constitution de la Deuxième Coalition et les revers subis par les armées françaises en Italie l'année suivante, alors que Bonaparte est en Égypte, discréditèrent le régime, le fragilisant et favorisant ainsi un coup d'État militaire destiné à l'abattre.

## Le Conseil des Anciens

C'est l'une des deux chambres du Corps législatif créées par la Constitution de l'an III, et qui partageait le pouvoir avec le Directoire. C'est la Chambre haute, formée de 250 députés, élus au suffrage censitaire à deux degrés, qui doivent être âgés d'au moins quarante ans accomplis, être mariés ou veufs et être domiciliés depuis quinze ans sur le territoire de la République. Ils étaient renouvelés par tiers tous les ans. Le vote positif des Anciens est nécessaire pour que soit adopté tout texte émanant du Conseil

Grand costume du Directoire exécutif. Le Directoire exécutif est le dépositaire du pouvoir de la nation. Il est la première des autorités constituées… *(Eau-forte de Philippe Joseph Maillart, 1796 ou 1798, Bnf French Revolution archives, Stanford, USA)*

Cette caricature anglaise présente quelques membres du conseil des Cinq cents dans leur grand uniforme « à l'Antique ». *(Gillray, James, Musée Carnavalet, DR)*

des Cinq-Cents. Le Conseil des Anciens n'a pas l'initiative des lois. Le Conseil des Anciens avait le droit de changer la résidence du Corps législatif. (C'est ce qui se passera la veille du 18 brumaire). « *Le Conseil des Anciens est conçu comme un frein où l'âge et le nombre réduit des députés doivent faire de cette assemblée un lieu de réflexion calme et ordonné* ». « *Le principal défaut de ce système est la règle du renouvellement par tiers de l'assemblée entraînant une instabilité permanente et un changement de majorité à peu près chaque année* ». Le Conseil des Anciens fut supprimé après le 18 brumaire.

## Le Conseil des Cinq-Cents

Composée de 500 députés, c'est l'autre Chambre du Corps législatif issue de la Constitution de l'an III. Ses membres étaient élus pour trois ans au suffrage censitaire à deux degrés et devaient être âgés de plus de trente ans et domiciliés depuis dix ans sur le territoire de la République.

Cette assemblée proposait les lois mais celles-ci devaient obligatoirement être votées par les Anciens pour être promulguées.

Chaque conseil possède une garde de 1 500 hommes et aucune troupe n'a le droit d'approcher à plus de 60 km du lieu de séance des assemblées. Le Conseil des Cinq-Cents siégeait dans la salle du Manège (auj. rue de Rivoli).

Il fut dissous le 18 brumaire, en même temps que le Conseil des Anciens.*

<table>
<tr><th colspan="24">Les directeurs (1er janvier 1798 – 31 décembre 1799)</th></tr>
<tr><th colspan="12">1798</th><th colspan="12">1799</th></tr>
<tr><th>J</th><th>F</th><th>M</th><th>A</th><th>M</th><th>J</th><th>J</th><th>A</th><th>S</th><th>O</th><th>N</th><th>D</th><th>J</th><th>F</th><th>M</th><th>A</th><th>M</th><th>J</th><th>J</th><th>A</th><th>S</th><th>O</th><th>N</th><th>D</th></tr>
<tr><td colspan="23">Paul François Jean Nicolas Barras (1er novembre 1795 - 9 novembre 1799)</td><td></td></tr>
<tr><td colspan="6">Louis-Marie La Révellière-Lépeaux</td><td></td><td></td><td></td><td></td><td></td><td></td><td></td><td></td><td></td><td></td><td></td><td></td><td></td><td></td><td></td><td></td><td></td><td></td></tr>
<tr><td></td><td></td><td></td><td></td><td></td><td></td><td colspan="11">Jean-Baptiste Treilhard (15 mai 1798 – 17 juin 1799)</td><td></td><td></td><td></td><td></td><td></td><td></td><td></td></tr>
<tr><td colspan="17">Jean-François Reubell (1er novembre 1795 – 9 mai 1799)</td><td></td><td></td><td></td><td></td><td></td><td></td><td></td></tr>
<tr><td colspan="6">François de Neufchâteau</td><td></td><td></td><td></td><td></td><td></td><td></td><td></td><td></td><td></td><td></td><td></td><td></td><td></td><td></td><td></td><td></td><td></td><td></td></tr>
<tr><td colspan="19">Philippe Antoine Merlin de Douai (4 septembre 1797 – 20 mai 1798)</td><td></td><td></td><td></td><td></td><td></td></tr>
<tr><td></td><td></td><td></td><td></td><td></td><td></td><td colspan="17">Louis Jérôme Gohier (18 juin 1798 – 9 novembre 1799)</td><td></td></tr>
<tr><td></td><td></td><td></td><td></td><td></td><td></td><td colspan="17">Roger Ducos (18 juin 1798 – 9 novembre 1799)</td><td></td></tr>
<tr><td></td><td></td><td></td><td></td><td></td><td></td><td colspan="17">Jean-François Moulin (18 juin 1798 – 9 novembre 1799)</td><td></td></tr>
</table>

* du 1er novembre 1795 au 18 juin 1798.
** du 4 septembre 1797 – 18 juillet 1799)

Le député Thomas Bouquerot de Voligny, au Conseil des Anciens. Ce représentant de la Nièvre pose ici en grand uniforme des membres de ce conseil (*Musée de la Révolution française, Bnf French Revolution archives, Stanford, USA*)

« L'amour paternel ». Cette gravure de Levasseur illustre à merveille, même sous le Directoire, les difficultés et un certain dénuement du monde paysan. *(Collection particulière, droits réservés)*

*Page suivante.* À l'affût de toutes les nouvelles, les boursicoteurs et autres agioteurs sauront tirer parti, comme Barras d'ailleurs, de tous ces aléas financiers. *(Les amateurs d'estampes, esquisse préparatoire de Boilly, droits réservés)*

## 2 La situation économique

Après la crise révolutionnaire, le Directoire souhaitait faire fonctionner la République sur la base de la légalité constitutionnelle. Cependant, il fut bien vite rattrapé par la crise financière et malheureusement laissa s'aggraver la corruption administrative et l'anarchie morale. Le 19 février 1796, devant la chute continue de l'assignat (99,75 % en septembre 1796), le gouvernement procéda à sa destruction et convertit les 10 milliards en circulation en mandats territoriaux, échangeables immédiatement contre des biens nationaux. Sa vie fut éphémère ; le manque de confiance eut raison de ce nouveau papier-monnaie qui fut à son tour supprimé un an plus tard, dès février 1797, laissant l'État dans la détresse financière. Contraint de recourir à toutes sortes d'expédients, il dut emprunter à des taux usuraires, anticiper sur les recettes des années suivantes, offrir en garantie à un financier le produit des impôts dans un département, et même engager les diamants de la Couronne. En septembre 1797, Ramel, le ministre des Finances, fit voter la loi du tiers consolidé, lui permettant ainsi de camoufler une banqueroute partielle en réduisant des deux tiers la dette publique dont les intérêts étaient estimés à 258 millions. Il fut ainsi décrété que les deux tiers de la dette seraient remboursés au capital de vingt fois la rente par des bons pouvant servir à l'acquisition de biens nationaux et qui constituèrent la « dette publique mobilisée ». Le troisième tiers fut « consolidé » et porté sur le Grand

L'assignat de cent francs, un des symboles de la crise économique que traverse le Directoire. *(Collection particulière, droits réservés)*

La bascule patriotique : « il est claire *(sic)* que le nouveau régime emporte la balance : N° 1. La Peste. 2. La Guerre. 3. La Famine. *(Gravure chez Weber, au Palais Royal, Bnf, French Revolution archives, Stanford, USA)*

François Noël « Gracchus » Babeuf. *(Bnf, French Revolution archives, Stanford, USA)*

Une petite manufacture à la fin de la Révolution *(Bnf, French Revolution archives, Stanford, USA)*

Livre de la Dette publique comme rente perpétuelle. La dette se trouva ainsi réduite à 86 millions. Cette crise financière permit spéculations et trafics dans lesquels Barras fut particulièrement compromis.

Durant les années du Directoire, les structures économiques du pays se consolidèrent selon un système capitaliste ; cependant au détriment de la population (augmentation du prix des biens de consommations de 230 % alors, que dans le même temps, les salaires n'augmentaient que de 63 %). Les seuls qui tirèrent leur épingle du jeu furent les paysans qui usèrent de tous les moyens possibles pour conserver leurs avantages économiques.

Après la mauvaise récolte de 1795, la misère populaire qui contrastait avec le luxe des parvenus, favorisa la propagande socialiste diffusée plus particulièrement par Babeuf. Sa conspiration (des Égaux) fut déjouée par la police au printemps 1796 mais le Directoire, effrayé par la menace de l'*extremum*, composa avec les royalistes qui, aux élections de l'an V (avril 1797), obtinrent un grand succès et s'assurèrent la majorité dans les Conseils.

# *Les acteurs du Directoire*

**Pierre François Charles Augereau** (Paris, 21 octobre 1757 – 12 juin 1816).

Le fils d'un domestique et d'une fruitière commença sa carrière militaire dans les armées étrangères (prussienne [1777] puis napolitaine [1786]) avant de faire son retour en France à la Révolution et s'engager dans la garde nationale parisienne (1790). En décembre 1793, il est nommé général de division grâce à son courage en Vendée et aux Pyrénées. Envoyé en Italie, il remporte sur les Piémontais la victoire de Millesimo, combat à Lodi, à Castiglione et décide de la victoire d'Arcole. Revenu à Paris, il exécute pour le Directoire le coup d'État du 18 fructidor (4 septembre 1797), devient membre du Conseil des Cinq-Cents jusqu'au 18 brumaire.

**Paul, vicomte de Barras** (Fox-Amphoux, [Var] 30 juin 1755 – Chaillot, 29 janvier 1829).

Après avoir quitté l'armée en tant qu'officier, il fut élu député du Var à la Convention et organisa l'administration du nouveau département des Alpes-Maritimes. Il prit part au siège de Toulon (1793) où il fit la connaissance de Bonaparte qu'il fit nommer capitaine. Régicide, craignant pour sa vie, il fut, avec Fouché* et Tallien*, l'instigateur du 9 thermidor et s'empara de Robespierre et des siens. Commandant en chef de l'Armée de l'Intérieur, du 5 au 25 octobre 1795, il fit appel à Bonaparte pour mater l'insurrection royaliste contre la Convention. Cela se passait le 5 octobre 1795 (13 vendémiaire an IV). Élu directeur dès l'entrée en vigueur de la Constitution de l'an III, il décide le coup d'État du 18 fructidor. Barras facilita le mariage de Bonaparte avec Joséphine de Beauharnais et lui confia le commandement de l'armée d'Italie. Il est toujours en fonction en 1798.

**François Marie Barthelemy** (Aubagne, 8 octobre 1747 – Paris, 3 avril 1830). Protégé de son oncle l'abbé Jean-Jacques Barthélémy, il put ainsi faire carrière dans la diplomatie. À Stockholm d'abord, de 1768 à 1775 comme secrétaire d'ambassade, puis à Vienne (1775-1784) et à Londres comme chargé d'affaires (1784-1791). C'est dans cette ville qu'il accueillit les premiers réfugiés français. Le 20 décembre 1791, il est nommé ambassadeur auprès des cantons suisses, après avoir refusé de succéder à Armand-Marc comte de Montmorin-Saint-Herm (1745-1792) comme ministre des Affaires étrangères, il conclut à Bâle, en 1795, trois traités: avec la Prusse le 5 avril; avec les Provinces-Unies le 16 mai; avec l'Espagne le 14 juillet. Ces traités commencèrent à mettre un terme à la guerre européenne. Sa réputation, de modération le fit nommer au Directoire le 20 mai 1797; mais cette modération même et les dispositions royalistes qu'on lui prêtait, l'en firent exclure quelques mois plus tard (4 septembre 1797). Déporté à Cayenne après le 18 fructidor, il fut bientôt transféré avec ses compagnons d'infortune dans les déserts pestilentiels de Sinnamary (Guyane); mais il parvint à s'échapper et fut accueilli dans la Guyane hollandaise, où on lui fournit les moyens de se rendre en Angleterre. Il rentra en France après le 18 brumaire.

**Claude-Sébastien Bourguignon-Dumouard** (Vif [Grenoble], 21 mars 1760-?).

Lors de l'entrée en vigueur de la Constitution de l'an III (1795), il fut nommé substitut du commissaire di Directoire près la Cour de cassation. Après le 30 prairial an V, qui amena au Directoire Roger Ducos, Moulin et Gohier, il succéda à Duval au ministère de la Police où il ne resta que vingt-sept jours avant d'être remplacé par Fouché. Jusqu'au 18 brumaire, il fut régisseur des domaines et de l'enregistrement.

**Eustache Bruix** (Fort-Dauphin [Saint-Domingue], 1759 – Paris, 18 mars 1805).

Le futur amiral est en 1790 lieutenant de vaisseau embarqué sur *Le Superbe* du 11 juillet 1790 au 31 janvier 1791 avant d'être nommé membre de l'Académie de Marine. Après divers commandements à la mer, il est destitué le 24 octobre 1793 par les représentants du peuple. Capitaine de vaisseau de 1re classe à compter du 1er janvier 1794 et rétabli dans son grande par arrêté des mêmes représentants du peuple à Brest, le 11 juin 1794.

Participe au combat de Groix, le 23 juin 1795. Major général de la marine à Brest le 31 octobre 1795. Fit partie, comme major général, de la flotte de l'expédition d'Irlande, le 5 novembre 1796.

À bord de l'*Indomptable* en qualité de major général de la marine du 11 juin 1797 au 18 octobre. Nommé ministre de la Marine et des Colonies en remplacement de Pléville-le-Pelley du 28 avril 1798 au 11 juillet 1799.

**Lazare Carnot** (Nolay [Côte-d'Or], 13 mai 1753 – Magdebourg, 2 août 1823).

Reçu en 1770 à l'École du génie de Mézières, il commence en 1773 une carrière d'ingénieur militaire. Capitaine au début de la Révolution, nommé à Arras, il y fit la connaissance de Robespierre. Les deux devaient ne pas s'apprécier. Nommé au comité de Salut public en août 1793, il est l'organisateur de la victoire et l'un des auteurs du 9 thermidor.

En octobre 1795, il est élu directeur comme spécialiste des affaires militaires, mais le coup d'État du 18 fructidor le frappe et il s'enfuit en Suisse, où il réside encore en 1798.

**Nicolas Dondeau** (Fontaine-Denis [Marne], 25 mars 1752 – Provins, 21 octobre 1834).

Avocat, il embrassa les principes de la Révolution avec ardeur et fut élu maire de sa ville, Douai, puis administrateur du département du Nord, et juge au tribunal militaire de ce même département. Chef de division au ministère de la Police, il succède à Sotin de la Coindière le 13 février 1798, avant d'être lui-même remplacé, après trois mois de fonctions, par Le Carlier d'Ardon. En 1798, il est administrateur de la Loterie.

**Roger comte Ducos,** (Montfort-en-Chalosse [Landes], 25 juillet 1747 – Ulm [Allemagne], 16 mars 1816).

En 1792, Roger Ducos est député à la Convention, élu par son département des Landes, et fait partie du club des Jacobins. Sous le Directoire, il passe au Conseil des Anciens qu'il présidait à la séance du 18 fructidor an V (4 sept. 1797). Nommé au Directoire en juin 1798, il suivit fidèlement Sieyès et collabora avec celui-ci au coup d'État du 18 brumaire, à la suite duquel il fut nommé troisième consul provisoire.

**Jean-Pierre Duval** (Rouen, 20 février 1754 – Paris, 25 août 1817).

Avocat, il est nommé en 1792 député à la Convention par le département de la Seine-Inférieure. Favorable à un sursis pour Louis XVI, il fut alors proscrit en 1793 et s'enfuit, ne rentrant qu'après le 9 thermidor. Membre du Conseil des Cinq-Cents de 1795 à mai 1797. Le 29 octobre 1798 (8 brumaire an VII), il remplace Le Carlier au ministère de la Police, poste qu'il remplit « avec douceur et sans oppression » servant avec zèle les intérêts du Directoire, montra beaucoup d'attachement à Merlin de Douai à qui il devait sa nomination. Candidat malheureux contre Sieyès au Directoire, il quitta le ministère huit mois après son entrée et fut remplacé le 23 juin 1799 (5 messidor an VII) par Bourguignon.

**Joseph Fouché** (La Martinière, 29 mai 1759 – Trieste, 26 décembre 1820).

Rallié avec ardeur à la Révolution, jacobin, il est, en 1792, député de la ville de Nantes à la Convention où il fit partie du comité de l'Instruction publique. Après avoir voté la mort du roi, il part en mission à Lyon en 1793 avec Collot d'Herbois et prit part à la sanglante répression qui s'abattit sur les Lyonnais. Rallié aux thermidoriens, il n'en fut pas moins chassé de la Convention après la chute de Robespierre, arrêté en août 1795 puis amnistié. Le 5 octobre 1798 (14 vendémiaire an VII), Fouché est envoyé à Milan comme chef de la légation française auprès de la toute jeune République Cisalpine.

**Nicolas François dit François de Neufchâteau,** comte (Saffais [Lorraine], 17 avril 1750 – Paris, 10 janvier 1828).

L'écrivain et agronome Nicolas François est ministre de l'Intérieur depuis le 16 juillet 1797, lorsqu'il est élu, avec Merlin de Douai*, membre du Directoire, en remplacement de Barthélemy et Carnot, proscrits par le coup d'État du 4 septembre 1797 (18 fructidor an V). Membre du Directoire du 8 septembre 1797 au 20 mai 1798, il y joua un rôle assez effacé et le quitta après le tirage au sort de mai 1798. Envoyé comme ministre plénipotentiaire à Vienne, il se vit bientôt offrir le ministère des Relations extérieures mais le refusa. Du 17 juin 1798 (29 prairial an VI) au 22 juin 1799 (4 messidor an VII), il fut ministre de l'Intérieur pour la seconde fois.

**Louis Jérôme Gohier** (Semblançay, 27 février 1746 – Eaubonne [Val-d'Oise], 29 mai 1830).

Membre de la Législative et de la Convention, il fut chargé du rapport qui entraîna la déchéance de Louis XVI. En 1793, il remplace Garat au ministère de la Justice. Appelé au Directoire en 1799, il fut, avec Roger Ducos et Moulin, l'adversaire de Sieyès. Président du Directoire lors du 18 brumaire, il protesta contre le coup d'État. En 1798, il n'occupe aucune fonction officielle.

**Charles Joseph Mathieu Lambrechts** (Saint-Trond [Belgique], 20 novembre 1753 – Paris, 4 août 1823).

Licencié en droit à 21 ans en 1774, il obtient, trois ans plus tard, en 1777, une place de professeur de droit à l'Université de Louvain. Docteur en droit en 1782, il devient quatre ans plus tard, recteur de l'Université. En 1794, il est à Bruxelles en qualité d'avocat. Avec la conquête française de la Belgique, Lambrechts occupe successivement les fonctions d'officier municipal de Bruxelles, membre et président de l'administration centrale du département de la Dyle, président de la même administration, ministre de la Justice en septembre 1797, en remplacement de Merlin de Douai. Il resta à ce poste durant toute l'année 1798.

**Louis-Marie de La Reveilliere-Lepeaux** (Montaigu, 24 août 1753 – Paris, 27 mars 1824).

Il commence sa carrière en étant avocat avant de devenir député du Tiers-État d'Anjou en 1789. Proscrit en 1793 pour avoir voté la mort du Roi, il réapparaît après le 9 thermidor. Membre de la commission préparant la Constitution de l'an III (1795), il est élu président du Conseil des Anciens, puis directeur la même année. Après les élections d'avril 1797, il demanda le soutien royaliste (10 août) et prépara avec Barras et Reubell le « coup d'État » du 18 fructidor. Soutenant une politique belliciste, il rédigea la proclamation appelant à une croisade anti-britannique (19 oct.). Accusé d'avoir inspiré le coup d'État du 22 floréal (4 mai 1798), il fut contraint à la démission avec Merlin de Douai.

## *Les Jacobins*

En 1789, les dominicains possédaient à Paris trois maisons: celle de la rue Saint-Jacques, qui sera fermée en 1790 et démolie; celle de la rue Saint-Honoré, depuis 1612, qui devint durant la Révolution le siège du fameux club des Jacobins et sur l'emplacement de laquelle fut construit, en 1810, l'actuel marché Saint-Honoré et celle du faubourg Saint-Germain, depuis 1632, dont la chapelle est devenue l'église Saint-Thomas-d'Aquin.

C'est dans le réfectoire du couvent de la rue Saint-Honoré que se réunissait le Club breton, une société politique formée dès mai 1789 par des délégués bretons aux États Généraux et auxquels s'adjoignirent des députés d'autres provinces. Son titre officiel était Société des Amis de la Constitution et était dirigé par Lameth et Barnave.

Le programme militait en faveur d'une monarchie constitutionnelle. Il faudra la fuite du roi à Varennes pour provoquer une scission avec les éléments modérés qui créèrent le club des Feuillants en juillet 1792 tandis que l'autre partie, entraînée par Robespierre et Pétion, se livrait à une purge sévère, bien qu'orientée vers les principes démocratiques. En sept. 1792, les Jacobins prirent alors le titre de *Société des Amis de la liberté et de l'égalité*. La mort du roi, la chute des Girondins, l'établissement de la Terreur furent en grande partie l'œuvre des Jacobins. Ceux-ci devinrent les auxiliaires principaux du Comité de salut public en fournissant les citoyens les plus aptes à remplir les fonctions publiques (18 nov. 1793). La chute de Robespierre mit un terme à leur dictature et le club fut fermé le 21 brumaire an II (11 novembre 1794).

Les Jacobins essayèrent de se reconstituer à la fin du Directoire, en juillet - août 1799.

**Marie Jean-François Philibert Le Carlier d'Ardon** (Laon, 20 novembre 1752 – Paris, 22 août 1799).

Le maire de Laon était également secrétaire du roi avant la Révolution. En 1789, il est élu député du Tiers-Etat du baillage de Vermandois aux États Généraux.

En 1792, il vota la mort du roi puis succéda à Dondeau au ministère de la Police Générale où il ne resta qu'une année, remplacé par Duval.

**Étienne-François Louis Honoré Letourneur** (Granville [Manche], 15 mars 1751 – Laeken [Belgique], 4 décembre 1817).

Il est chargé par Lazare Carnot de négocier la paix avec l'Angleterre.

**François Sébastien Letourneux** (Saint-Julien-de-Concelles, 4 juillet 1752 – 1814).

Officier du génie, il siège au comité militaire de la Convention, puis au comité de salut public (août 1795). Élu au Conseil des Anciens, il est élu la même année Directeur et s'occupe de la marine.

Éliminé par tirage au sort, en mai 1797. Général de brigade en mission à Lille, il est rappelé au moment du coup d'État du 18 fructidor.

de la Justice. Au lendemain du coup d'État du 4 septembre 1797 (18 fructidor an V), il fut nommé l'un des cinq Directeur en remplacement de Barthélemy (5 septembre).

Après l'assassinat des plénipotentiaires français à Rastadt, Merlin, ainsi que ses deux collègues, se vit dans la nécessité de se démettre, le 18 juin 1799 (30 prairial an VII), de ses fonctions de directeur quatre mois avant le coup d'État de Bonaparte.

**Jean-François Moulin** (Caen, 14 mars 1752 – Pierrefitte, 12 mars 1810).

Ingénieur-géographe des Ponts et

Capitaine au moment de la Révolution, Letourneur adhère aux idées de la Révolution.Il écrit en 1792 un rapport pour la Convention sur la base marine et la construction de la rade de Cherbourg et plusieurs autres rapports sur la marine. Opposé à la mise en jugement de Louis XVI, il vote néanmoins pour la mort, contre le sursis, mais pour l'appel au peuple.

Il accomplit en 1793 et 1795 de longues missions à Toulon, y réorganise en 1795 l'escadre de la Méditerranée. Il est Président de la Convention entre le 6 janvier et le 20 janvier 1795. Réélu par la Manche au Conseil des Anciens, il est, dès la première séance, élu au Directoire, il y joue un rôle effacé. Il est éliminé par le tirage au sort le 20 mai 1797. Il est nommé général de brigade le 9 juin 1797 et inspecteur général d'artillerie.

**Philippe-Antoine Merlin dit Merlin de Douai** (Arleux [Nord], 30 octobre 1754 – Paris, 26 décembre 1838).

Avocat, il était avant la Révolution l'auteur de plusieurs ouvrages reconnus de jurisprudence, et pendant la Révolution un des rédacteurs avec Cambacérès de la loi des suspects et des projets de Code civil des Français.

Le 15 octobre 1795, Merlin est élu au Conseil des Anciens, mais il fut dans l'incapacité d'exercer son mandat étant depuis le 3 novembre 1795 ministre de la Justice, et qu'il remplit jusqu'au 4 janvier 1796, et du 3 avril 1796 de la même année au 18 septembre 1797

Dans l'intervalle, Merlin avait été chargé de diriger le ministère de la Police générale de création récente: mais le mauvais état de sa santé l'obligea à renoncer à des occupations trop fatigantes et à reprendre le portefeuille

Chaussées, il revint en 1790 dans l'armée comme volontaire dans la Garde nationale parisienne. Après s'être battu en Vendée, il fut affecté comme général de brigade au commandement en chef de l'armée des Côtes de Brest avant une mutation à l'armée des Alpes sous Kellermann. En 1797-98, il devient commandant de la division militaire de Paris avant une affectation à l'armée d'Angleterre.

**Georges-René Pleville le Peley** (Granville, 26 juin 1726 – Paris, 20 octobre 1806).

À la Révolution, Pléville-le-Peley l'unijambiste (il avait perdu une jambe emportée par un boulet alors qu'il commandait un corsaire, en 1746), comptait douze campagnes en mer, avait participé à cinq batailles navales. Grâce à son expérience, il fut envoyé comme plénipotentiaire pour traiter à Lille,

avec Malmesbury. Au retour de cette mission, il fut nommé ministre de la Marine, le 6 juillet 1797, en remplacement de Truguet. Il démissionna le 27 avril 1798 et reçut alors le grade de contre-amiral.

**Vincent Dominique Ramel de Nogaret** (Montolieu [Aude], 3 novembre 1760 – Bruxelles, 31 mars 1829).

Avocat à Carcassonne, il fut élu député du Tiers-Etat aux états-Généraux. Il vota la mort du roi et, en janvier 1795, fut envoyé en Hollande. Élu membre du Conseil des Cinq-Cents, lors de l'entrée en vigueur de la Constitution de l'an III, il s'occupe de finances. Le 14 janvier 1796 (25 pluviôse an IV), il est nommé ministre des Finances en remplacement de Faipoult, mais il est en butte aux critiques des ultra-révolutionnaires qui l'accusent d'être la cause

des malheurs de l'État. Il finit par démissionner le 20 juillet 1799.

**Jean-François Reubell** (Colmar, 6 octobre 1747 – 24 novembre 1807).

Bâtonnier des avocats dans sa ville natale, député à la Convention en 1789, il est nommé en octobre 1792, membre du Comité militaire et diplomatique. C'est à ce titre qu'il est envoyé avec Merlin de Thionville en mission à Mayence, menacée par les troupes prussiennes. La ville ne capitulera que le 24 juillet 1793. Entré au Comité de sûreté générale et de salut public, avec le portefeuille de la diplomatie, il dé-

fend la politique d'annexion. Membre et président des Cinq-Cents, il est élu directeur chargé des questions diplomatiques et financières. Avec Barras et La Révellière-Lépeaux, il fait organiser le coup d'État du 4 septembre 1797 (18 fructidor an VI) et poussa Bonaparte à réclamer à Rastadt la rive gauche du Rhin. Reubell participe également à la rédaction de la Constitution de la République Helvétique. Désigné par le sort pour quitter le Directoire le 9 mai 1799 (20 floréal an VII), il est remplacé dans cette fonction par Sieyès. Reubell, élu au Conseil des Anciens, refuse le portefeuille de Ministre des Affaires Étrangères, fut immédiatement contesté en raison des exactions de son beau-frère en Suisse et de ses propres malhonnêtetés. Il est toujours en fonction en 1798, mais ce sera le 18 Brumaire qui mettra fin à sa carrière politique.

**Barthélémy Louis Joseph Scherer** (Delle, 1747 – Chauny, [Aisne], ? août 1804).

Schérer a commencé sa carrière militaire dans les troupes autrichiennes, puis dans le régiment d'artillerie de Strasbourg, où il était capitaine au moment de la Révolution.

Nommé commandant en chef de l'armée des Alpes, il remporta en 1795 plusieurs batailles avant d'être transféré à l'armée des Pyrénées-Orientales où il eut l'occasion de montrer ses mérites.

Une fois la paix faite avec l'Espagne, il fut nommé en Italie une seconde fois et battit l'armée austro-sarde à

Finale Ligure et sur la riviera génoise. En 1797, il est nommé ministre de la Guerre, en remplacement d'Aubert-Dubayet. Accusé de royalisme et de complice de Pichegru, il résista néanmoins à toutes les attaques grâce au soutien de Reubell. En 1798, il était toujours ministre de la Guerre.

**Emmanuel Joseph Sieyes** (Fréjus, 3 mai 1748 – Paris, 20 juin 1836).

Député du Tiers-Etat de Paris, il fit triompher la vérification en commun des pouvoirs (10 juin 1789), fit adopter le terme « Assemblée Nationale » (17 juin). Député à la Convention, il vota la mort du roi.

En 1785, il intègre le comité de salut public et avec Reubell négocie l'alliance avec la République batave (mai 1795). Nommé directeur, il se récuse et est remplacé par Carnot.

Paul Barras, dans son uniforme de Directeur. *(Bnf, French Revolution archives, Stanford, USA)*

Député au Conseil des Cinq-Cents, il appuya le 18 fructidor avant d'être envoyé comme ambassadeur à Berlin en mai 1798.

**Pierre Jean-Marie Sotin de la Coindière** (Nantes, 13 avril 1764 – La Chevrolière [Loire], 13 juin 1810).

Administrateur du département de la Loire-Inférieure en 1782, arrêté, il fit partie des 132 Nantais que Carrier voulait faire noyer.

Une fois à Paris, Sotin devint commissaire près l'administration centrale du département de la Seine pour le compte du Directoire puis ministre de la Police au moment où se préparait le coup d'État du 18 fructidor auquel il contribua beaucoup. Remplacé au ministère, il fut envoyé, en 1798, comme ambassadeur extraordinaire à Gênes, puis passa consul à New-York.

**Jean-Lambert Tallien** (Paris, 23 janvier 1767 – 16 novembre 1820).

En août 1792, Tallien siège à la Commune insurrectionnelle de Paris comme secrétaire-greffier et défend l'année suivante les massacres de Septembre. Le 23 septembre 1793, il est envoyé en mission à Bordeaux pour réprimer les mouvements fédéralistes. Il y commet de tels excès que Robespierre est contraint d'ouvrir une enquête sur lui.

Ayant peur pour sa vie, Tallien s'allie alors aux ennemis du dictateur (Barras et Barrère) pour préparer le coup d'État du 9 thermidor, réprimant ensuite énergiquement les jacobins. Sous le Directoire, il siège au Conseil des Cinq-Cents. Barras le présente à Bonaparte qui l'emmène avec lui en Égypte et où, après la prise du Caire (23 juillet 1798), il édite le journal officiel, la Décade égyptienne. Il reste en Égypte jusqu'en 1800, renvoyé en France par

le général Menou qui a remplacé Kléber assassiné.

**Charles Maurice, comte de Talleyrand-Périgord** (Paris, 2 février 1754 – 17 mai 1838).

Élu en avril 1789 député du clergé pour le diocèse d'Autun, il ne cesse dès lors de défendre la cause nationale. Il vote en faveur de la réunion du clergé aux communes. Le 16 février 1790, il est élu président de l'Assemblée. En mars 1791, il est élu membre du directoire du département de Paris.

Dans le courant de 1792, il est chargé par Louis XVI d'une mission diplomatique en Angleterre, ce qui lui valut à son retour en France d'être en butte aux intrigues des émigrés qui le dénoncèrent comme agent secret des jacobins. Impliqué, vers la fin de cette même année, comme complice de la cour, il fut décrété d'accusation et s'exila en Angleterre où, après un long séjour, le gouvernement lui ordonna de quitter le pays dans les vingt-quatre heures.

Il s'embarqua alors pour les États-Unis et ne retourna en France qu'en 1795, une fois que la Convention rapporta le décret d'accusation. Au cours des années suivantes, il fit montre de son zèle républicain et le 27 messidor an V (15 juillet 1797), il est nommé ministres des Relations Extérieures, poste qu'il occupe toujours en 1798.

**Jean-Baptiste comte Treilhard,** (Brive-la-Gaillarde, 3 janvier 1742 – Paris, 1er décembre 1810).

Après une brillante carrière d'avocat sous l'Ancien Régime, Jean-Baptiste Treilhard est élu député du Tiers aux États généraux de 1789. Après l'avoir nommé ambassadeur à Naples (1796), le Directoire le nomme ministre plénipotentiaire au congrès de Rastadt (1797). Président du Conseil des Cinq-Cents, il devient membre du Directoire, du 15 mai 1798 (26 floréal an VI) au 17 juin 1799 (28 prairial an VII) en remplacement de François de Neufchâteau. Il sera président du Directoire du 24 août au 27 novembre 1798.

Français contre Autrichiens en 1797.
*(Bnf, French Revolution archives, Stanford, USA)*

# 3 La situation extérieure

Premier janvier 1798. Les Français se réveillent dans un pays en paix. En paix et aux frontières repoussées. Même si la guerre se poursuit avec l'Angleterre, l'Autriche et le Portugal, le relatif éloignement de ces trois nations fait qu'intérieurement la France est en paix.

Les agrandissements territoriaux consécutifs aux campagnes de 1796-1797 ont été ratifiés par l'ancien adversaire; à Campoformio où l'Autriche a reconnu la République Cisalpine, a abandonné à la France les Pays-Bas, conquis par Pichegru en 1795, ainsi que les pays d'Empire jusqu'au Rhin en échange de Venise et ses territoires jusqu'à la rive gauche de l'Adige, l'Istrie et la Dalmatie. Au Congrès de Rastadt, qui se tiendra à partir du 1er mars, la rive gauche du Rhin est reconnue comme limite de la République.

Cependant, le feu couve sous la cendre. Car en réaction à l'assassinat du général Duphot à Rome le 27 décembre 1797, le Directoire a chargé Berthier de descendre vers Rome, d'en chasser le pape et de proclamer la République, malgré les excuses du pape, rejetées par le Directoire. Autour du territoire national, un « cordon de sécurité » est établi : ce sont les « Républiques sœurs ».

## LES RÉPUBLIQUES SŒURS

Ce sont à la fois les « patriotes » étrangers (hollandais, belges, italiens et également suisses) qui sont à l'origine de l'idée des « républiques sœurs, ainsi que les victoires remportées par les armées françaises.

Suite à Valmy (20 septembre 1792), le maréchal Custine occupe le sud de la Rhénanie (fin septembre-début octobre 1792) et Dumouriez, après Jemmapes (6 novembre) partira à la conquête des Pays-Bas autrichiens et amènera les troupes fran-

## *Les départements rhénans*

| Département | Chef-lieu |
|---|---|
| Mont-Tonnerre | Mayence |
| Rhin-et-Moselle | Coblence |
| Roer | Aix-la-Chapelle |
| Sarre | Trèves |

çaises à la frontière des Provinces-Unies. C'est là qu'intervinrent le Comité révolutionnaire batave à Paris qui poussera la Convention à déclarer la guerre non seulement à l'Angleterre mais également à Guillaume V d'Orange, le 1er février 1793.

Deux mois plus tard, en mars 1793, les choses changent. Dumouriez est battu à Neerwinden par l'armée autrichienne (18 mars).

Les armées françaises doivent se replier et abandonner la Belgique, le Brabant hollandais, la Rhénanie (sauf Mayence). En juillet, les Autrichiens s'emparent de Condé-sur-Escaut (le 10) et de Valenciennes (le 28). En août, Dunkerque est sous le feu des canons anglo-hollandais (à partir du 23). En septembre, Le Quesnoy est pris par Cobourg (le 12) et Maubeuge est assiégée (le 23). L'Alsace est envahie par les Prussiens et le Roussillon par les Espagnols.

Enfin, comme si cela ne suffisait pas, une partie de la Savoie est réoccupée par les troupes du roi de Sardaigne et la Corse, entrée en rébellion, va tomber aux mains des Coalisés. Cette situation a fait passer au second plan la question des républiques sœurs. D'autant plus que les Girondins, promoteurs de l'idée, devant les désastres militaires successifs, ont été éliminés le 2 juin 1793 et les tenants de Robespierre vont rejeter tout programme expansionniste au profit de la défense de la patrie en danger.

Il faudra attendre la fin du Comité de Salut Public (juillet 1794) et celle de Robespierre et de ses amis pour voir resurgir l'idée; alimentée par les victoires françaises des années 1794 et suivantes.

Durant la période 1795-1798, pas moins de neuf « Républiques sœurs » seront créées. Toutes ne passeront pas à la postérité comme ce fut le cas pour la Cisrhénane (14 septembre-novembre 1797), entité politique voulue par une poignée d'intellectuels et issue de la transformation de la rive gauche du Rhin en république sœur.

Les événements survenus en France (coup d'État du 18 fructidor (4 septembre 1797) qui a vu Merlin de Douai et François de Neufchâteau, deux hommes partisans des frontières naturelles de la France, remplacer Carnot et Barthélémy, ainsi que le traité de Campo Formio du 17 novembre 1797 qui, dans ses articles secrets, livre Mayence à la France en échange d'une partie du territoire vénitien et une promesse de bons offices pour assurer aux Français à Rastadt l'obtention de la rive gauche du Rhin, encourage les tenants d'un rattachement à la France.

Soumise à une consultation populaire en novembre 1797, la réunion à la République fut acceptée, mais sans enthousiasme, car un cinquième des électeurs s'était prononcé.

Un membre de l'exécutif de la République batave en grande tenue, 1798. *(WCommons, droits réservés)*

La capture de la flotte anglo-hollandaise par la cavalerie légère de Pichegru au Helder est un des éléments déterminants de la conquête des Pays Bas. *(WCommons, droits réservés)*

## Le stathouder

Le stathouder (mot qui s'écrit *stadhouder* en néerlandais), était à l'origine le délégué du roi dans la province de Hollande. Guillaume d'Orange, dit le Taciturne, fut le premier stadhouder. Son fils Maurice lui succéda en 1584.

Le stathouder, dont la dignité était héréditaire depuis 1747, était amiral de l'Union et capitaine général des cinq provinces de Zélande, Hollande, Utrecht, Gueldre et Overijssel. Sans posséder toutes les prérogatives d'un souverain (les Provinces-Unies étaient une république), le prince d'Orange, qui était revêtu de cette charge, tendait à en acquérir le pouvoir.

L'échec de la révolution de 1787 et l'intervention prussienne renforcèrent encore le pouvoir du stathouder.

Aussi, le 24 janvier 1798, la rive gauche du Rhin fut-elle partagée en quatre départements :

Son organisation variait de celle de la France sur un point : la législation et la réglementation françaises n'y devenaient exécutoires qu'après promulgation par arrêté du commissaire du gouvernement résident à Mayence.

Une réorganisation administrative interviendra en 1801, intégrant ces départements au territoire français, sans toutefois en modifier les limites.

## Les huit départements hollandais (1798-1802)

| Départements | Chef-lieu | Commentaires |
|---|---|---|
| Amstel | Amsterdam | Créé avec le Delf et le Texel dans une partie de l'ancienne province de Hollande et une petite partie de la province d'Utrecht. Disparaissent en 1802. |
| Delf | Delft | |
| Dommel Brabant | Bois-le-Duc | Créé en joignant des parties de l'ancienne province de Gueldre et du des États. Disparaît en 1802. Devient dépt du Brabant hollandais. |
| Ems | Leeuwarden | Créé en joignant une partie de la Frise et toute la province de Groningue Devient en 1802 le dépt de Frise, même chef-lieu. |
| Escaut-et-Meuse | Middelbourg province de | Créé par la réunion de l'ancienne province de Zélande et des parties de la Hollande et du Brabant des États. Devient en 1802 département de Zélande. |
| Rhin | Arnhem | Créé en joignant des parties des provinces de Gueldre, d'Utrecht et de Hollande et Gorichem. Devient en 1802 dépt du Gueldre avec Arnhem comme chef-lieu. |
| Texel | Alkmaar | Voir sous Amstel. Disparaît en 1802. |
| Vieil-Ijssel | Zwolle des | Créé en joignant une partie de la Gueldre, tout l'Overjssel, la Drenthe et parties de la Frise. Devient, en 1802, dépt de l'Overijssel. |

## *Les directeurs hollandais*

| Dates | Premier Directoire | Gouvernement intermédiaire | Deuxième Directoire |
|---|---|---|---|
| 25 janvier 1798 - 24 février | Pieter Vreede* | | |
| 25 février - 24 mars | Wijbo Fijnje | | |
| 25 mars - 24 avril | Stefanus Jacobus van Langen* | | |
| 25 avril - 24 mai | Berend Wildrik* | | |
| 25 mai - 12 juin | Johan Pieter Fokker | | |
| 14 juin - 17 août | Jacob Spoors* | | |
| | Gerrit Jan Pijman* | | |
| | Alexander Gogel | | |
| | Reinier Willem Tadama | | |
| | Abraham Jacques la Pierre | | |
| 17 août - 16 septembre | | Albert Willem Hoeth | |
| 17 septembre - 16 octobre | | Johannes Willem van Hasselt | |
| 17 octobre - 16 novembre | | François Ermerins | |
| 17 novembre - 16 décembre | | | Anthony van Haersolte* |
| 17 décembre - 16 janvier 1799 | | | Johann Frederik Rudolph van Hoof* |

Carte des départements hollandais.
*(Les Éditions des Soixante, droits réservés)*

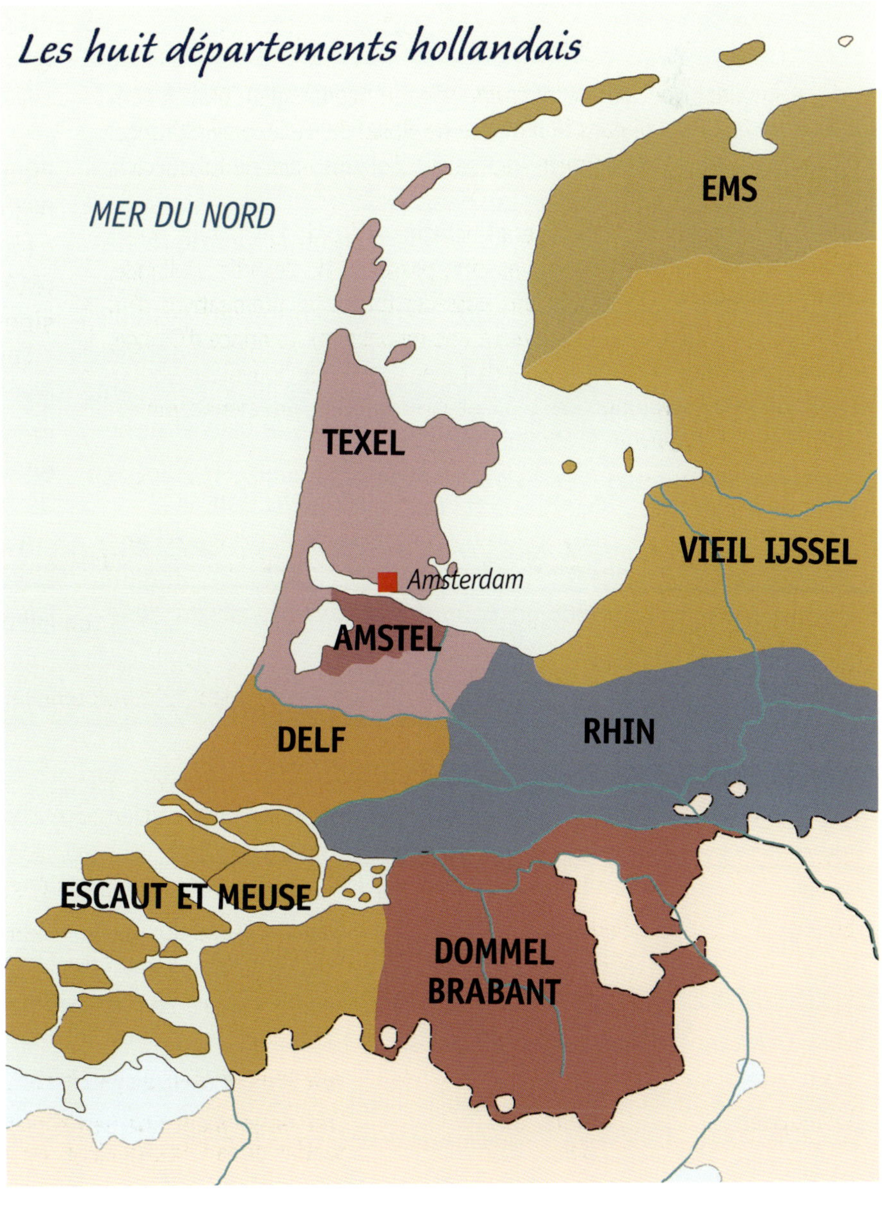


## Les Pays-Bas

La déclaration de guerre « aux tyrans » du 1er février 1793 amena le général Dumouriez* aux portes de la capitale hollandaise. La défaite de Neerwinden, le 18 mars 1793, puis la trahison de Dumouriez offrit un répit au *stadhouder* Guillaume V d'Orange.

En 1794, l'offensive contre le pays reprit. Cette fois c'est Pichegru* qui était à la manœuvre, conquérant sans coup férir, grâce au froid exceptionnel de l'hiver 1794-95 qui gela les grands fleuves (la Meuse et les bras du Rhin : Waal et Lek).

Ainsi, après avoir franchi à pied sec la Meuse le 27 décembre 1794 et le Waal le 8 janvier 1795, le 18 janvier, Utrecht tombe ; le lendemain, c'est au tour d'Arnhem.

Devant la crainte d'une éventuelle capture, Guillaume V s'enfuit en Angleterre, car La Haye est tombée le 22 janvier, trois jours après Amsterdam. On ne devait plus le revoir.

Conquise par Pichegru, La Hollande fait l'objet d'un premier découpage en 1795 même, donnant naissance à huit départements *(voir ci-contre)*.

Carte des départements de Belgique. *(Les Éditions des Soixante, droits réservés)*

Ce ne sera qu'en 1802 qu'interviendra une première modification administrative avec la création du département de Groningue, détaché de celui de l'Ems, devenue département de la Frise.

En janvier 1798, le groupe politique des « Démocrates unitaristes » était en faveur d'une autorité centrale, contre un système fédéral et souhaitait des élections générales.

Par contre, conservateurs et modérés étaient contre de telles demandes et le pays était devenu ingouvernable sans perspectives de rédaction d'une nouvelle Constitution.

Le 22 janvier, sous la direction de Pieter Vreede*, les démocrates unitaristes organisèrent un coup d'État, avec l'aide du général Herman Willem Daendels*, et prirent le pouvoir en créant le *Uitvoerend Bewind* (Directoire exécutif) mais devinrent rapidement très impopulaires dans le pays même parmi leurs propres partisans.

Un deuxième coup d'État s'ensuivit le 12 juin, dans le but d'abattre ce gouvernement impopulaire.

Un gouvernement intérimaire fut installé, qui exerça le pouvoir jusqu'à ce que de nouvelles élections permettent d'avoir une nouvelle Assemblée, toujours élue au suffrage universel (qui fut remplacé par le suffrage censitaire après le coup d'État de 1801 qui verra l'installation de la Régence d'État).

## La Belgique

Entièrement occupée par les armées de la Révolution en août 1794, mis en coupe réglée tant par les généraux que par les représentants en mission, l'annexion à la France est l'unique possibilité pour mettre un terme à l'exploitation dont est victime le pays.

Raison pour laquelle le 30 septembre 1795 (8 vendémiaire an IV), Merlin de Douai, au nom du Comité de salut public, réclame l'annexion de la Belgique et du pays de Liège.

Celle-ci fut décidée le lendemain, par le décret du 1er octobre 1795 (9 vendémiaire an IV) et divisée en neuf départements.

Les administrations départementales de Jemmapes, de la Dyle, de l'Escaut et de Sambre-et-Meuse furent destituées en septembre 1797 et les élections dans les Deux-Nèthes annulées le 20 fructidor.

Au traité de Campo-Formio d'octobre 1797, l'Autriche cédait finalement ses Pays-Bas[2] à la France.

1. Représentants du Directoire avant l'annexion officielle et l'arrivée des préfets en 1800. Ils étaient choisis au sein de la bourgeoisie qui avait joué un rôle à la Révolution. Ils sont chargés de contrôler l'application des lois.

2. Autrefois espagnols, les Pays-Bas furent cédés en 1713 à l'Autriche, par le traité d'Utrecht. 5 Divisions administratives des Etats de l'Eglise.

### *Les neufs départements belges*

| Nom | Préfecture | Commissaire[1] | Superficie | Population |
|---|---|---|---|---|
| Deux-Nèthes | Anvers | Charles-Joseph Fortuné d'Herbouville (2 mars 1800-1805) | 2853 km² | 246'441 |
| Dyle | Bruxelles | Le Doulcet de Pontécoulant (25 mars 1800-1805) | 3428 km² | 388050 (*1798*) |
| Escaut | Gand | Faipoult de Maisoncelles (9 mars 1800-1808) | 2888 km² | 594619 (*1800*) |
| Forêts | Luxembourg | Johannes Birnbaum (2 mars – 30 novembre 1800) | 6910 km² | 218404 (*1801*) |
| Jemmapes | Mons | Jean-Baptiste Étienne Garnier (2 mars 1800-1805) | 3766 km² | 412129 (*1802*) |
| Lys | Bruges | Joseph Marie François Justin de Viry (2 mars 1800-1803) | 3669 km² | 461659 (*1800*) |
| Meuse-Inférieure | Maastricht | Jean Henri Becays Ferrand, dit Ferrand de Lacaussade (29 mars 1800-1801) | 3786 km² | 232662 (*1800*) |
| Ourthe | Liège | Antoine Desmousseaux de Givré (2 mars 1800-1806) | 4377 km² | 325278 (*1790*) |
| Sambre-et-Meuse | Namur | Emmanuel Pérès de La Gesse (2 mars 1800-1814) | 4579 km² | 156765 (*1790*) |

# L'ITALIE

## La République Cisalpine

Au sud-est, le Piémont est devenu sinon un ami de la France, du moins une puissance non-belligérante après le traité de Cherasco de 1796. La départementalisation n'aura lieu qu'après la reconquête du territoire, en 1802. Toutefois, il faudra attendre septembre de cette année 1798 pour voir s'instaurer une République piémontaise, chassant le roi Victor-Amédée III qui ira se réfugier à Cagliari, en Sardaigne. Cette république sera éphémère ; elle prendra fin le 20 juin 1799 avec l'arrivée des troupes austro-russes et la restauration des Savoie en la personne de Charles-Emmanuel IV.

À l'est du Piémont, la République Cisalpine. Cette république est le fruit du mariage entre la République Transpadane (nord du Pô) et la Cispadane (sud du Pô), issue de l'occupation par les armées françaises des Légations[3] de Bologne et de Ferrare où sont installés des gouvernements provisoires qui envoient à Pa-

Les troupes de la République Cisalpine. De gauche à droite : officier d'infanterie et artilleur, de la légion cisalpine, officier de hussards et officier des chasseurs à cheval cispadans, tambour et fantassin des légions lombarde et cisalpine, Garde nationale. *(Planche de Knötel l'ancien, collection particulière, droits réservés)*

3. Divisions administratives des Etats de l'Eglise.

## *Les onze départements de la République Cisalpine*

| Noms | Préfecture | Population | Date de création |
|---|---|---|---|
| Adda | Lodi et Crema | 160148 (1797) | 8 juillet 1797 (Supprimé le 1er septembre 1798) |
| Adda et Oglio | Sondrio | | (jusqu'au 1er sept. 1798) |
| Morbegno (à partir du 1er sept. 1798) | | 169410 (1797) | 3 novembre 1797 |
| Alpi Apuane | Massa | ? | 8 juillet 1797 (Supprimé le 5 septembre 1798) |
| Alta Padusa | Cento | ? | 3 novembre 1797 (Supprimé le 5 septembre 1798) |
| Bas-Pô | Ferrare | ? | 5 janvier 1797 |
| Benaco | Desenzano | 150895 (1797) | 3 novembre 1797 (Supprimé le 1er septembre 1798) |
| Crostolo | Reggio Emilia | ? | 5 janvier 1797 |
| Haut-Pô | Crémone | 204825 (1797) | 8 juillet 1797 |
| Lamone | Faenza | ? | Février 1797 (Supprimé le 5 septembre 1798) |
| Lario | Côme | 137264 (1797) | 8 juillet 1797 |
| Mella | Brescia | ? | 21 novembre 1797 |
| Mincio | Mantoue | ? | 5 novembre 1797 |
| Montagna | Lecco | 160042 (1797) | 8 juillet 1797 (Supprimé le 1er septembre 1798) |
| Olona | Milan | ? | 9 juillet 1797 |
| Panaro | Modène | ? | 5 janvier 1797 |
| Reno | Bologne | ? | |
| Rubicone | Cesena puis Forli (à partir du 5 sept. 1798) | ? | 27 juillet 1797 |
| Serio | Bergame | ? | 9 juillet 1797 |
| Ticino | Pavie | 156472 (1797) | 8 juillet 1797 (Supprimés le 1er septembre 1798) |
| Verbano | Varese | 166847 (1797) | |

ris des députations pour solliciter du Directoire une organisation politique libre. C'était l'une des grandes idées de Bonaparte, en gestation depuis le traité de Leoben (17 avril 1797) et proclamée à Milan pendant les pourparlers du traité de Campoformio, le 29 juin suivant, sans attendre l'accord de l'Autriche. Elle a pour capitale Milan, et en 1799, elle disparaîtra provisoirement, emportée par la tourmente russo-autrichienne.

En juillet 1797, les habitants de Reggio Emilia chassent le duc de Modène. Profitant de l'occasion, Bonaparte autorise alors Bologne à se doter d'une constitution républicaine, amenant naturellement à la création de la République Cispadane.

Réunis à Reggio Emilia le 16 octobre 1796, les députés de Bologne, Modène, Reggio et Ferrare proclament la naissance d'une Confédération cispadane, transformée le 27 décembre suivant en République cispadane « une et indivisible ». Les victoires de Bonaparte l'année suivante amènent l'Autriche à renoncer, par les préliminaires de Leoben (18 avril 1797), à la Lombardie et à reconnaître la conquête de Modène en échange d'une partie du territoire de Venise, celui allant de Brescia à la Dalmatie.

En attendant, le 1er septembre 1798 (15 fructidor an VI), une loi fit passer les départements de la République Cisalpine de vingt à onze:

La forme institutionnelle de l'État est calquée sur le modèle français. La Cisalpine se voit dotée d'une Constitution: suffrage universel pour le premier degré des élections; un Directoire composé de cinq membres: Serbelloni* et Moscati* (Milanais); Alessandri* (Bergamasque); Paradisi[4] de Reggio Emilia et Costabili* de Ferrare, pour l'exécutif, nommés par Bonaparte. Le législatif est représenté par deux institutions calquées sur le Conseil des Anciens et des Cinq-Cents: les Seniori et les Juniori. Elle entre en vigueur le 9 juillet 1797. Toutefois, le détenteur de l'autorité suprême reste le commandant des troupes françaises en Lombardie.

Comme sa « sœur » française, la République Cisalpine souffre des mêmes maux. Un premier « 18 fructidor » intervint à propos du traité d'alliance et de commerce négocié à Paris entre Talleyrand et les ambassadeurs Visconti et

4. Reggio Emilia, 1760–1826). Le fils d'Agostino Paradisi est docteur en géométrie et géodésie au lycée de Reggio Emilia. Il a été directeur de la République Cisalpine pour l'année 1797-1798. C'était un homme de culture, poète, littérateur et mathématicien qui s'engagea en faveur des idées bonapartistes. Il n'eut pas de descendance, ne s'étant jamais marié.

Serbelloni* qui devait être signé le 21 février 1798. Ce traité engageait la Cisalpine à soutenir la France dans n'importe quelle guerre, sans aucune réciprocité. Le traité ne garantissait que sa liberté et son indépendance; une indépendance qui lui coûtait très cher car elle devait verser mensuellement à la République française 1,5 million de lires pour l'entretien des 25000 hommes censés la défendre.

À cela s'ajoutait le fait qu'elle n'avait pas le commandement de ses propres troupes ni la disposition de ses places fortes. Sous la pression de Berthier, ce traité fut néanmoins accepté, malgré la ferme opposition puis la résistance des *Seniori*. Devant leur résistance, Visconti – dont la femme était la maîtresse de Berthier – avait conseillé au Directoire d'opérer un « 18 fructidor » et d'épurer les Seniori de ses éléments les plus radicaux. Chose relativement facile car la Constitution de la République Cisalpine n'avait pas reçu l'approbation populaire et il suffisait donc de prendre un arrêté portant « que la nomination des tous ceux dont on voulait se débarrasser n'était pas confirmée ». Sur la liste fournie par Visconti lui-même, figuraient des personnalités comme Moscati et Paradisi, deux des consuls de la République Cisalpine et Sommariva[5] secrétaire général du Directoire, accusé d'intelligence avec Vienne, les ministres de l'Intérieur

5. (Sant'Angelo Lodigiano [Milan], 1762 – Milan, 1826). Membre (1796), puis président de la municipalité milanaise après l'entrée des Français, Sommariva occupa diverses charges au sein de la République Cisalpine et en 1800 Bonaparte le nomma chef de la commission de gouvernement pour la Lombardie.

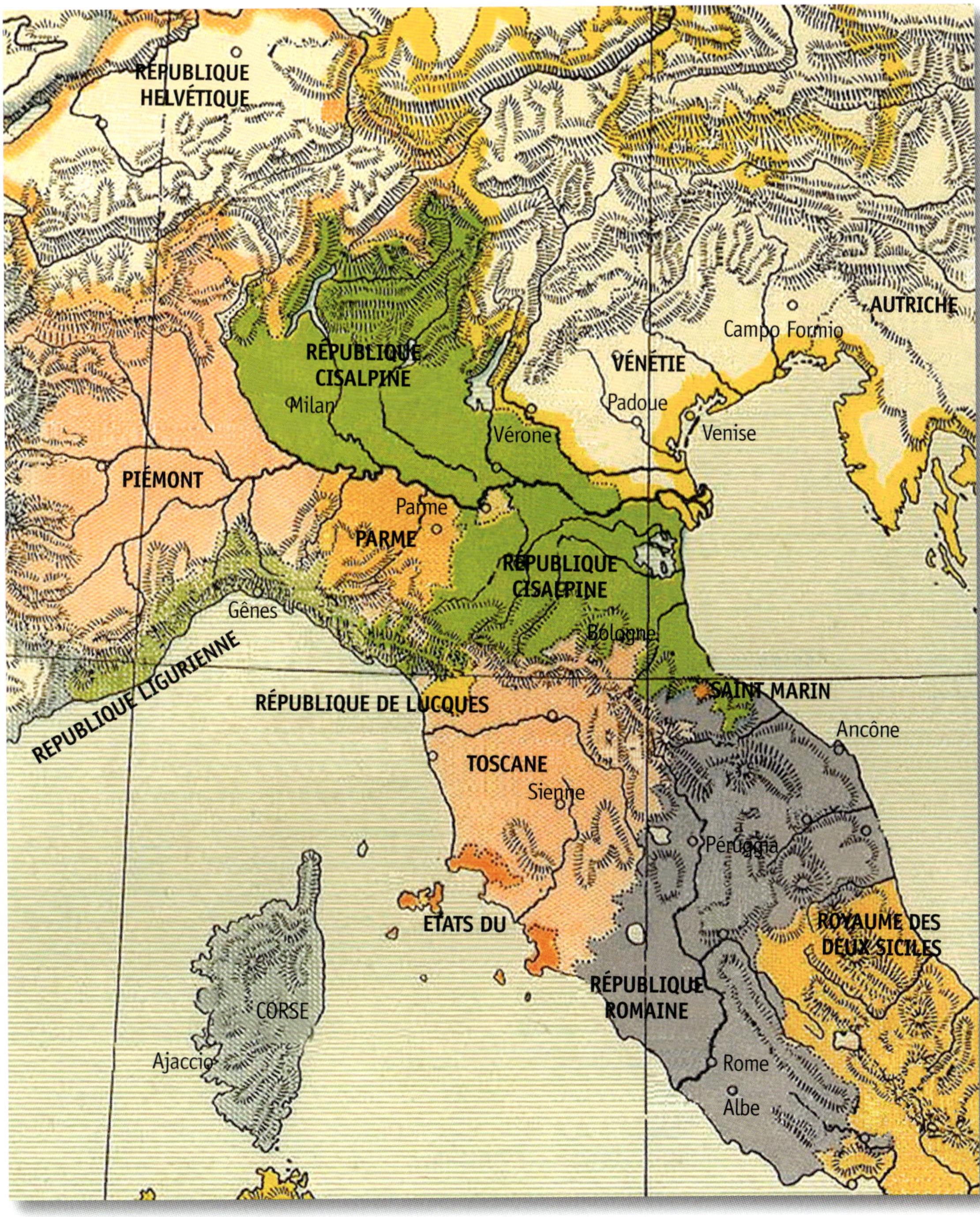


La carte du nord de l'Italie après le traité de Campo-Formio.
*(Collection particulière, droits réservés)*

*Double page suivante.* L'entrée des troupes françaises à Rome, le 15 janvier 1798. *(Tableau d'Hippolyte Lecomte, photographie privée, Grand Palais, collection particulière, droits réservés)*

<table>
<tr><th colspan="3">les trois Directoires italiens</th></tr>
<tr><th>Premier Directoire<br>du 29 juin 1797<br>au 31 août 1798</th><th>Deuxième Directoire<br>du 31 août 1798<br>14 décembre 1798</th><th>Troisième Directoire<br>du 14 décembre 1798<br>au 29 avril 1799</th></tr>
<tr><td>Giovanni Galeazzo Serbelloni*<br>(jusqu'au 13 novembre 1797)</td><td colspan="2">Girolamo Adelasio*<br>(jusqu'au 17 octobre et du 14 décembre 1798 au 29 avril 1799)</td></tr>
<tr><td>Giovanni Battista Savoldi<br>(à partir du 13 novembre 1797)</td><td>Giuseppe Antonio Sabatti*<br>(à partir du 17 octobre 1798)</td><td>Ferdinando Marescalchi*<br>(à partir de mars 1799)</td></tr>
<tr><td colspan="3">Marco Alessandri* (jusqu'en mars 1799)</td></tr>
<tr><td>Pietro Moscati*<br>(jusqu'au 16 avril 1798)</td><td colspan="2">Giuseppe Luosi*<br>(jusqu'au 17 octobre et du 14 décembre 1798 au 29 avril 1799)</td></tr>
<tr><td colspan="3">Jacopo Lamberti*<br>(à partir du 16 avril 1798 et jusqu'en mars 1799)</td></tr>
<tr><td>Giovanni Paradisi*<br>(jusqu'au 16 avril 1798)</td><td>Antonio Smancini<br>(à partir du 17 octobre 1798)</td><td>Fedele Vertemate Franchi<br>(à partir de mars 1799)</td></tr>
<tr><td>Carlo Testi<br>(à partir du 16 avril 1798)</td><td colspan="2">Fedele Sopransi*<br>(jusqu'au 17 octobre et du 14 décembre 1798 au 29 avril 1799)</td></tr>
<tr><td>Giovanni Costabili Containi*</td><td colspan="2">Vincenzo Brunetti<br>(à partir du 17 octobre 1798)</td></tr>
</table>

et des Finances, quatre agents diplomatiques et trente-trois membres des Conseils.

Mis au courant par Berthier des intentions du Directoire en la matière, Bonaparte écrivit au Directoire pour défendre Moscati et Paradisi qu'il qualifiait de « plus vrais amis de la liberté ». Berthier suggéra alors de réduire l'épuration à neuf députés dont Antonio Aldini*, président des Anciens et préconisait au Directoire de convaincre Moscati et Paradisi de démissionner. Le 5 avril 1798, le nouveau général en chef à Milan, le général Brune, exécuta ponctuellement le nouvel arrêté pris par le Directoire, qui avait suivi les conseils de Berthier, désormais à l'armée d'Angleterre où il avait rejoint Bonaparte. Le 13 avril, les deux directeurs « démissionnés » furent remplacés par Giacomo Lamberti* et Carlo Testi[6].

En récompense de ses mérites, Brune fut envoyé en Hollande. Joubert* le remplaçant à Milan et Fouché nommé ambassadeur à Milan. Ce dernier reçut ordre d'annuler tout ce qu'avait fait Brune et de « remettre les choses comme les avaient établies Trouvé ». Relevé parce qu'il faisait de la résistance, il fut remplacé par Rivaud* qui, le 10 décembre 1798, profitant d'une absence de Joubert, réintégra dans les conseils et au ministère les hommes désignés par Trouvé. La formation de la Seconde Coalition ne lui permit pas d'écrire au Directoire pour lui soumettre les mesures prises ainsi que proposer la nouvelle constitution à la sanction des assemblées.

Quant à l'armée de la République Cisalpine, constituée par Bonaparte, elle était, au moment de la Seconde Coalition, en novembre 1798, amalgamée aux troupes françaises augmentée de la conscription. Le général La Hoz* (ou Lahoz) la commandait.

## La République ligurienne

Le 22 mai 1797, une insurrection démocratique, organisée en sous-main par le ministre de France à Gênes, Faipoult de Maisoncelles[7], dégénère. Quarante Génois et deux Français sont tués par les charbonniers et déchargeurs du port envoyés par les chefs patriciens de la ville. Bonaparte adresse alors, le 27 mai 1797, un ultimatum au doge de Gênes exigeant la li-

6. (Modène, 1763-1848). A partir de 1796, Testi fait partie du comité de gouvernement de Modène, jusqu'à la création de la Cispadane, recouvrant des charges politiques et administratives. Le 30 juin 1796, Testi est nommé ministre des Affaires étrangères de la République Cisalpine et par la suite, à partir du 16 avril 1798, membre du Directoire jusqu'au 1er septembre de la même année.

7. (1752-1817). Ministre des Finances de novembre 1795 à février 1796, puis ambassadeur à Gênes, Faipoult refuse de suivre Bonaparte en Egypte.

bération des Français arrêtés et l'arrestation des instigateurs de la contre-révolution :

*« Sérénissime Doge, J'ai reçu la lettre que votre Sérénité s'est donné la peine de m'écrire [...]; j'ai tardé à y répondre jusqu'à ce que j'aie reçu des renseignements sur ce qui s'était passé à Gênes [...].*

*« Je suis affligé et sensiblement affecté des malheurs qui ont menacé et menacent encore la république de Gênes. Indifférente à vos discussions intérieures, la République Française ne peut pas l'être aux assassinats, aux voies de fait de toute espèce qui viennent de se commettre dans vos murs contre des Français.*

*« La ville de Gênes intéresse sous tant de points de vue la République Française et l'armée d'Italie, que je me trouve obligé de prendre des mesures promptes et efficaces pour y rétablir la tranquillité, y protéger les propriétés, y conserver les communications et assurer les nombreux magasins qu'elle contient [...].*

*« Si vingt-quatre heures après la réception de la présente lettre [...], vous n'avez pas mis à la disposition du ministre de France tous les Français qui sont dans vos prisons, si vous n'avez pas fait arrêter les hommes de Gênes qui excitent le peuple contre les Français, si enfin vous ne désarmez pas cette populace [...], le ministre de la République Française sortira de Gênes et l'aristocratie génoise aura cessé d'exister.*

*« Les têtes des sénateurs répondront de la sûreté de tous les Français qui sont à Gênes, comme les États entiers de la république me répondent de leurs propriétés [...].* [8]»

Le Sénat génois, conseillé par celui-là même qui a mis le feu aux poudres, choisit alors d'envoyer à Mombello, au nord de Milan, où réside alors Bonaparte trois sénateurs libéraux, munis des pleins pouvoirs afin de discuter avec le général en chef des réformes constitutionnelles, tandis que, de Paris, le Directoire prescrivait de ne pas s'occuper des affaires intérieures de la Gênes et de respecter sa neutralité.

Le 6 juin 1797, avec l'accord de Bonaparte, Faipoult et les trois députés signèrent une convention prévoyant la transformation de la république patricienne génoise en une République, la république ligurienne, posant ainsi les bases d'une nouvelle constitution et établissant dans la ville un gouvernement provisoire. Vingt-deux membres de la commission planchèrent durant plusieurs mois sur une Constitution « démocratique » qui devait être fondée non seulement sur l'égalité entre les citoyens, prévoyait deux Conseils comme ceux des Anciens et des Cinq-Cents; les Seniori de trente membres et les Juniori de soixante, et un exécutif collégial. La religion catholique restait religion d'État, la dette contractée par la France était garantie, ainsi que la franchise du port et l'importance capitale de l'institution qu'était la banque de Saint-Georges[9].

Le 2 décembre 1797, la nouvelle Constitution est approuvée par 100'000 voix, seule-

*En bas.*
Le Duomo de Milan.
*(Collection particulière, droits réservés)*

8. Mémoires de Napoléon, recueillis et mis en ordre par le rédacteur des mémoires de Louis XVIII, chap. V, pp. 83 et ss, Bruxelles, 1834.
9. La Banque de Saint-Georges était le principal institut financier de Gênes.

### *Les huit départements romains*

| Noms | Préfecture | Population | Création - Fin |
|---|---|---|---|
| Cimino | Viterbe | ? | 2 mars 1798/30 septembre 1799 |
| Circeo | Anagni | ? | 2 mars 1798/30 septembre 1799 |
| Clitunno | Spolète | ? | 2 mars 1798/30 septembre 1799 |
| Metauro | Ancône | ? | 22 mars 1798/30 septembre 1799 |
| Musone | Macerata | | |
| Tevere | Rome | ? | 2 mars 1798/30 septembre 1799 |
| Trasimeno | Perugia | ? | 22 mars 1798/30 septembre 1799 |
| Tronto | Fermo | | |

ment 17'000 y sont opposées. Cela n'empêchera nullement les paysans génois de se révolter en septembre 1797 contre le nouveau gouvernement. Raison pour laquelle le Directoire décidera l'envoi de troupes en Ligurienne ; premier pas vers l'annexion.

## La République romaine

Le traité de Tolentino[10] du 19 février 1797 avait mis un terme au conflit entre le pape et la France. Affaibli par des cessions territoriales, le territoire des États Pontificaux se voyait ainsi l'objet d'invasions de la part des révolutionnaires cisalpins qui voulaient, par ces actions, que soit reconnue par le Souverain Pontife la République Cisalpine. À cette fin, Talleyrand encourageait Joseph Bonaparte, ambassadeur de France auprès du pape, à accueillir un maximum de « patriotes », ceci afin de réunir les États du pape à la Cisalpine en provoquant un incident ; chose que souhaitaient également les « patriotes ».

L'incident eut enfin lieu le 8 nivôse an VI (28 décembre 1797) entre des émeutiers réclamant une démocratisation de Rome. Ils se rendirent alors au Trastevere, là où se situait à cette époque l'ambassade de France, au palais Corsini. À la sortie, ils se heurtèrent à une patrouille pontificale, les obligeant à se réfugier dans l'ambassade. Voulant séparer les combattants, Joseph et plusieurs officiers, dont le général Duphot*, furent amenés à sortir de l'ambassade. C'est à ce moment-là que le général fut tué. Cette échauffourée fit peur à Joseph qui, les passeports obtenus, s'empressa de quitter la ville pour se réfugier à Florence, d'où il rédigea son rapport.

Le Directoire tenait enfin « son » incident. Aussi, le 11 janvier 1798, sur le conseil de Bonaparte, ordonna-t-il à Berthier, commandant en chef de l'armée d'Italie, d'attaquer les États pontificaux. Sans toutefois pénétrer dans la Ville. Il a pour mission de s'arrêter à deux jours de marche de la capitale du catholicisme et d'intimider suffisamment le pape et la Curie pour provoquer leur fuite. Après quoi, il entrerait dans Rome en « libérateur » et y installerait une République en prenant bien soin qu'il paraisse être une initiative de ses habitants. Berthier avait également pour mission de refouler les Napolitains au cas où ceux-ci marcheraient pour conquérir le Sud des États pontificaux. Ce ne sera que le 9 février, soit presque un mois plus tard, que Berthier sera devant Rome qui capitulera le lendemain, le Pape ayant accepté toutes les conditions du général, mais ne quittant pas la ville. C'était sans compter sur le fait que, dans l'entre-temps, le Directoire avait créé, le 31 janvier, une commission civile composée de Daunou*, Monge* et un diplomate, Joseph Antoine Florens[11], chargée d'installer un gouvernement. Et donc de faire des États pontificaux une République sœur. Les commissaires devaient faire en sorte de susciter l'adhésion à la future Constitution, de pourvoir au remplacement à tous les postes importants les anciens fonctionnaires papaux et de rédiger les lois nécessaires à son établissement. De plus, ils étaient invités à ne pas agir ouvertement en maîtres, et à laisser à Berthier la prise officielle des décisions. De son côté, Berthier recevait l'ordre de suivre en tout point l'avis des commissaires civils. La commission avait en plus pour mission de récolter les « objets de science et d'art ».

Ce n'est que le 15 février 1798 (27 pluviôse an VI) que fut proclamée, au milieu d'une foule « plus spectatrice que concernée » la République romaine et la déchéance du régime temporel et que fut demandée pour elle la protection de l'armée française. Un gouvernement provisoire (du 15 février au 20 mars 1798) de sept consuls (Liborio Angelucci*, Francesco Riganti, Carlo Luigi Costantini[12], Pio Benelli, Antonio Bassi, Gioacchino Pessuti*, Angelo Stampa, Domenico Maggi), assistés d'un secrétaire, fut désigné et il fut demandé au Pape de renoncer à son pouvoir temporel, ce qu'il refusa, provoquant du coup l'occupation du Vatican.

Le 18 février (30 pluviôse an VI), alors qu'un Te Deum fut célébré à Saint-Pierre pour fêter l'instauration de la République, Berthier invitait Pie VI à quitter Rome pour la Toscane où l'attendait le grand-duc Ferdinand III qui avait prévu son installation à Sienne. Deux jours plus tard, le pape quittait Rome.

Le 20 mars 1798 (30 ventôse an VI), cinq consuls (Liborio Angelucci*, Giacomo De Matthaeis (de Frosinone), Pietro Panazzi d'Ancône, Pietro Reppi et Ennio Quirino Visconti*) remplacèrent les sept premiers, nommés à titre provisoire, l'administration civile et judiciaire fut renouvelée. Ce même jour, la Constitution de la nouvelle république fut proclamée. Elle prévoyait l'élection d'un Tribunat de soixante-douze membres et d'un Sénat de trente-deux. Mais les protestations du pape ainsi que la menace d'une grave crise économique suscitèrent de graves désordres dans divers quartiers romains et ses environs, que les armées françaises réprimèrent durement. Après que la république d'Ancône et l'Ombrie furent réunies à Rome, le 25 mars 1798 (5 germinal an VI), le territoire de la République romaine fut divisé en huit départements:

Le 28 mars 1798 (8 germinal an VI), un traité d'alliance entre la France et la République romaine, qui doit verser 35 millions de francs, met le feu aux poudres. Masséna, à la tête de l'armée de Rome depuis le départ de Berthier le 23 février (5 ventôse an VI), est remplacé par Laurent Gouvion Saint-Cyr*.

Profitant des troubles dans le Latium et en ville de Rome, des colonnes armées austro-russo-napolitaines, commandées par le général autrichien Mack, entrèrent à Rome jusqu'à ce que le 24 septembre 1798 (3 vendémiaire an VII), les Napolitains capitulent face au général Duhesme*. Le 25 novembre (5 frimaire an VII), ils sont battus à Fermo (auj. dans les Marches), le 5 décembre (15 frimaire an VII)à Civita Castellana puis à Magliano par le général Macdonald qui, depuis le 11 juillet, a remplacé Gouvion Saint-Cyr à Rome. Les Napolitains partis, la ville est livrée à une dure répression. Enfin, le 22 décembre, face aux troupes de Championnet*, le roi de Naples Ferdinand IV[13]. fuit en Sicile, avec l'aide de la flotte britannique.

## Mulhouse

C'est en 1586, à la sortie de la Confédération helvétique, que Mulhouse choisit la voie de l'indépendance, devenant ainsi une petite république urbaine marchande et neutre entre la France et le Saint Empire romain germanique. Petite république, mais riche grâce au commerce des toiles peintes qui y prit naissance en 1746, permettant en même temps le développement de toutes les autres industries textiles. En 1798, à la suite notamment d'un blocus douanier qui asphyxiait économiquement la ville, le Grand Conseil de la république de Mulhouse vote son rattachement à la République française; rattachement qui a lieu le 3 janvier 1798.

Fantassin du bataillon italique. *(Dessin de H. Boisselier Collection particulière, droits réservés)*

10. Traité qui mettait fin à la guerre entre la France et les Etats Pontificaux. Il obligeait ces derniers à une forte indemnité en argent (15 millions de lires) ainsi qu'à la saisie d'une centaine d'œuvres d'art dirigées vers les musées français.

11. (1762-1842). Il est commissaire du gouvernement à Rome à la fin de 1797.

12. (Rome, 1739-novembre 1799). Politicien et jurisconsulte italien, Costantini fut nommé avocat de la « Sacra Ruota », le tribunal interne à l'Eglise catholique par le pape Clément XIV en 1770. En février 1798, lors de la proclamation de la République Romaine, il fut consul provisoire pendant un mois puis « Préfet Consulaiire » auprès de la Haute Justice.

13. (1751-1824). Ferdinand IV est roi des Deux-Siciles depuis 1759. A la mort de son père, en 1788, il est devenu roi de Naples.

# 4 Les autres états

## L'Espagne

L'Espagne, battue par les armées françaises en 1795, a conclu un traité de paix, à Bâle, la même année, où la Prusse se retire de la Première Coalition. L'Espagne, pour sa part, en échange des territoires pyrénéens recouvrés, cédait la partie orientale de Saint-Domingue, permettant ainsi la colonisation française de l'Île toute entière.

Une colonisation qui s'arrêtera brusquement avec la révolte de Toussaint-Louverture en 1802. Pour le gouvernement français, avoir l'Espagne comme allié ou tout au moins comme neutre, était intéressant. Surtout pour sa flotte. Même si celle-ci n'était plus aussi flamboyante qu'autrefois, elle pouvait, en cas de besoin, et vu le nombre de ses navires, être un renfort fort utile. Cependant, la marine espagnole de 1798 n'est plus que l'ombre d'elle-même. Ici, ce n'est pas la Révolution qui a cassé ce bel outil; c'est tout simplement le fait que les caisses sont vides pour entretenir convenablement une flotte qui a sillonné toutes les mers et fait la richesse du pays en rapatriant l'or d'Amérique du Sud. Car le royaume Bourbon est en pleine décadence. Au XVIII^e siècle, l'Espagne reçut l'aide de son allié la France pour moderniser ses navires.

Bien que l'Espagne n'avait plus la plus grosse flotte de guerre d'Europe (elle disposait de 64 vaisseaux en 1779 mais de seulement 48 armés, ce qui la mettait presque au niveau de la marine française de l'époque), elle conserva un rôle important jusqu'à la bataille de Trafalgar.

En 1797, la flotte espagnole se fait étriller à la bataille du cap Saint-Vincent (14 février 1797) par son homologue britannique ; Manuel Godoy, le chef du gouvernement espagnol, est

Manuel Godoy, le premier ministre espagnol. *(Peinture de F. Goya, collection particulière, droits réservés)*

tenu pour responsable. En 1798, le royaume dispose de 24 navires dans l'Atlantique et la Manche, mais quatre seulement en Méditerranée. Désormais, l'Espagne ne se bat plus pour des objectifs qui lui sont propres; elle est devenue l'auxiliaire de la France qui l'oblige à rentrer en guerre l'année suivante.

La situation des finances du royaume s'avère désastreuse. En cause, de mauvaises récoltes depuis 1792, une forte inflation due à l'émission de monnaies de papiers semblables aux assignats. En mars 1798, Manuel Godoy démissionne mais n'en continue pas moins de diriger la politique du pays.

Il reviendra au pouvoir en 1800.

## La Russie

En 1798, la Russie est, dans sa grande majorité, rurale. Seul, 4,1 % de la population habite les villes. La masse du peuple était constituée par les paysans. Ils se divisaient en deux catégories: les serfs et les paysans d'État. Les premiers représentaient jusqu'à 55 % du total de la paysannerie. Une exploitation accrue des serfs sur le plan économique s'ajoutait à leur dépendance du bon vouloir de leur maître, sans avoir la possibilité d'adresser une pétition au tsar pour obtenir justice. Beaucoup de seigneurs autorisaient certains de leurs serfs à exercer en ville un métier quelconque; mais cela se faisait moyennant le paiement d'une redevance, l'*obrok*, dont la valeur fut multipliée par deux et demi entre 1760 et 1800. L'autre possibilité était d'accomplir des corvées sur le domaine seigneurial, c'est la *barachtchina*, qui passait dans la même période, de trois à quatre, voire cinq jours par semaine.

Ce fut précisément cela que Paul Ier s'efforça d'enrayer par son édit de 1797, qui proclamait qu'ils devaient travailler seulement trois jours par semaine pour leur maître, trois jours pour eux, tandis que le dimanche était consacré au repos. Quant aux citadins, ils étaient divisés en trois catégories: les marchands, les artisans et les manouvriers. Destinés à croître, ils ne devinrent cependant jamais importants ou nombreux au cours du XVIIIe siècle.

En 1798, cela fait deux ans que Paul Ier, le fils de la grande Catherine, est tsar. Il a alors quarante-deux ans. Cela ne lui portera pas bonheur. En attendant, il essaie de réformer son pays. En 1796, le nouveau tsar pas encore couronné – il aura lieu le 5 avril 1797 – organise une réhabilitation complète et publique de son père, Pierre III, renversé par son épouse Catherine II puis assassiné.

Paul Ier favorisa le servage en l'étendant à l'extrême sud de la Russie, en 1797. Il distribua les terres et les paysans de l'État à ses favoris et réprima durement tous les troubles paysans, ni tolérait désobéissance ou protestation de la part des classes inférieures. Détes-

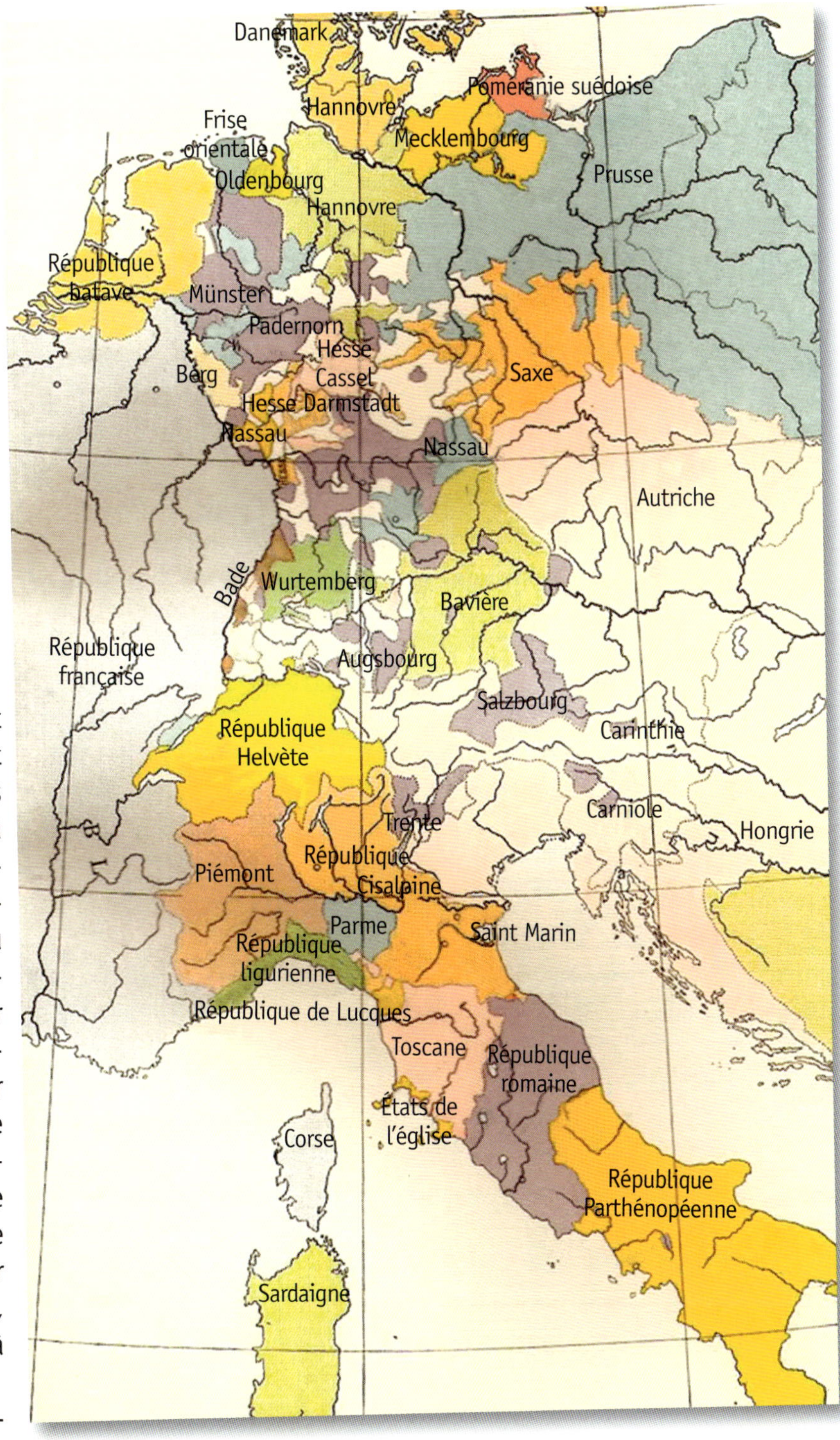


La carte de l'Europe « du centre » après la paix de Bâle et le traité de Campo Formio. *(Collection particulière, droits réservés)*

Le Tsar Paul Ier.
*(Peinture de P. Borovikosky, collection particulière, droits réservés)*

pour un service militaire de vingt-cinq ans depuis 1793. Le gros des soldats est composé de moujiks orthodoxes qui marchent derrière leurs icônes pour aller combattre les « infidèles » quels qu'ils soient.

Au moment de Campoformio (17 octobre 1797), Paul Ier accueille l'armée de Condé et le futur Louis XVIII. Il se rapproche également de l'empire ottoman, inquiété par les ambitions françaises en Méditerranée et obtient que sa marine militaire puisse franchir les Détroits. En septembre 1798, la flotte russo-ottomane commandée par l'amiral Ouchakov s'empare de Corfou et déloge les Français des îles Ioniennes. Les Anglais exigent alors le retrait des navires russes.

tant également la noblesse, le tsar s'appuie sur une bureaucratie envahissante pour les tâches d'administration locale ou générale et rétablit les châtiments corporels pour les nobles comme pour les citadins.

En 1794, les revenus de l'État s'élevaient à plus de 40 millions de roubles, pour des dépenses qui atteignaient 49,1 millions, soit un déficit de plus de 9 millions; situation habituelle depuis Pierre le Grand. Sur ces 49, Un million, 46 % vont à l'armée et à la marine; 20 % à l'économie étatisée; 1,2 % à l'administration et à la justice et 9 % aux dépenses de la cour[1]. Pour couvrir le déficit, on emprunte, depuis 1796, en Hollande.

En 1798, la Russie couvre un territoire de près de 19 millions de kilomètres carrés et compte 37,5 millions d'habitants. Son armée est une des plus nombreuses du continent avec environ 400 000 hommes. Les recrues sont issues des campagnes, désignées par la commune paysanne ou par le barine (le maître)

## L'empire Ottoman

En 1798, les « Ottomans » étaient une dynastie et, au sein de l'empire ottoman, les sujets du sultan comprenaient soit la communauté musulmane (millet), soit la communauté non musulmane (orthodoxes, arméniens, juifs), considérés comme inférieurs, mais tolérés.

Chaque chef de famille non musulmane devait payer un impôt et, par tradition, offrir un fils à l'armée du sultan, mais cette obligation avait été supprimée avant 1700 pour être remplacée par une taxe. L'islam était, bien évidemment, la religion officielle de l'empire, à laquelle il était possible de se convertir mais qu'il était impossible d'abjurer. Deux principes de la loi sacrée empêchaient les relations diplomatiques entre le gouvernement turc et l'Occident: le premier prévoyait que les « rebelles » ne devaient pas être soumis à un procès régulier, et le second qu'aucun territoire musulman ne pouvait être cédé autrement que par suite d'une défaite militaire.

La résistance aux idées occidentales provenait surtout des oulémas (docteurs de la loi) et des janissaires (un temps gardes du corps du sultan), choisis enfants parmi les sujets chrétiens, mais aujourd'hui transformés en une masse indisciplinée de parasites qui jouissaient de privilèges héréditaires. Les janissaires étaient préoccupés, tant pour des raisons mondaines que militaires, parce que les sultans du XVIIIe siècle et leurs ministres avaient entamé les réformes militaires comprises comme nécessaires

1. Chiffres cités par N. Riasanovky, Histoire de la Russie. Des origines à 1996, Rober Laffont/Bouquins, pp. 311-312.

et pour lesquelles ils faisaient appel à des conseillers français. Écoles militaires pour l'armée et pour la marine ouvraient et fermaient en fonction des circonstances. Les premières réformes radicales furent tentées sérieusement par Selim III (1789-1807), mais furent annulées par une offensive réactionnaire qui amena à la déposition du sultan et à l'assassinat des principaux réformateurs. Toutefois, même si les réformes avaient été mises en route un siècle plus tôt, l'empire ottoman aurait pu difficilement se soustraire à l'influence occidentale qui se fait sentir à partir de 1789.

L'empire avait une structure encore médiévale et féodale, gênée par une bureaucratie inconnue dans un état médiéval occidental. Aux autres maux s'ajoutait l'inflation, une agriculture étouffée par les impôts et l'industrie dépérissait à cause de la stagnation économique et des privilèges dont jouissaient les Européens (les fameuses capitulations). L'Asie et les Balkans continuaient de fournir des recrues à l'armée, mais les sultans, timorés et irrésolus, étaient eux aussi prisonniers de la bureaucratie. De plus, les hommes les plus riches de l'empire n'étaient pas musulmans et étaient donc considérés comme des citoyens de seconde catégorie, qu'ils soient marchands ou banquiers ou fonctionnaires grecs de la capitale.

L'église orthodoxe était depuis longtemps acceptée au sein de l'empire, mais elle ne s'y était pas intégrée et, par tradition, son clergé était hostile à l'Occident, presque autant que les docteurs de la loi islamique.

La majeure partie des provinces ressemblait bien peu à ce que doit être un état centralisé. Certaines régions étaient séparées depuis longtemps de fait, sinon de nom : le sultan ne put que réagir faiblement à la perte de la Crimée en 1783, comme il ne pourra s'opposer à celle de l'Algérie en 1830. La loyauté de la population musulmane à l'islam était absolue, mais cette loyauté n'impliquait pas la subordination à un gouvernement central.

Selim III en 1789, sultan et la Sublime Porte. À gauche, les Janissaires montent la garde. *(Google Art Project, droits réservés)*

# 5 Les adversaires

William Pitt, le jeune, l'adversaire le plus acharné de la France révolutionnaire. *(Google Art Project, droits réservés)*

## L'Angleterre

En 1798, cela fait trois décennies que l'Angleterre est devenue l'ennemie de la France. Depuis la Guerre de Sept Ans, qui s'est achevée pour la France par la perte du Canada, en 1763 et de quelques colonies. Il faudra le soutien français aux *Insurgents* américains en 1776 pour rallumer la flamme d'une guerre qui n'est qu'« impérialiste », puisque pour la « perfide Albion » seul compte le plus grand nombre possible de colonies pour pouvoir développer son commerce et obtenir des débouchés pour sa proto-industrie. Un stade que la France n'a malheureusement pas encore atteint et qui lui sera néfaste dans le futur.

En 1798 donc, le Premier ministre britannique n'est autre que William Pitt*, un adversaire acharné de la France. Bien qu'ayant bénéficié d'une reprise économique accélérée après la fin de la guerre d'Indépendance américaine, vague qui la porte en 1792 à un niveau de prospérité sans précédent au XVIIIe siècle, et quoiqu'elle ne subisse jusqu'à 1815, hors de l'Irlande, aucune invasion ni choc financier équivalent à l'épisode des assignats et mandats territoriaux, la Grande-Bretagne n'en a pas moins connu, pendant les guerres de la Révolution, des moments extrêmement difficiles sur le plan matériel et social. Ce sont d'abord les classiques crises de subsistances qui, en dépit du développement et de la modernisation de l'appareil économique, continuent à sévir[1].

Le commerce extérieur de la Grande-Bretagne connaît au XVIIIe siècle une croissance exceptionnelle.

Jusqu'en 1798, la valeur des importations passe d'un peu moins de 6 millions de livres sterling à 24 millions. La valeur des exportations de biens produits en Grande-Bretagne passe de 4,5 millions de livres sterling à 18,3 millions. La valeur des réexportations passe de 2,1 à 12 millions de livres sterling.

Cette importante croissance s'explique par trois phénomènes majeurs :

1. La demande croissante en Grande-Bretagne en produits exotiques en provenance d'Amérique et d'Asie (tabac, sucre, thé, café, produits colorants comme l'indigo) ;

2. La demande croissante dans les pays d'Europe de l'Ouest et du Nord pour les mêmes produits, qui sont importés en Grande-Bretagne avant d'être réexportés ;

3. lLa demande croissante dans les colonies américaines, où vivent 1,5 million de personnes, dont seulement 250'000 esclaves, en 1750, à la fois en produits manufacturés et en produits réexportés venus d'Asie.

La région composée de l'Angleterre et du Pays de Galles, de l'Écosse, de l'Irlande, des colonies d'Amérique et des Antilles, et dans une certaine mesure des côtes d'Afrique de l'Ouest, fonctionne au XVIIIe siècle comme une zone de libre-échange, dans laquelle les marchands britanniques peuvent commercer librement. C'est en revanche une zone protégée de la concurrence étrangère par les *Navigation Acts*. Une autre cause de la croissance phénoménale du commerce extérieur britannique est le développement d'un marché du crédit particulièrement performant, soutenu par les principaux grossistes et marchands internationaux, et par des institutions comme la Banque d'Angleterre, et qui permet de pallier la pénurie constante de numéraire. Le taux du crédit est particulièrement bas dans la Grande-Bretagne du XVIIIe siècle : autour de 3 à 4 % en moyenne, ce qui correspond grosso modo aux taux actuels, alors que, dans le reste de l'Europe, il est rare de pouvoir emprunter à moins de 10 %.

La croissance des exportations britanniques au XVIIIe siècle s'explique aussi en grande partie par l'explosion, dans les vingt dernières années du siècle, d'un nouveau commerce, celui de produits cotonniers fabriqués non plus dans des manufactures artisanales mais dans de vraies entreprises industrielles, profitant des progrès technologiques apportés par les inventions des premiers entrepreneurs du coton britannique qui lancent la révolution industrielle à partir de 1777. La croissance du coton décolle dès 1771 et accélère encore en 1787, au fil des progrès technologiques : sur seulement 37 ans, entre 1771 et 1808, les importations de coton brut de l'Angleterre sont multipliées par douze. Les exportations

1. A.H. John, « Farming in war-time 1793-1815 », dans ed. E. L. Jones, G. E. Mingay, *Land, labour and population in the industrial revolution*, *Londres*, 1967.

*Ci-dessous.*
Frédéric Guillaume III, le roi, timoré, de Prusse et son épouse.
*(Google Art Project, droits réservés)*

de produits cotonniers finis, avec leur valeur ajoutée sont encore plus importantes. Jusqu'en 1760, le coton joue au contraire un rôle mineur, avec seulement 10 % des exportations contre environ 25 % pour la laine[2].

## Le Portugal

En 1798, et à cause de la démence de la reine Marie, la régence est exercée depuis sept ans par son fils Jean de Bragance (1767-1826). « *Jean de Bragance est un jeune homme d'assez triste apparence, craintif.* [...]. *Il n'a pas envie de faire la guerre à qui que ce soit et encore moins à la France, pays envers lequel il nourrit une certaine attirance.*[3]». Le gouvernement portugais – composé de personnalités âgées et depuis très longtemps aux affaires – n'est pas anglophile, mais trop timoré pour ne pas être influencé par l'Angleterre.

Néanmoins, la Révolution française et ses conséquences internationales vont plonger le Portugal dans une situation de belligérance à laquelle il n'est pas préparé. En 1777, lorsque la reine Marie succède à son mari Joseph Ier décédé, elle trouve une marine et une armée en piteux état. L'armée était « *quasi retournée à l'état dans lequel elle gisait aux temps d*[u] *prédécesseur* ». Quant à la marine, elle se composait de cinq navires et d'une frégate, tous désarmés[4]. Raison pour laquelle furent fondées, en 1779, une Académie royale de marine et en 1790, une « *Academia de Fortificacao, Artilharia e Desenho*, dont devaient sortir des officiers « *suffisamment instruits et capables d'assumer, dans la partie militaire, les fonctions auxquelles ils s'étaient destinés*[5] ».

La guerre du Roussillon (1795) qui mit aux prises des Luso-Espagnols et les soldats de la République puis paix de Bâle de 1795, entre l'Espagne et la France, laissait le Portugal isolé et gravement menacé par le ressentiment français. Se sentant menacé, le Portugal redéploya son armée, répartissant davantage de soldats dans un plus grand nombre de places fortes. Pour ce faire, l'intendant général de police, Diogo Inacio de Pina Manique (1733-1805), mit sur pied au printemps 1798, un recensement de la population dont il espérait pouvoir en tirer 30 000 recrues pour l'armée. Néanmoins, pour le Portugal cette politique interventionniste amenait à l'isolement diplomatique et militaire du pays, la livrant ainsi aux visées britanniques.

Pour tenter de redresser cette dangereuse situation, le ministre des Affaires étrangères, Luis Pinto de Sousa, conclut en 1798 un traité d'amitié avec la Russie, tandis qu'à Paris on pensait déjà à occuper le pays: « *Il est nécessaire que la République ôte aux Anglais l'unique allié qu'il leur reste sur le continent* ».

## La Prusse

En 1798, cela fait trois ans que la Prusse se cantonne dans la neutralité. Depuis la paix de Bâle, signée le 5 avril 1795. Cette paix, ce n'est pas le roi de 1798 qui l'a signée; mais Frédéric-Guillaume II, mort le 16 novembre 1797. À peine monté sur le trône, Frédéric-Guillaume installe une commission chargée de trouver des solutions pour augmenter les recettes de l'État, car le déficit laissé par son père, dû à la guerre, est abyssal: 55 millions de thalers. Cependant, pour remédier à cette situation, une révolution agraire serait nécessaire qui verrait l'abolition du servage et la suppression de la corvée. Mais le roi, timoré, hésite pour finir par reculer devant l'opposition de la noblesse.

2. Jacob M. Price, « What Did Merchants Do ? Reflections on British Overseas Trade, 1660-1790 », *Journal of Economic History*, vol. 49, n° 2, juin 1989.
3. Article *Portugal* in *Dictionnaire Napoléon*, tome 2, pp. 542 et ss.
4. Cité par J.-F. Labourdette, *Histoire du Portugal*, Fayard, 2000, p. 477.
5. *Ibid.*

La reddition de Mantoue en 1797, plus encore que les nombreuses batailles gagnées par Bonaparte lors de la première campagne d'Italie, marque bien symboliquement la fin – momentanée de l'influence autrichienne sur le nord de la péninsule italienne. *(Google Art Project, droits réservés)*

## L'Autriche

En 1798, l'Autriche a perdu beaucoup de ses territoires qui n'étaient pas héréditaires. Tout a commencé par l'exécution de Louis XVI le 21 janvier 1793. Pour les vieilles monarchies comme l'Angleterre ou l'Autriche, il s'agissait d'un casus belli. D'autant plus que cette exécution intervenait après la fameuse proclamation du duc de Brunswick promettant aux Parisiens « *une vengeance exemplaire* » si « *le moindre mal était fait à la famille royale* ».

De cette déclaration, qui faisait suite à la déclaration de guerre de la France au « roi de Bohême et de Hongrie » (20 avril 1792), s'ensuivirent les premières opérations militaires qui aboutirent à Valmy d'abord (20 septembre 1792) puis à la conquête de l'ensemble des Pays-Bas autrichiens après Jemmapes (6 novembre 1792). Cette conquête préoccupait l'empereur François II d'Autriche, monté sur le trône à peine quelques mois plus tôt (1er mars 1792), car les Pays-Bas autrichiens représentaient le dernier vestige de l'héritage bourguignon auquel les Habsbourg demeuraient très attachés.

La poursuite des hostilités durant l'année 1793 ne sourit pas davantage aux Habsbourg, malgré des succès initiaux (Neerwinden, 18 mars 1793) et la reconquête de la rive gauche du Rhin, conquise par Custine le 23 octobre 1792. Fleurus, le 26 juin 1794 marque la fin de la reconquête française et, pour les Habsbourg, la perte définitive des Pays-Bas et des territoires de la rive gauche du Rhin désormais transformés en départements.

En 1795, après le traité de Bâle, l'Autriche restait seule en lice face à la République française. La confrontation aura lieu sur les champs de bataille italiens et l'Autriche sera obligée de signer le traité de Campoformio du 17 octobre 1797 qui lui imposera la renonciation à toutes ses possessions situées sur la rive gauche du Rhin ainsi qu'au Milanais en échange de Venise. En outre, il était prévu qu'un congrès de tous les princes allemands se réunirait à Rastadt pour fixer les conditions définitives de la paix entre le Saint Empire et la République française.

Ce congrès eut une gestation plutôt longue – il dura de 1797 à 1799 – et confirma la perte par l'Autriche de la rive gauche du Rhin. Cependant, avant que ne s'achève ce congrès, l'Autriche avait rejoint l'Angleterre et la Russie dans le cadre de la Deuxième Coalition (septembre 1798), bientôt rejointe par le royaume de Naples (décembre 1798).

# Les acteurs à l'étranger

**Adelassio Girolamo** (Bergame, 16 mars 1763 – 7 avril 1828).

En 1794-1795, Adelasio effectua un long voyage d'étude en Suisse, se rapprochant en partie des idées novatrices et révolutionnaires. L'année suivante, il est à Milan et fréquente les clubs de la ville. En mars 1797, de retour à Bergame, il fut parmi les animateurs de la révolution anti-vénitienne. Il fit partie de la municipalité comme membre du comité des finances et fut blessé au cours d'une rencontre avec les insurgés à Longuelo. Le 5 août, il est nommé commissaire du Directoire cisalpin près le département du Serio et, du 8 novembre 1797 à juin 1798, agent diplomatique à Bâle. Dans ce rôle, il maintient une active correspondance avec Melzo d'Eril durant les tractations de ce dernier au congrès de Rastadt. Rappelé, il fut nommé ministre des finances le 3 juin 1798; poste qu'il n'occupe que quelques semaines parce que, le 10 juillet de la même année, il fut élu par le Corps législatif, membre du Directoire exécutif en remplacement de Costabili Contini*, éliminé par tirage au sort. Auteur de la réforme Trouvé (31 août), mais le 19 octobre 1798, avec l'arrivée du général Brune, il fut destitué pour être à nouveau rappelé le 15 décembre de la même année, par l'ambassadeur Rivaud et resta à ce poste jusqu'à la chute de la République.

**Aldini Antonio** (Bologne, 1755 – Pavie, 1826).

Juriste, il tente une carrière dans l'enseignement du droit à l'Université de sa ville natale, avant de présider le premier congrès cispadan de Modène (1796) et une grande partie du second à Reggio et Modène (1796-97), afin de préparer la constitution d'une république unitaire à la place de la Confédération Cispadane, et fut promoteur de l'union de la République Cispadane à la Cisalpine (1797). Le 18 octobre 1796, lors de la constitution de la Confédération cisalpine à Modène, il est désigné comme premier président. Il est alors à la tête des cent parlementaires de la République cisalpine qui le 7 janvier 1797, approuvent le choix du drapeau tricolore comme drapeau du nouvel État. Ardent défenseur de l'unité fédérative et de l'unité italienne, ambassadeur à Paris, il se fit connaître en remplissant d'importantes charges.

**Alessandri Marco** (Bergame, 18 juin 1755 – 21 juin 1830).

Quand Bonaparte entra à Milan, le 11 mai 1796, Alessandri fut parmi les premiers et après leur entrée à Bergame (25 décembre), Alessandri organisa avec Adelasio et Caleppio la révolution bergamasque contre Ottolini, dernier podestat de Venise (12 au 13 mars 1797). Ce même jour, Alessandri est élu membre de la municipalité provisoire et officier du Comité de salut public. Il est parmi les signataires de la nouvelle constitution citadine (24 mars 1797) et, jusqu'en mai de la même année, fait partie des comités des Finances et du Commerce, d'Instruction publique et militaire. Après l'unification des comités, le 30 mai 1797, Alessandri fut nommé à la police et à la défense générale où il eut comme collègues Caleppio et Mascheroni avec lesquels il était resté en étroite relation épistolaire. Grâce à sa ferveur révolutionnaire et son ancienne appartenance à la maçonnerie francophile, il fut appelé à faire partie du premier Directoire de la République Cisalpine (29 juin 1797), avec Serbelloni, comme président, Moscati et Paradisi. Le 4 octobre, il succède comme président à Serbelloni, envoyé à Paris en qualité de ministre. Ses idées unitaires pour résoudre les problèmes italiens mûrissant, il se mit à favoriser la politique des annexions à la République Cisalpine, soutenant l'œuvre de Mascheroni, désigné pour fixer les limites du département du Serio (août 1797) annexé quelques mois plus tôt, tout en restant en contact étroit avec le général Brune en vue d'une attaque de la monarchie sarde. Son comportement francophile allant diminuant au vu de ces aspirations unitaires et ainsi, assumant une attitude contraire au traité entre la Cisalpine et la République française qui était plus une soumission qu'une alliance (21 février 1798), il fut remplacé le 16 avril par Costabili-Containi comme président du Directoire.

**Angelucci Liborio** (Rome, 1746 – Milan, 1811).

À Rome, Liborio Angelucci fut un des premiers à accepter les idées de la Révolution française et y travailla intensément. En 1793, Angelucci fut en rapport avec Nicolas-Jean Hugon de Basseville – dont il était également le médecin – avant son assassinat (13 janvier 1793) et avec le banquier du pape, Stefano Moutte. En mai 1794, avec deux autres médecins et un prêtre, il fut arrêté sous l'accusation d'avoir des rapports avec la France et d'avoir préparé un attentat contre Pie VI. L'instruction dura plusieurs mois et Angelucci fut libéré du château Saint-Ange et mis aux arrêts domiciliaires. En août 1797, il fut à nouveau arrêté pour complot et seuls les Français, faisant valoir un article du récent traité de Tolentino, réussirent à le sauver, mais fut contraint à l'exil. Désormais, Angelucci fut considéré comme un des chefs du parti pro-français.

Après un bref séjour à Milan, il se rendit auprès de Bonaparte, d'abord à Rastadt, ensuite à Paris, pour réclamer la libération de Rome, où il fit son retour à la mi-février 1798 tandis que les troupes du général Berthier occupaient la ville. La République romaine proclamée, il fut d'abord nommé préfet de l'annone et, tout de suite après, consul provisoire (22 février) puis définitif le 20 mars suivant. Une fois au pouvoir, Angelucci s'intéressa surtout à s'assurer une position dominante, non heurter les Français, se faire une position économique et aider sa famille. À la chute de la République, en septembre 1799, Angelucci suivit les Français et demeura quelque temps à Marseille et Paris.

**Baret Jean-François** (Boulogne-sur-Mer, 26 octobre 1756 – Valenciennes, 11 janvier 1800).

Lorsque Dumouriez entre en Belgique, en novembre 1792, Baret entre au club des Jacobins, dont il devient président, puis secrétaire. Suite à la défaite de Neerwinden le 17 mars 1793, et à l'évacuation de Bruxelles par l'armée française une semaine plus tard, il quitte à son tour Bruxelles et rentre à Boulogne où il devient membre de son Directoire. Il est notamment chargé d'organiser la fête de la Patrie le 10 novembre 1793. Il est encore membre de ce directoire lorsque l'armée française revient à Bruxelles en juin 1794, il rentre avec elle et devient membre du comité de sûreté générale à Bruxelles, accusateur public au tribunal révolutionnaire d'Anvers, puis commissaire du Directoire exécutif dans le département de la Lys. Le 12 avril 1798 (23 germinal an VI), il est élu député du département de la Lys au Conseil des Anciens.

Au cours de son mandat, il y débat pour la célébration des fêtes décadaires, pour le décret prohibitif des marchandises anglaises, pour l'annulation de l'élection d'Antonelle[1] et de ses collègues des Bouches-du-Rhône. Il est nommé secrétaire de cette assemblée au commencement de l'an VII (1798).

**Championnet Jean-Étienne Vachier,** dit (Valence [Drôme], 13 avril 1762 – Antibes, 9 janvier 1800).

Championnet est, le 1er septembre

1791, premier adjudant général de la garde nationale de Valence. Un an plus tard, il est lieutenant-colonel en chef du 6e bataillon des volontaires de la Drôme. Le 1er septembre 1793, il est nommé à titre provisoire chef de brigade puis passe à l'armée de la Moselle où il participa à de nombreux sièges et à la délivrance de Landau. Le 6 février 1794, il est nommé provisoirement général de brigade, puis général de division à titre provisoire le 10 juin 1794 (confirmé le 2 décembre 1794). Le 25 décembre de cette même année, il est commandant de la 9e division de l'armée de Sambre-et-Meuse, puis la 8e le 24 juin 1795, prend Düsseldorf et sert à la bataille d'Amberg et de Würzbourg, le 3 septembre. Du 24 au 31 janvier 1797, il commande par interim l'armée de Sambre-et-Meuse; commandement qu'il conserva du 1er au 25 février. Il participe aux combats de la retraite de l'armée de Sambre-et-Meuse en commandant la 4e division de cette armée (20 mai), puis la 3e de l'armée de Mayence (14 décembre).

En janvier 1798, il est commandant de l'aile droite de l'armée d'Angleterre (1re, 15e et 16e divisions militaires), puis de la division d'avant-garde de l'armée de Mayence jusqu'au 21 août 1798. Le 18 octobre de cette même année, il est commandant en chef de l'armée de Rome à la place de Gouvion-Saint-Cyr. Le 28 novembre il remplace à ce poste Macdonald. Après avoir évacué Rome, il vainc les Napolitains à Civita Castellana, puis prend Capoue (10 janvier 1799) et Naples le 23 où il y proclama la République parthénopéenne. Le 24 janvier, il est commandant en chef de l'armée de Naples mais quitta son commandement un mois plus tard, le 27 février. Arrêté pour désobéissance aux ordres du gouvernement et mainmise arbitraire sur les caisses publiques du royaume de Naples, il est acquitté par le tribunal militaire de Grenoble puis nommé commandant en chef de l'armée des Grandes Alpes le 5 juillet 1799. Le 29 août, il est nommé commandant en chef de l'armée d'Italie qu'il quitta le 30 décembre 1799.

**Costabili Containi Giovanni** (Ferrare, 29 janvier 1756 – 1841).

Avec l'arrivée des Français à Ferrare en juin 1796, commence pour Costabili Containi une période d'intense présence politique. Après l'éloignement du cardinal légat Pignatelli (Ferrare faisait partie depuis 1598 des États Pontificaux), Bonaparte ordonna qu'à Ferrare, comme à Bologne, les pouvoirs soient assumés par les organes communaux préexistants. En octobre 1796, se forma une administration centrale du Ferrarais qui étendait sa propre juridiction également à la province. Parmi ses membres se trouvait Costabili. Au cours du même mois, Modène et Reggio se rebellèrent contre l'autorité des Este constituant un comité de gouvernement sous la protection française. Le 16 octobre se réunit à Modène un congrès des gouvernements provisoires

1. Pierre-Antoine d'Antonelle de Saint-Léger est né le 17 juin 1747 est un officier, journaliste et homme politique français. Aristocrate, il défendit les idées de la Révolution, d'abord à Arles, puis en Provence et à Paris. Il meurt à Arles le 26 novembre 1817.

de Bologne, Modène, Reggio et Ferrare qui établirent la fondation d'une Confédération cispadane. L'intention primitive était de construire une force militaire, sur l'exemple de celle de la Lombardie.

Mais au cours du deuxième Congrès, tenu à Reggio, entre décembre 1796 et janvier 1797, et auquel participa également Costabili, fut proclamée à l'unanimité la République Cispadane. Dotée d'une Constitution approuvée par Bonaparte et qui s'inspirait à celle de l'an III, la République eut vie brève, parce qu'en vertue d'un décret de juillet 1797 Ferrare, Bologne et la Romagne s'unissaient à la République Cisalpine. Parmi

les députés auteurs de cette résolution, il y avait Costabili qui assuma alors un rôle de premier ordre quand, entre l'élaboration d'une constitution et son approbation, il fut élu au Directoire exécutif composé de cinq membres et à qui était confié le gouvernement de la République.

**Duhesme Philibert-Guillaume,** comte (Bourgneuf-Val-d'Or, aujourd'hui Mercurey [Saône-et-Loire], 7. août 1766 – Ways [Belgique], 20 juin 1815)

La Révolution voit Duhesme capitaine au 2e bataillon de volontaires de Saône-et-Loire, puis d'une compagnie franche qu'il leva et fut incorporée dans le bataillon franc du Hainaut (8 août 1792). De 1792 à 1794, Duhesme sert à l'armée du Nord. Le 26 octobre 1792, il est lieutenant-colonel en premier du 4e bataillon franc du Hainaut. Blessé au combat du bois de Villeneuve le 5 juillet 179, il est nommé à titre provisoire général de brigade (7 octobre), confirmé le 12 avril 1794. À l'armée de Sambre-et-Meuse, il est nommé général de division le 8 novembre 1794 et en commande la 5e division, puis à l'armée de Rhin-et-Moselle où il participe activement à tous les combats et à la retraite. En 1796, Duhesme est destitué sous fausse accusation de lâcheté devant l'ennemi et réintégré. Le 28 février 1798, il présente au Directoire les drapeaux pris par l'armée du Rhin. De 1798 à 1799, il est aux armées d'Italie, de Rome puis de Naples. Le 6 décembre 1798, il commande la 3e division de l'armée de Rome sous Championnet investit Civita del Tronto, prit

Pescara, se signala à la prise de Naples du 20 au 22 janvier 1799. Commandant de la région des Pouilles en février 1799, il est compromis avec son chef Championnet, dans une sordide affaire de prévarication, mais le tribunal militaire de Grenoble prononce l'acquittement des deux généraux et Duhesme est remis en activité à l'armée des Grandes-Alpes, le 23 juin 1799.

**Dumouriez Charles-François du Perrier,** dit (Cambrai, 26 janvier 1739 – Turville-Park [Angleterre], 14 mars 1823)

Lié avec La Fayette et Mirabeau, Dumouriez est, en 1792, employé dans la 12e division militaire à Nantes. Le 6 février 1792, il est nommé lieutenant-général puis transféré à l'armée du Nord (15 février). C'est lui qui provoqua la déclaration de guerre, en tant que ministre des relations extérieures. Ministre de la guerre du 12 au 16 juin 1792, puis commandant du camp de Maulde à l'armée du Nord. Vainqueur à Valmy avec Kellermann (20 septembre), commandant en chef de l'armée de Belgique, vainqueur à Jemappes (6 novembre), Dumouriez conquit toute la Belgique. Après un bref séjour parisien, le 2 février 1793, il reprend le commandement de l'armée du Nord et dirige l'expédition de Hollande du jusqu'au 10 mars. Le 18 mars, il est vaincu à Neerwinden et conclut avec Mack une première convention pour l'évacuation de la Belgique, puis une seconde pour marcher sur Paris avec l'appui des troupes autrichiennes puis livra aux Autrichiens les commissaires de la Convention et le ministre de la guerre Beurnonville (2 avril 1793).

Mis hors la loi le 3 avril 1793, il est abandonné par ses soldats et se réfugie dans le camp autrichien deux jours plus tard. Chassé de tous les pays, il trouva refuge en Angleterre qui lui versait une pension de 1'200 livres à partir de 1800 et fut également conseiller de Wellington dans la préparation de ses plans, mais ne put rentrer en France à la Restauration.

**Duphot Léonard** (Lyon, 21 septembre 1769 – Rome, 27 décembre 1797)

Le 25 mars 1792, Léonard Duphot est sergent, puis adjudant-major au 1er bataillon des volontaires du Cantal en janvier 1793, il combat dans les Pyrénées. Réformé le 13 juin 1795, remis en activité le 9 février 1796, il est employé dans la 20e division militaire puis envoyé à l'armée d'Italie où il commande l'avant-garde de la division Augereau. Se bat vaillamment et est blessé au combat du Piave le

22 février 1797. Le 16 mars, à la tête de la 27e légère, il se jette dans le Tagliamento, geste qui lui vaut d'être nommé général de brigade le 30 mars. Commandant la 2e brigade d'infanterie légère (26e et 27e légères) à partir du 14 juin. Le 11 août, il est envoyé à Gênes pour organiser les troupes de la République ligurienne. Rappelé au commandement de sa brigade, il accompagne Joseph Bonaparte dans son ambassade à Rome. Lors de l'émeute de décembre, il voulut s'interposer entre les troupes pontificales et le peuple, reçut une balle dans la poitrine et fut aussitôt massacré à coups de baïonnette par la populace romaine (27 décembre 1797).

**Finje Wijbo** (Zwolle [Hollande], 24 janvier 1750 – Amsterdam, 2 octobre 1809)

Le 22 janvier 1798, Fijnje fit un coup d'État avec la complicité de Daendels, de Vreede et de Van Langen, dans le but d'assurer l'unité et l'indivisibilité de la nouvelle république. Cependant, les unitariens ne sont pas restés longtemps au pouvoir, puisque le 12 juin de la même année, un nouveau coup d'État, fomenté par Daendels, amenait au pouvoir les modérés. De Vreede réussit à s'échapper par une fenêtre; Fijnje et Van Langen arrêtés et emprisonnés jusqu'à la fin de l'année, accusés de gaspiller des fonds publics mais le procès n'a jamais eu lieu.

**Fokker Johan Pieter** (Middelburg [Hollande], 9 octobre 1755 – Axel [Hollande], 30 octobre 1831)

Fokker a étudié la théologie, la philosophie et la médecine à l'Université de Leyde et a été diplômé dans les trois domaines. Il a travaillé comme professeur de mathématiques et de physique, d'astronomie et de médecine à l'école de Middelburg. Unitarien, il fit partie, de 1795 à 1798, de la Deuxième Assemblée nationale et du Directoire exécutif. Après cela, il devint membre du Gouvernement Intermédiaire, avant de s'établir comme médecin à Middelburg.

**Gogel Alexander** (Vught [Hollande], 10 décembre 1765 – Overveen [Hollande], 13 juin 1821)

Avec la révolution batave de 1795, Alexander Gogel travaille dans différents organes locaux, provinciaux ou nationaux. Il participe à l'élaboration de la constitution unitaire de 1798. Unanimement reconnu comme le plus grand spécialiste des finances néerlandaises, il est, en tant qu'agent des Finances, à l'origine de l'amalgame des dettes des provinces en une dette nationale et de l'établissement d'un impôt général, deux sujets extrêmement délicats tout au long de l'histoire de la République batave. Il n'y parviendra que sous le grand-pensionnat de Schimmelpenninck. Il a été plusieurs fois ministre des Finances jusqu'au retour de la maison d'Orange-Nassau.

**Joubert Barthélémy-Catherine** (Pont-de-Vaux [Ain], 14 avril 1769 – Novi Ligure [Piémont], 15 août 1799)

En 1791, Joubert est d'abord caporal au 3e bataillon de volontaires de l'Ain, puis sergent au bataillon des grenadiers volontaires du Bas-Rhin. Le 12 janvier 1792, il est nommé sous-lieutenant au 51e régiment d'infanterie avant d'être muté à l'armée d'Italie qu'il servira de 1792 à 1798, avec une brève interruption en 1797 en tant que commandant de l'armée de Batavie en décembre 1797, puis de celle de Mayence en juillet 1798. Le 24 décembre 1795, il est élevé au grade de général de brigade, puis de division en décembre 1796. Le 14 octobre 1798, il est nommé commandant en chef de l'armée d'Italie et du commandement supérieur de l'armée de Rome (1er novembre). Occupe le Piémont et Turin le 7 décembre. Démissionnaire quatre jours plus tard, il attend à Turin son successeur, mais à la demande du Directoire, reprit le commandement le 25 décembre pour démissionner une nouvelle fois dix jours plus tard. Après un poste à Paris en tant que commandant la 17e division militaire, il est nommé, le 5 juillet, général en chef des armées d'Italie et des Grandes-Alpes. Arrivé à Gênes le 2 août, il attaque Bellegarde à Acqui le 13 et, deux jours plus tard Souvarov à Novi, où il trouva la mort, frappé d'une balle en plein cœur.

**La Hoz Ortiz Giuseppe** (Milan, 1766 – Ancône, 13 octobre 1799)

Né dans une famille aristocratique d'origine espagnole installée en Lombardie, il commence sa carrière dans l'armée impériale autrichienne où il atteint le grade de lieutenant. Au moment de l'arrivée de Bonaparte en Italie, il abandonne l'armée autrichienne pour celle française où il est l'aide de camp du général Laharpe jusqu'à la mort de celui-ci (10 mai 1796). Organisateur en octobre 1796 de la Légion lombarde. Il se distinguera le 2 février 1797 en battant les troupes pontificales sur le Senio où il sera blessé (il se verra récompensé avec une épée d'honneur et la promotion, le 25 février, au grade de général de brigade, commandant en chef des troupes lombardes). En mars, il participe à l'occupation de Bergame et de Brescia puis marche contre les troupes de Venise. À l'annonce de la révolte de Vérone le 17 avril (les Pâques véronaises), il marche sur la ville pour venir secourir les troupes françaises et lombardes assiégées. Après Campoformio, il devient un des plus acharnés adversaires de la politique française en Italie; en fait un opposant décidé au coup d'État de Claude-Joseph Trouvé, l'ambassadeur français à Milan (30 août 1798).

**Lamberti Jacopo** (Giacomo) (Reggio Emilia, 25 octobre 1762 – 1838).

Le secrétaire de la République Cisalpine a commencé sa carrière comme enseignant de droit canonique à l'université de Modène. Lamberti est l'inspirateur principal des décisions adoptées par le Sénat le 30 juin 1796 pour l'envoi d'une députation à Bonaparte – dont il faisait partie en qualité de secrétaire, avec Paradiso, Re et Trivelli – et de la proclamation du 20 août 1796 du même Sénat déclarant assumer les pleins pouvoirs pour Reggio et la totalité du duché, signant la rupture définitive avec la Régence de Modène et la naissance de la République de Reggio. Toujours présent dans les ambassades successives près les généraux et commissaires français, Lamberti fut membre du Comité de gouvernement de Modène et Reggio, issu de l'occupation française de Modène et du victorieux fait d'armes de Montechiarugolo (4 au 5 octobre 1796). Entre l'automne de 1795 et le printemps de 1797, il est élu au sein de la nouvelle municipalité reggiane et prend part aux trois congrès qui donnèrent naissance à la République Cisalpine.

Dans les congrès de Modène et Reggio, Lamberti joua un rôle de première importance dans le processus démocratique, adoucissant les positions les plus extrêmes et veillant vigoureusement sur les objectifs hégémoniques des députés de Bologne, s'érigeant en défenseur des intérêts du peuple et de la Constitution française de 1795 (celle de l'an III). La Cispadane démembrée (19 mai 1797), Lamberti fait partie du Corps législatif de Milan, prenant place entre les représentants du département du Crostolo au sein du conseil des Juniori. Le 7 avril 1798, il est nommé ministre de l'Intérieur et, neuf jours plus tard, il devient membre du Directoire avec Alessandri, Costabili Contini, Savoldi et Testi. Honnête démocrate au-dessus des partis, apprécié pour sa modération, son intégrité morale et sa fidélité aux principes républicains ainsi que sa connaissance approfondie du droit. Lamberti survécut à trois coups d'État réalisés par les autorités françaises en Cisalpine durant la seconde moitié de 1798. Toutefois, fatigué et déçu, le 1er décembre 1798, il donne sa démission du Directoire et s'en retourne chez lui.

**Luosi Giuseppe** (Mirandola [Modène], 5 septembre 1755 – Milan, 18 octobre 1830).

L'arrivée des troupes françaises dans les États des Este en 1796 marque un changement dans la vie de Luosi. Les troupes de Bonaparte entrèrent à Mirandola le 17 juin sous les ordres du général Augereau que Luosi eut la possibilité de rencontrer chez un ami, le comte Greco. Quelques mois

plus tard, il fut appelé à faire partie du Comité de gouvernement des États des Este, installé à Modène le 9 octobre 1796. Suite à l'unification des États des Este avec les territoires de Bologne et Ferrare, il entra dans la Junte de défense générale de la Cispadane, pour être, enfin nommé gouverneur de l'Émilie. Avec la création de la Première République Cisalpine commence la carrière milanaise de Luosi. Député au Corps législatif, le 30 juin 1797, Bonaparte le place à la tête du Ministère de la Justice auquel il ajoute, le 14 novembre, celui de la Haute Police. La charge ne dura que dix mois et, le 31 août 1798, grâce aux modifications opérées par l'ambassadeur français Trouvé, Luosi fut élu membre du Directoire exécutif. Impliqué dans les changements politiques qui se succédèrent à Milan, il fut d'abord, le 19 octobre, éloigné par le général Brune, qui lui intima l'ordre d'abandonner sa charge en échange, semble-t-il d'une promesse non tenue, d'obtenir à nouveau un poste de ministre. Rappelé par le nouvel ambassadeur Rivaud* le 14 décembre, Luosi reprit les fonctions de président du Directoire; fonction qu'il continua à exercer, même en exil, quand la Cisalpine renversée par les troupes austro-russes, les membres du Directoire eurent pris la fuite (28 avril 1799).

**Marescalchi Ferdinando** (Bologne, 26. février 1754 – Modène [Italie], 22 juin 1816).

Après la prise de Bologne par les Français (20 juin 1796), Marescalchi se distingue comme un de leurs principaux collaborateurs, pas seulement au sein du vieux Sénat qui, transfor-

mé en organe de gouvernement provisoire, continue de fonctionner jusqu'au 1er juin 1797. Une fois la garde civique provisoire organisée, Marescalchi y entre comme capitaine commandant la 7e compagnie du 5e bataillon et conserva ce grade jusqu'au 28 mars 1798, date à laquelle il démissionna, parce qu'appelé à d'autres charges.

Le 30 septembre 1796, il publia à Bologne un Catéchisme au peuple bolonais et il participa au premier congrès de la Cispadane à Modène (16 au 18 octobre 1796) au sein de la députation bolonaise. Élu député au deuxième congrès le 5 décembre 1796, il refusa le mandat étant encore tiède quant à la constitution d'une vaste entité étatique dans laquelle l'autonomie de sa Bologne aurait pu être sacrifiée, comme c'était le cas au sein des États Pontificaux. Une fois la République Cispadane née, il se porta candidat pour d'autres responsabilités; mais les comices décuriales du département du Reno (9 avril 1797), en majorité opposées aux républicains fervents comme lui, lui assignèrent seulement un siège de membre de l'administration centrale du département. Marescalchi exerça ce mandat jusqu'au 23 novembre 1797, tenant également, le 5 novembre, celui de vice-président de l'administration centrale, chargé de la remise du drapeau tricolore aux hussards réquisitionnés pour l'occasion et enrôlés parmi les jeunes des familles les plus aisées de Bologne. Entre-temps, la République Cispadane avait été annexée à la Cisalpine et Bonaparte avait obtenu la reconnaissance de celle-ci de la part de l'Autriche, en sacrifiant Venise. Face à ces nouveaux événements, Marescalchi, encore lié par des préjugés municipalistes de l'époque des congrès de la Cispadane, se convertit au patriotisme national et posa sa propre candidature à un rôle clé dans la diplomatie de la Cisalpine: celui de ministre à Vienne. Grâce aux bons offices de son ami Costabili Containi*, membre du Directoire exécutif, il obtient la nomination le 4 février 1798, avec rang d'envoyé extraordinaire et avant de partir pour la capitale autrichienne reçut ses lettres de créances d'ambassadeur (7 avril 1798).

Après s'être rendu à Rastadt pour conférer avec Melzi d'Eril, représentant de la Cisalpine au congrès, il arrive à Vienne le 17 mai mais ne fut pas reçu par l'empereur François II. Celui-ci déclara que le gouvernement autrichien ne voulait accepter un ministre de la République ayant le rang d'ambassadeur. Marescalchi sollicita alors son propre déclassement en ministre plénipotentiaire; ce qui lui fut accordé le 28 juillet.

Mais il n'en fut pas plus reçu, démontrant ainsi le manque de volonté de l'Autriche d'entretenir des relations diplomatiques avec la Cisalpine. Marescalchi resta néanmoins à Vienne jusqu'à fin mars 1799, date à laquelle il se transféra à Milan pour assumer la charge de membre du Directoire exécutif de la République, pour lequel il avait été élu le 25 décembre 1798.

**Moscati Pietro** (Milan, 4 juin 1739 – 17 janvier 1824).

Chassé de l'*Ospedale Maggiore* de Milan pour ses opinions, en juin 1796, avec l'arrivée des Français à Milan, la vie de Moscati prit tournure. Grâce au fait d'avoir été une victime de l'Autriche, Moscati retrouve la direction de l'Ospedale Maggiore de Milan et devient un représentant de valeur du gouvernement révolutionnaire jusqu'à mériter, en juillet 1797, la nomination comme membre du premier Directoire de la République Cisalpine. Bonaparte le chargea de rédiger la Constitution républicaine et le nomma président de la Société pour l'Instruction

publique. Comme le Directoire français, celui de la République Cisalpine subit un coup d'État le 16 avril 1798 qui vit le départ de Moscati qui avait cherché par tous les moyens à défendre l'indépendance républicaine.

**Nicoli Andrea Eligio** (Bologne, 22 novembre 1743 – 26. novembre 1807).

À l'arrivée des Français, Nicoli était professeur de droit canonique de 1776 à 1796 et préfet du pape. En juillet 1796, il fut nommé juge au Tribunal d'appel pour les causes civiles inférieures à 500 écus. En novembre de la même année, il fut élu parmi les quarante-deux sénateurs, malgré le fait qu'il était fonctionnaire.

**Pessuti Gioacchino** (Rome, 13 avril 1743 – 20 octobre 1814).

Le tournant dans la vie de Pessuti, comme dans celle de tant d'intellectuels romains de la fin du XVIIIe siècle, fut la proclamation, le 15 février 1798, de la République Romaine et la fin du pouvoir temporel de l'Église.

Pessuti fut un des consuls provisoires de la République Romaine à laquelle Monge et Daunou donnèrent une constitution copiée sur celle de la France de l'an III, avec des noms tirés de l'antique République romaine (les directeurs devenaient les consuls, le Conseil législatif le Tribunat et le Conseil des seniors le Sénat). Monge pourvut à la réorganisation du nouvel État et à la création de l'Institut National de la République Romaine, dont Pessuti fut un des présidents.

**Pichegru Jean-Charles** (Les Planches [Jura], 16 février 1761 – Paris, 5 avril 1804).

En février 1792, Pichegru est adjudant sous-officier puis, quatre mois plus tard, premier lieutenant adjudant-major (15 juin). Le 9 octobre, lors de son passage à Besançon, il est élu lieutenant-colonel en chef du 3e bataillon du Gard avant de passer à l'armée du Rhin où il est capitaine d'artillerie puis à l'armée du Nord où il est promu au grade de général de brigade (22 août 1793) puis général de division commandant la division du Haut-Rhin (23 août). Le 2 octobre 1793, il est nommé, à titre provisoire, général en chef de l'armée du Rhin (grade confirmé le 27 octobre). Le 6 janvier 1794, il est nommé commandant en chef de l'armée du Nord et des Ardennes, il conquit la Hollande. Le 20 mars 1795, il quitte son commandement pour celui de l'armée du Rhin (31 mars). Le 20 avril, il prend le commandement de la nouvelle armée de Rhin-et-Moselle, s'empare de Mannheim qu'il laisse reprendre par les Autrichiens. Démissionnaire le 4 mars 1796, il est élu député du Jura au Conseil des Cinq-Cents dont il devint président avant d'être proscrit au 18 fructidor et déporté en Guyane d'où il s'évada en juin 1798 pour gagner Londres et prendre part à la conspiration de Georges Cadoudal.

**Pijman** Gerrit (Deventer [Hollande], 31 janvier 1750 – Utrecht, 9 juin 1839).

Après l'arrivée des Français, la fuite du stathouder et la proclamation de la République batave, Pijman est nommé commandant de la ville de Zwolle, de février à mars 1795, date à laquelle Pijman retourne à La Haye et intègre le comité général de la Guerre. Le 14 février 1798, après le coup d'État unitariste de Pieter Vreede et Wybo Fijnje, il est nommé ministre de la Guerre. En avril, il établit une convention avec l'ambassadeur français Delacroix pour le maintien et l'entretien de 25'000 soldats français sur le territoire néerlandais. Après un nouveau coup d'État qui chasse les unitaristes le 12 juin 1798, Pijman conserve son ministère et entre au Directoire provisoire jusqu'au 14 août 1798.

**Pitt William dit Le Jeune** (Hayes [Angleterre], 28 mai 1750 – Putney [Londres], 23 janvier 1806).

La carrière politique de Pitt commence en 1782, lorsque le roi George III le nomme ministre des Affaires étrangères puis l'année suivante, après les démissions des ministres de la coalition Frederick North (1732-1792) et Charles James Fox (81749-1806), Premier ministre. Opposé à la politique de rapprochement avec la France inaugurée par ses prédécesseurs, Pitt signe malgré tout, en 1786, un accord de libre-échange avec la France. Mais tout se gâte avec la Révolution française et empire avec l'exécution de Louis XVI le 21 janvier 1793. Pitt est alors déterminé à abattre la France révolutionnaire en fournissant un appui financier important aux Prussiens et aux Autrichiens d'abord, puis, plus tard, à Naples, à la Turquie, à la Sardaigne et même à la Russie. Mais cela au prix d'une forte imposition qui rend son gouvernement fortement impopulaire. Affaibli à cause de sa politique intérieure par la question irlandaise, Pitt est contraint à la démission le 14 mars 1801. Ce sera son successeur, Henry Addington (1757-1844), qui signera la paix d'Amiens (25 mars 1802).

**Pradier Jean-Baptiste Martial** (Saint-Pierre [Île Maurice], 14 décembre 1776 -?).

Pradier était commissaire du Directoire exécutif près l'administration centrale du département de Jemmapes, lorsque ce département l'envoya (23 germinal an VII) siéger au Conseil des Cinq Cents. Mais, n'ayant, au vu des pièces produites, pas l'âge requis, son élection fut ajournée. Dans une lettre lue au Conseil des Cinq-Cents le 7 messidor an VII, il déclarait finalement « ne pas accepter les fonctions de représentant du peuple ».

**Rivud de la Raffinière Olivier Macoux, baron puis comte** (Civray [Vienne], 10 février 1766 – Angoulême, 19 décembre 1839).

Le 13 août 1792, Rivaud de la Raffinière est élu capitaine en second des chasseurs francs de Blanzac avant de passer au 4e bataillon franc des chasseurs du Hainaut à l'armée du Nord (16 novembre). Servit à Jemmapes et Neerwinden, à Hondschoote. Adjudant général chef de brigade le 27 septembre 1793 puis chef d'état-major de l'armée des Côtes de Brest en février 1794 avant de la commander par intérim du 11 au 23 octobre 1794, date à laquelle il passe à l'armée des Alpes où, du 2 mars au 14 avril 1796, il est chef d'état-major provisoire de l'armée à la place de Berthier. Participe aux combats d'Arcole, de Rivoli. Chef d'état-major de la division Victor le 18 janvier 1797, il est nommé à l'état-major général de l'armée d'Italie en décembre de la même année. Le 12 janvier 1798, il est désigné pour l'armée d'Angleterre puis choisi par Berthier comme chef d'état-major à l'armée de Rome en février 1798. Chef d'état-major de Kilmaine à l'armée d'Angleterre (27 mars), il est nommé général de brigade le 15 décembre puis employé à l'armée d'Italie, puis à l'armée de réserve sous Chambarlhac (20 avril 1800).

**Sabatti Giuseppe Antonio** (Gardone Valtrompia [Brescia, Italie], 8 février 1757 – 3 juillet 1843).

Sabatti fut, le 18 mars 1797, parmi les animateurs de l'insurrection qui, à Brescia, mit fin à la domination vénitienne.

Au cours des huit mois successifs de la République de Brescia, Sabatti participa à l'activité du gouvernement révolutionnaire en qualité de membre du Comité militaire. Une fois Brescia absorbée au sein de la République Cisalpine, il y entra pour faire partir du Corps législatif comme membre du Conseil des juniori, dont il devient président.

Nommé, à partir du 28 septembre 1798, commissaire du pouvoir exécutif près le Département du Mella (la province de Brescia), après seulement dix-sept jours, il prit la charge de membre du Directoire exécutif à l'occasion du coup d'État du général Brune.

Après quelques semaines, il est démis de la charge, à cause du coup d'État de Rivaud, et retourne à Brescia. Au cours de l'occupation austro-russe de 1799, il paie de la prison ses idées révolutionnaires.

**Serbelloni Gian-Galeazzo** (Milan, 1744 – 1802).

Avocat, d'une riche et noble famille ducale, Serbelloni fut membre de la première municipalité milanaise après l'arrivée de Bonaparte, le 21 mai 1796, avant de devenir membre du Directoire de la République Cisalpine. En juin suivant, il se rendit à Paris avec Sopransi et Nicoli pour présenter au Directoire les « voies de la nation lombarde pour la liberté ». De retour à Milan en compagnie de Joséphine de Beauharnais qu'il accueillit dans son palais et, une fois la République Cisalpine constituée, Serbelloni fut du Directoire exécutif (29 juin 1797) dont il assume la présidence. Cependant, le 20 novembre de la même année, il démissionne pour accepter la charge d'ambassadeur à Paris. De retour à Milan en 1800, pour reprendre son patrimoine mis sous séquestre durant l'occupation austro-russe, il fut créé membre de la Consulta législative et fut donc de nouveau envoyé à Paris en mission avec Aldini.

**Spoors Jacob** (Hazerswoude [Hollande], 14 septembre 1751 – La Haye, 3. avril 1833).

Le 19 février 1798, Jacob Spoors est nommé ministre de la Marine par le nouveau Directoire batave formé par Pieter Vreede après son coup d'État du 22 janvier. Le 12 juin, un nouveau coup d'État chasse Vreede et les unitaristes du pouvoir. Spoors devient directeur provisoire jusqu'au 14 août 1798 tout en conservant son portefeuille. Opposé à la présence des Français sur le territoire batave, il s'oppose fréquemment à leurs représentants, notamment l'ambassadeur Sémonville et le général Augereau.

**Tadama Reinier Willem** (Negapatham [Indes-Orientales], 9 décembre 1771 – Amsterdam, 20 mars 1812).

Il devint secrétaire d'Amsterdam en 1795 en tant que démocrate et devient en 1798 le ministre de la Justice. Par la suite, Tadama est devenu membre du Directoire modéré.

Sa carrière politique a pris fin en octobre 1798, date à laquelle il s'est consacré à la magistrature.

**Trouve Claude-Joseph** (Chalonnes-sur-Loire [Maine-et-Loire], 1768 – Paris, 1860).

La Révolution le trouve en 1794 comme rédacteur en chef du journal *Le Moniteur* et grâce à la protection de La Révellière-Lépeaux, il est nommé secrétaire général du Directoire, mais aussitôt révoqué en raison de son âge.

En compensation, il obtient un poste de secrétaire de légation à Naples avant d'être nommé ambassadeur auprès de la République Cisalpine le 15 pluviôse an VI (3 février 1798).

Le 4 vendémiaire an VII (25 septembre 1798), il est envoyé à Stuttgart victime des agissements du Directoire envers la Cisalpine.

**van Haersolte Antony** (Zutphen [Hollande], 19 août 1756 – Arnhem, 14 juillet 1830).

Le 14 août 1798, Van Haersolte entre au directoire batave. Mécontent du fonctionnement de la République batave.

il est à l'origine, avec Gerrit Jan Pijman, Augustijn Besier et l'ambassadeur français

Sémonville, d'une réforme constitutionnelle puis d'un coup d'État établissant la Régence d'État le 16 octobre 1801, dont il reste membre jusqu'à sa dissolution le 29 avril 1805 et son remplacement par Rutger Jan Schimmelpenninck, devenu grand-pensionnaire de la République batave.

Il retourne alors à son office de receveur général de la Veluwe jusqu'en 1823.

**Visconti** Ennio Quirino (Rome, 1751 – Paris, 1818).

Visconti commence sa carrière par des études juridiques pour lesquelles il ne sentait aucune inclinaison. Il fut néanmoins, dans un premier temps, le chambellan d'honneur de Pie VI, gardien de la Bibliothèque Vaticane, bibliothécaire auprès du prince Sigismond Chigi. Collaborateur de son père qui avait avait obtenu la charge du musée Pio Clemento au Vatican, il en poursuivit l'œuvre après la mort de celui-ci.

L'invasion française le trouva favorable aux idées du Directoire, raison pour laquelle il fut choisi pour être un des consuls de la République Romaine et le président de l'Institut national des sciences et des arts. L'occupation de Rome par les Napolitains le contraignit à quitter la ville pour chercher refuge à Paris, où fut créée pour lui la chaire d'archéologie et il fut nommé administrateur du musée des antiquités et des tableaux du Louvre. Datent de cette période son catalogue du musée Napoléon ainsi que deux œuvres sur l'iconographie grecque et romaine.

**Vreede Pieter** (Leyde [Hollande], 8 octobre 1750 – Heusden [Hollande], 21 septembre 1837).

Lorsque les Français conquièrent le Brabant en 1794, Vreede se range immédiatement à leurs côtés. Les Français sont alors très populaires parmi les patriotes car ils sont censés exporter

les idées de la Révolution française en Europe. Il entre alors au comité batave de Bois-le-Duc et au comité révolutionnaire du Brabant. Après que les Français aient traversé le Rhin et soient entrés en Hollande à la fin de l'année, il devient membre de l'administration centrale des territoires occupés en janvier 1795. La Révolution se propage dans le pays, entraînant la fuite de Guillaume V d'Orange et la proclamation de la République batave. Il entre dans la municipalité de Tilburg en avril 1795 et au gouvernement provisoire du Brabant en juin. Le 1er mars 1796, Pieter Vreede est élu député de Bergen op Zoom à la première assemblée nationale de la République batave, et est réélu le 1er septembre 1797. Il en est le président du 13 au 27 novembre 1797. À l'assemblée, il est l'un des patriotes les plus radicaux, favorable à une constitution unitariste. Il souhaite un gouvernement centralisé, une dette amalgamée et un suffrage universel masculin alors que la majorité de l'assemblée est à tendance fédéraliste. Le 22 janvier 1798, il fomente un coup d'État avec l'appui du général Daendels et le soutien du général Joubert et de l'ambassadeur Delacroix, s'aliénant ses amis comme ses ennemis. La cinquantaine de députés restant travaille à l'élaboration d'un projet constitutionnel, toujours en suspens depuis 1795, qui est adopté par référendum le 25 avril 1798. Pour l'élection de la nouvelle assemblée, il est décidé que les deux tiers des membres de l'assemblée épurée en janvier seraient automatiquement réélus. Cela provoque la colère de Daendels qui chasse les radicaux par un nouveau coup d'État le 12 juin 1798. Vreede prend une nouvelle fois le chemin de l'exil à Lierre et rentre à Tilburg en décembre. Discrédité, il se tient à l'écart de la politique batave.

**Wildrick Berend** (Zutphen [Hollande], 20 avril 1754 – Ruurlo [Hollande], 9 septembre 1831.

En janvier 1795, Pichegru franchit le Rhin et envahit les Provinces-Unies. Les patriotes se soulèvent dans tout le pays, Guillaume V d'Orange s'exile en Angleterre et la République batave est proclamée. Wildrik rentre en Gueldre et retrouve sa fonction de procureur puis est élu en octobre à la municipalité de Zutphen. Le 27 janvier 1796, il est élu député de Zutphen à la première Assemblée nationale de la République batave, qui siège à partir du 1er mars. Il se signale comme un unitariste radical, avec Pieter Vreede. En raison de ce radicalisme, il n'est pas réélu en août 1797 par Zutphen mais, suppléant pour la circonscription de Groenlo, où il siège à partir du 15 janvier 1798, après la démission du titulaire. Une semaine plus tard, les unitaristes provoquent un coup d'État, chassant les fédéralistes et quelques modérés de l'Assemblée. Un Directoire provisoire est formé et Berend Wildrik est désigné parmi ses cinq membres.

Après un nouveau coup d'État le 12 juin, il est arrêté et libéré immédiatement, ce qui lui permet d'être élu député dans le nouveau Corps législatif en juillet.

Le général en chef Bonaparte et son état-major à la fin de la campagne d'Italie.
*(Peinture de Édouard Detaille, collection particulière, droits réservés)*

# 6 La révolution en Helvétie

Le mars 1798, la ville de Berne capitule. La mise en coupe réglée de la ville permet de récupérer cinq millions de livres dont une grande partie servira à financer la campagne d'Égypte. (*« Les derniers jours de l'ancienne Berne », gravure reproduisant la toile de Friedrich Walthard, collection particulière, droits réservés)*

Autre pays frontalier, la Suisse. Petit pays, pauvre, elle a toujours été l'alliée de la France et n'a donc pas participé aux guerres révolutionnaires, d'un côté ou de l'autre. D'ailleurs, ses soldats, réputés, ont défendu Louis XVI en 1792. Peu ont survécu à l'attaque du 10 août.

## La Suisse

L'occupation de la Suisse entra de bonne heure dans les plans de la France. Le projet de marcher sur Berne, par le pays de Vaud, fut repris à la mort Louis XVI. On s'y prépara secrètement, aidé des lumières d'Étienne Clavière[1] et de quelques Vaudois émigrés. La situation de la France obligea d'ajourner son exécution, jusqu'à ce que quatre années de victoires et la paix de Campoformio eussent forcé les puissances européennes à reconnaître la République française.

Jusqu'en fructidor, au sein même du Directoire, elle bénéficiait de la sympathie de Carnot et de Barthélémy, qui avait été ambassadeur en Suisse depuis 1791 jusqu'à son élection au Directoire. Mais leur élimination en septembre 1797 faisait perdre à la Suisse deux alliés précieux et

1. (1735-1793). Etienne Clavière a commencé sa carrière comme membre du parti démocratique genevois et il prit une part active à la « Révolution » genevoise de 1782 avant de partir en France et s'investir dans les grandes spéculations boursières de Louis XVI. C'est lui qui est à l'origine de la création des assignats ce qui lui permit d'accéder au poste de ministre des Finances (1790-92) et d'août 1792 au 2 juin 1793. Soupçonné d'être un agent de l'étranger, il fut arrêté et se suicida dans sa prison le 8 décembre 1793.

menaçait ainsi son avenir. D'autant plus qu'avec la création de la République Cisalpine, la route directe et hautement stratégique entre Paris et Milan passait par le Valais, allié des Treize Cantons suisses et donc membre du Corps helvétique. Une députation, envoyée à Rastadt pour obtenir l'inclusion de la Suisse dans la paix générale, reçut de vaines marques d'intérêt des diplomates allemands, qui se déclarèrent impuissants à lutter contre le représentant de la République française.

Lorsque, un mois après la paix entre la France et l'Autriche, le congrès de Rastadt s'ouvrit (novembre 1797), Bonaparte, chef de la délégation française, s'y rendit en traversant la Suisse. Sur le chemin, la foule s'était rassemblée pour apercevoir le célèbre guerrier. « *L'enthousiasme des Vaudois,* écrit Thiers, *fut extrême pour le libérateur de la Valteline qui avait été enlevée aux Grisons par le traité de Campoformio. De jeunes filles, habillées aux trois couleurs, lui présentèrent des couronnes. Bonaparte voulut voir l'ossuaire de Morat; il y trouva une foule de curieux empressés de le suivre partout. Le canon tirait dans les villes où il passait* ».

Cependant, dans le pays, on n'avait pas oublié que, depuis un an, l'intégrité de la Suisse avait été chahutée par Bonaparte lui-même en constituant la République Cisalpine. La Valteline, Chiavenna et Bormio se trouvaient réunis à la nouvelle république, le général se contentant de notifier cet état de fait aux cantons.

Le Grand Conseil bernois se tut, et alors Talleyrand, par ordre du Directoire, éleva des prétentions sous prétexte que le pays de Vaud manifestait l'intention de se séparer de Berne, son suzerain. Le ministre ne réclamait pas moins qu'un droit de protectorat pour le pays de Vaud; lequel, durant un moment, fut placé sous l'autorité des rois de France. De sorte qu'il déclarait garantir l'indépendance de ce pays, et la liberté pour lui de se constituer en canton. À cet effet, un corps d'observation se réunit à Belfort, et le général Mesnard* reçut l'ordre d'envahir les bords du Léman, et de les défendre, contre les entreprises des aristocrates de Fribourg.

Le Directoire prépara donc l'invasion de la Suisse par l'intrigue, par des émissaires et par l'ascendant des idées françaises. À l'automne 1797, le patriote suisse Frédéric César de La Harpe*, vit à Paris en exil. Un an plus tôt, il a publié un Essai sur la constitution du pays de Vaud, appel à la révolution vaudoise et à l'intervention

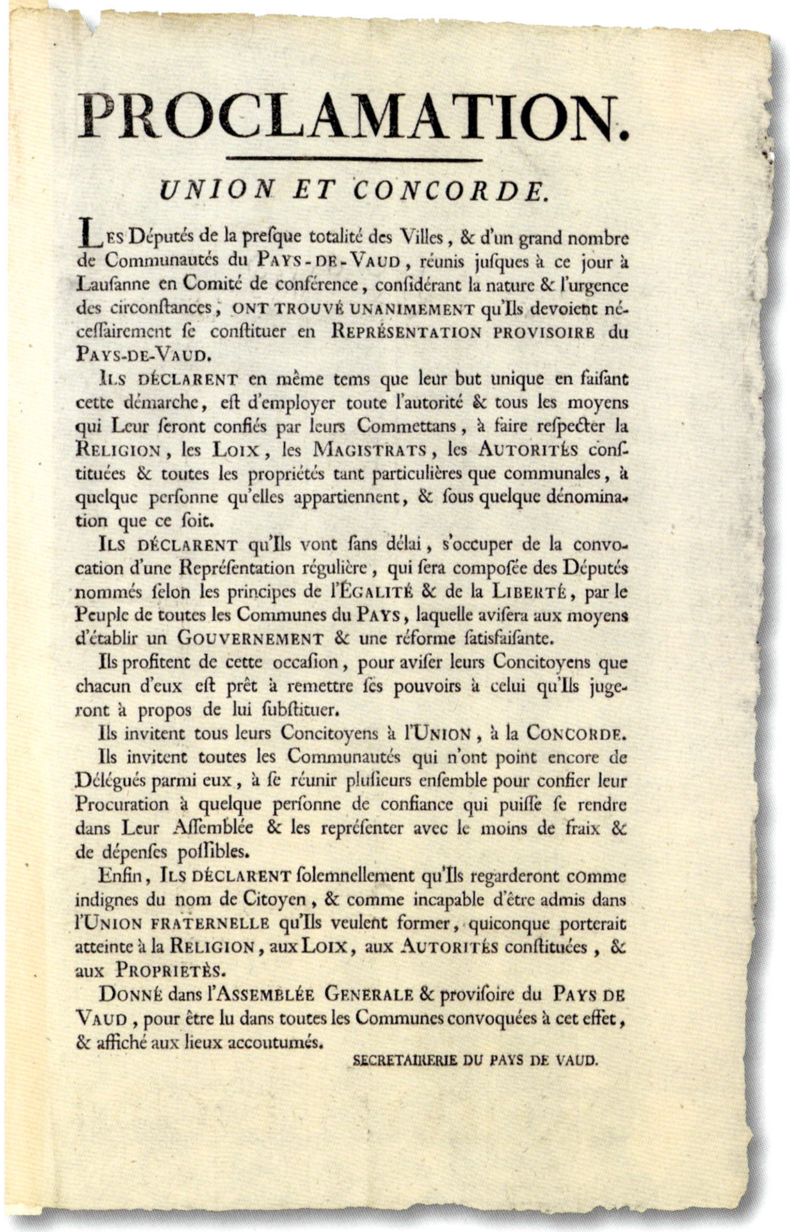

PROCLAMATION.

UNION ET CONCORDE.

LES Députés de la preſque totalité des Villes, & d'un grand nombre de Communautés du PAYS-DE-VAUD, réunis juſques à ce jour à Lauſanne en Comité de conférence, conſidérant la nature & l'urgence des circonſtances, ONT TROUVÉ UNANIMEMENT qu'Ils devoient néceſſairement ſe conſtituer en REPRÉSENTATION PROVISOIRE du PAYS-DE-VAUD.

ILS DÉCLARENT en même tems que leur but unique en faiſant cette démarche, eſt d'employer toute l'autorité & tous les moyens qui Leur ſeront confiés par leurs Commettans, à faire reſpecter la RELIGION, les LOIX, les MAGISTRATS, les AUTORITÉS conſtituées & toutes les propriétés tant particulières que communales, à quelque perſonne qu'elles appartiennent, & ſous quelque dénomination que ce ſoit.

ILS DÉCLARENT qu'Ils vont ſans délai, s'occuper de la convocation d'une Repréſentation régulière, qui ſera compoſée des Députés nommés ſelon les principes de l'ÉGALITÉ & de la LIBERTÉ, par le Peuple de toutes les Communes du PAYS, laquelle aviſera aux moyens d'établir un GOUVERNEMENT & une réforme ſatisfaiſante.

Ils profitent de cette occaſion, pour aviſer leurs Concitoyens que chacun d'eux eſt prêt à remettre ſes pouvoirs à celui qu'Ils jugeront à propos de lui ſubſtituer.

Ils invitent tous leurs Concitoyens à l'UNION, à la CONCORDE.

Ils invitent toutes les Communautés qui n'ont point encore de Délégués parmi eux, à ſe réunir pluſieurs enſemble pour confier leur Procuration à quelque perſonne de confiance qui puiſſe ſe rendre dans Leur Aſſemblée & les repréſenter avec le moins de fraix & de dépenſes poſſibles.

Enfin, ILS DÉCLARENT ſolemnellement qu'Ils regarderont comme indignes du nom de Citoyen, & comme incapable d'être admis dans l'UNION FRATERNELLE qu'Ils veulent former, quiconque porterait atteinte à la RELIGION, aux LOIX, aux AUTORITÉS conſtituées, & aux PROPRIETÈS.

DONNÉ dans l'ASSEMBLÉE GENERALE & proviſoire du PAYS DE VAUD, pour être lu dans toutes les Communes convoquées à cet effet, & affiché aux lieux accoutumés.

SECRETAIRERIE DU PAYS DE VAUD.

«Union et concorde», est le titre de la proclamation de l'Assemblée générale provisoire du Pays de Vaud, le 24 janvier 1798. La proclamation « *appelle les citoyens à l'union et à la concorde, ainsi qu'au respect de la religion et de la propriété, des lois, des magistrats et des autorités constituées* ». *(Archives cantonales vaudoises, Chavannes-près-Renens).*

## *Les obligations du Défensionnal*

Conseil de guerre

1 membre du gouvernement de chaque canton + plusieurs officiers du service étranger.

Prescrit les ordonnances, rédige les règlements d'exercice, pourvoit à toute l'organisation.

Il se tient en communication avec les Conseils de guerre des autres confédérés, soit par correspondance, soit par délégués.

Général de la République escorté de chasseurs à cheval du 13e ou du 19e régiment et assisté de son aide de camp, en 1798.
*(Huile de Maurice Toussaint, collection particulière, droits réservés)*

Musicien et officier de grenadiers (à l'arrière-plan) de la 37e demi-brigade d'infanterie.
*(Tanconville d'après Zix, Le Passepoil 1922, collection particulière)*

française pour libérer son pays de l'occupation bernoise. Au lendemain du 18 fructidor, celui qui a été le précepteur du futur tsar Alexandre Ier, remet au Directoire un plan d'intervention pour la libération du pays de Vaud par la France, dans lequel il évoque la possibilité de s'emparer du trésor de Bâle et des richesses de l'oligarchie bernoise.

Autre « promoteur » d'une intervention du Directoire est Peter Ochs, second personnage de l'État et ami de Reubell, beau-frère de Diet-rich, l'ancien maire de Strasbourg. C'est Ochs qui fit la première proposition formelle de reconnaître, dans une des républiques de la Suisse, l'égalité de droit entre les sujets et les autres citoyens.

C'est le 8 décembre 1797, au cours d'un dîner chez Reubell auquel assistaient Ochs et Bonaparte, que fut décidée l'intervention française en Suisse et la création d'une république unitaire, dépourvue de tout fédéralisme, fondée sur les principes de la Révolution française. Deux jours plus tard, Berthier, en route pour Milan, reçoit de Bonaparte l'ordre d'envoyer dans le pays de Gex, à Versoix, la division Masséna. Elle ne partira que le 22 décembre, une fois Berthier arrivé à Milan, sous le commandement par intérim du général Mesnard.

Contrairement aux autres pays où s'implanta un régime calqué sur celui de la France, la Suisse de 1798 est loin d'être un pays centralisé. Déjà, on y parle quatre langues et y pratique deux religions. De plus, de par son histoire, les diversités de statuts de différentes parties du pays faisaient que certaines régions étaient politiquement et administrativement dominées

### *Les forces bernoises régulières* (janvier 1798)

| | |
|---|---|
| **Infanterie** | |
| - 14 régiments (à 1018 hommes) + 2 cies à Büren | 14508 hommes |
| - 10 cies de chasseurs (à 110 hommes) | 1'100 hommes |
| - 5 cies de carabiniers (à 111 hommes) | 555 hommes |
| **Cavalerie** | |
| - 15 cies de dragons (à 55 hommes) | 827 hommes |
| **Artillerie** | |
| - 16 cp (à 80 hommes) | 1280 hommes |
| **Autres** | |
| - Train | 1040 hommes |
| - Ingénieurs (dont 20 officiers) | 75 hommes |
| - Régiment d'Aigle et partie romande du Gessenay | 800 hommes |
| - 28 bataillons ½ d'infanterie de *Landwehr* | 14500 hommes |
| - Gardes de la ville de Berne | 380 hommes |
| - Garnison forteresse Aarbourg | 64 hommes |
| TOTAL | **35129 hommes** |

2. Région du nord-ouest de la Suisse, située dans l'actuel canton du Jura.
3. Vallée de l'actuelle canton de Neuchâtel, en Suisse, alors fief du roi de Prusse.
4. Ville aujourd'hui dans le canton du Jura et qui jusqu'en 2017 faisait partie de la partie francophone du canton de Berne.
5. Ville industrielle (auj. dans le canton de Berne) à la frontière linguistique entre le français (minoritaire) et l'allemand (majoritaire).

par d'autres. C'était le cas du pays de Vaud, qui avait été autrefois le fief des Savoie et qui, en 1798, dépendait de Berne depuis 1536 et l'introduction de la Réforme, qui y nommait ses représentants, des baillis.

Le 24 décembre 1797 (4 nivôse an VI), le général Gouvion Saint-Cyr* pénètre en Ajoie[2] et s'empare, en quelques jours et sans aucune résistance, du val de Saint-Imier[3], de la vallée de Moutier[4] et de la ville de Bienne[5], sous prétexte de libérer les populations locales. Pratiquement simultanément, la dernière Diète fédérale s'ouvre le 27 décembre pour réformer la Constitution ; elle ne parvient qu'à démontrer son inefficacité en raison de la confusion qu'apportent les débats qui s'y tiennent et ne clôturera ses débats que le 30 janvier 1798. Le lendemain, le 28 décembre 1797, le Directoire prend un arrêté qui chargea le ministre de la république près les cantons helvétiques de déclarer aux gouvernements de Berne et de Fribourg que les membres de ces gouvernements répondraient personnellement de la sûreté individuelle et des propriétés des habitants du pays de Vaud qui se seraient adressés et pourraient s'adresser encore à la République française pour obtenir, par sa médiation, en exécution des anciens traités, d'être maintenus ou réintégrés dans leurs droits, sans toutefois intervenir dans les affaires intérieures du pays, selon les instructions du Directoire au commandant en chef du 17 janvier 1798, rendues plus strictes encore dix jours plus tard, le 27 janvier avec la prise de commandement par Brune des 15 000 hommes massés à Versoix. Toutefois, ce n'est que pour répondre à une attaque que le général a le droit de pénétrer en Suisse.

Les différences dans l'état politique des cantons excitaient parfois entre eux la jalousie et la méfiance. Cela d'autant plus que le lien fédéral était peu étroit. La seule charte qui fixait les conditions d'alliance offensive et défensive des cantons entre eux et avec leurs alliés, était le Défensional, de 1668.

Un document à la base de toutes les lois militaires helvétiques et définissait les obligations de chaque contractant. Toutefois, ce ne fut qu'à grand-peine qu'il réunit l'assentiment de presque tous les cantons.

Schwyz s'en retira ; Uri n'y acquiesça que conditionnellement et Obwald refusa longtemps d'y souscrire[6]. Ce n'est qu'en 1702 qu'il fut amélioré par des dispositions importantes sur l'organisation de la défensive et ce n'est finalement qu'en 1792 que tous les cantons adhérèrent au *Défensional*.

Symbolisant à la fois la révolution et la libération, Suisses et Français érigent un arbre de la liberté à Bâle au mois de mars 1798. *(Gravure d'époque, Collection particulière, droits réservés)*

6. Schwyz, Uri et Obwald sont trois cantons au centre de la Suisse. Appelés « cantons primitifs » parce qu'ils furent à l'origine de la création de la Suisse, en 1291.
7. E. Muret, *L'invasion de la Suisse en 1798*, pp. 27 et ss.

Le Réveil du Suisse est une allégorie de la révolution helvétique de 1798. *(Eau-forte coloriée de Laurent Louis Midart, Musée d'Histoire de Berne)*

## Organisation militaire helvétique

Chaque canton avait sa propre organisation militaire, se flattant de faire mieux que son voisin et ces différences étaient un élément supplémentaire de dénigrement, voire de jalousie et pour les chefs source de confusions.

Berne avait une organisation complète; la meilleure de la Confédération.

## Organisation militaire bernoise

*« L'organisation de l'armée bernoise datait de 1786. Elle était basée sur l'arrondissement de district avec une population mili-*

En-tête de lettre du corps expéditionnaire français en Suisse prise sur une lettre du général Schauenburg. Cet en-tête de lettre représente la République (française) recevant, en hommage, la pomme offerte par le fils de Guillaume Tell. *(Eau-forte Archives de l'État de Berne,* Helv BE 224)

*taire de 1400 hommes de 16 à 40 ans. Deux arrondissements formaient le régiment, soit l'effectif de quatre bataillons d'infanterie de 500 hommes chacun environ, plus les armes spéciales. Parmi ces quatre bataillons, on choisissait deux bataillons d'élite, à quatre compagnies, le premier de grenadiers, le second de mousquetaires. L'élite comprenait en outre les compagnies de chasseurs, les carabiniers, l'artillerie et les dragons. Les deux bataillons restants étaient appelés « bataillon de pépinière ». Dans ceux-ci, on choisissait, en cas de besoin, les hommes nécessaires à la formation d'un bataillon, pour lequel l'état-major était prêt et qu'on désignait sous le nom de «* fusiliers *» ou de «* landwehr ». *Quant aux quatrièmes bataillons, ils n'étaient pas organisés et n'étaient formés qu'en cas de besoin* »[7].

Chaque régiment portait le nom du district où il avait été levé tandis que les bataillons portaient les noms de leurs chefs. Le régiment avait à sa tête un colonel, un lieutenant-colonel et un major (commandant), chargés chacun du commandement d'un des trois bataillons lorsque ceux-ci étaient levés.

L'armée bernoise n'avait pas encore adopté les modifications tactiques françaises et le règlement d'exercice de 1794 employait les compagnies de chasseurs au service d'éclaireurs. Chez les Bernois, lorsque l'infanterie voulait se déployer en ligne, ce mouvement était protégé par l'artillerie, deux pièces étant attribuées à chaque bataillon. Alors que chez les Français le déploiement se faisait sous la protection de tirailleurs ou éclaireurs et l'artillerie était utilisée pour battre un point précis et terminer la bataille. La légèreté de l'artillerie à cheval ainsi que le feu disséminé de ses obus étaient d'un effet inconnu car un essai effectué peu avant à Berne n'eut pas de suite. Et les carabiniers, peu mobiles, prenaient des positions et étaient surtout exercés au tir.

La cavalerie bernoise, généralement mal montée, n'était utilisée que pour des reconnaissances alors que, pour les Français, elle était utilisée pour patrouiller, poursuivre et attaquer.

## Organisation militaire des autres cantons[8]

En 1797, le canton de Zurich pouvait aligner un peu plus de 28000 hommes. Tous les citoyens de 18 à 60 ans en état de porter les armes, étaient incorporés. Les officiers étaient instruits. Le bataillon d'infanterie était composé de cinq compa-

8. Les données qui suivent sont tirées du livre d'Eugène Muret, *op. cit.* vol. 2, pp. 10 et ss.

gnies à 106 hommes. L'infanterie se composait de quatre brigades, plus de quatre compagnies de chasseurs et de cinq compagnies de carabiniers à 114 hommes. L'artillerie comprenait huit compagnies à 112 hommes chacune. La cavalerie était forte de huit escadrons à 107 hommes, chaque escadron à deux compagnies.

Dans le canton de Lucerne, divisé en cinq arrondissements, tous les hommes entre 16 et 60 ans étaient incorporés. Chaque arrondissement était administré par un major qui fournissait autant de brigades. La réorganisation de 1782 fit émerger une force militaire de 10'000 hommes formés en 25 bataillons à quatre compagnies de 100 hommes. L'artillerie était fournie par la ville de Lucerne et était formée de cinq compagnies de 26 hommes et la cavalerie de trois compagnies de 70 hommes. Les quatre villes du canton étaient chargées de la fournir. Il y avait en outre le corps des ingénieurs et celui des bateliers, puis la garnison de Lucerne, forte de 200 hommes environ. Le contingent fédéral – selon les dispositions du Défensional – prévoyait la mobilisation de 1 200 hommes, soit deux bataillons de 600 hommes chacun, pris chaque année parmi les célibataires de la troupe d'élite des cinq arrondissements et proportionnellement à leur population. Chacun de ces bataillons était formé d'une demi-compagnie de chasseurs – 56 hommes –; d'une demi-compagnie de grenadiers et de quatre compagnies de fusiliers à 112 hommes.

Le canton de Schwyz était divisé en six districts; autant de circonscriptions militaires. Chaque circonscription avait la responsabilité de lever un bataillon d'élite de 600 hommes environ. Toute la milice d'un district formait le régiment avec à sa tête trois officiers supérieurs. Une compagnie de carabiniers complétait l'infanterie et l'artillerie comptait plusieurs officiers sans fournir de corps à part car les pièces étaient servies par l'infanterie.

Le Valais était une confédération de sept dizains. Le Valais est alors constitué du Haut-Valais, (dans l'est du Valais: Brigue, Conches, Loèche, Rarogne[9], Sierre, Sion et Viège) quasiment indépendants, et du Bas-Valais (à l'ouest, autour de Monthey et Saint-Maurice), sujet du Haut-Valais. Dans chacun d'eux, la milice était divisée en trois classes: la 1re était composée des 100 hommes les plus riches du dizain; c'est elle qui devait partir la première; la 2e des 200 hommes les plus fortunés après ceux de la 1re classe; la 3e de tous les autres hommes valides. La troupe était partagée en bataillons de 200 hommes, répartis en huit pelotons de 25 hommes.

## Du 1er janvier au 28 février 1798

Le 13 janvier 1798, Bâle fait sa révolution. Les paysans chassèrent les baillis, mirent le feu aux châteaux et le 19, 600 d'entre eux, dûment armés, entrèrent dans la ville. Le lendemain, ils obtinrent leur acte de liberté. Une assemblée nationale, composée pour un tiers de bourgeois, pour un autre d'habitants de la ville et pour un dernier de paysans, prit les rênes du gouvernement et le canton renonça officiellement à tous ses droits de souveraineté sur les baillages communs.

À Zürich, étaient emprisonnés depuis 1795 plusieurs meneurs d'un soulèvement paysan. Malgré une demande d'amnistie présentée le 17 janvier 1798, rien ne changea. Le 29, Joseph Mengaud[10], le chargé d'affaires français, transmis au Grand Conseil zurichois, une note exigeant au nom du Directoire réclamant la mise en

9. Loèche et Rarogne sont deux localités de la partie germanophone du Valais ; le Haut-Valais. Auj, Loèche est un centre thermal réputé (Loèche-les-Bains).

10. (v. 1750-1804). En octobre 1797, Mengaud obtint le départ du ministre anglais en Suisse puis devint le chargé d'affaires de la République française en Suisse du 25 décembre 1797 au 12 juin 1798. C'est lui qui prépara la révolution par des voies démocratiques mais ne put réaliser son projet de révolution non violente. Berne vaincue, la direction de ses principales affaires fut confiée à François- Philibert Le Carlier et Jean-Jacques Rapinat. Mengaud quitta la Suisse en 1798 abandonné par le Directoire et séjourna par la suite à Paris.

11. Vallée de la rivière Emme, dans le canton de Berne.

12. Région la plus élevée du canton de Berne, au sud du canton.

13. Commune du canton de Vaud. C'est l'ancienne Aventicum des Romains, capitale de l'Helvétie romaine. 36 Commune du canton de Genève, ayant appartenu à la Savoie et fondée en 1754.

14. Ancienne commune du canton de Vaud, proche de la ville de Moudon.

### *Les forces françaises*

1re DIVISION ARMÉE FRANÇAISE D'ITALIE

du général de division Philippe Romain Mesnard. Général Suchet* adjudant général, général Escale (?) chef d'état-major.

● **1re brigade du général Pijon***

- 2e demi-brigade légère du général Desnoyers (1560 h.) à Divonne-les-Bains et ses environs

-18e demi-brigade de ligne du général Suchet (2330 h.) à Versoix[a]

-25e demi-brigade de ligne du général Feugières (2160 h.) à Gex

● **2e brigade du général Rampon** (à Thonon)

-32e demi-brigade de ligne du général Darmagnac? (2200 h.) à Meyrin, Saconnex, Pregny et Vernier[b]

-75e demi-brigade de ligne du général Antoine Maugras? (2500 h.) entre Thonon et Saint-Gingolph

-1 cie de sapeurs (arrive le 22) ? à Fernex[c]

a. Commune française, de Genève dont elle fait désormais partie au sein du canton.
b. Ce sont quatre communes de France voisines de Genève, dont aujourd'hui elles font partie au sein du canton
c. Auj. Ferney-Voltaire, à la frontière franco-genevoise. Voltaire y vécut dans son château de 1765 à 1770, d'où le double nom.

# 1$^{e}$ Division de l'armée d'Italie

Sous-officier porte-drapeau de la 2$^{e}$ demi-brigade d'infanterie légère en 1798.

Grenadier de la 18$^{e}$ demi-brigade de ligne. Le gilet n'est pas, bien sûr, réglementaire. Une banderole porte giberne de fusilier avec porte-baïonnette est arborée par notre soldat d'élite.

Grenadier de la 25$^{e}$ demi-brigade de ligne, en tenue de campagne.

Sapeur d'infanterie.

Fusilier de la 32$^{e}$ demi-brigade de ligne, en manteau.

# *Division de l'armée du Rhin en Helvétie*

Chasseur de la 14e demi-brigade légère. Notre homme a conservé son casque à chenille du règlement de 1791.

Chasseur de la 16e demi-brigade légère.

Sergent de la 3e demi-brigade de ligne en tenue de sortie. Remarquez les bas de soie rayés et les chaussures à boucle.

Officier subalterne de la 38e demi-brigade de ligne en tenue de campagne. Les bottes, comme le pantalon, sont des pièces de prise.

Tambour d'une compagnie de grenadiers d'une demi-brigade de ligne.

Fusilier de la 97e demi-brigade ligne. Comme beaucoup de fantassins des armées révolutionnaires, l'équipement et l'habillement portés par notre soldat sont disparates.

Artilleur à pied en tenue de route, campagne d'Helvétie en 1798-1799.
*(Dessin de Tanconville, Le Passepoil, 1922, collection particulière, droits réservés)*

liberté des prisonniers. Ce que le gouvernement accepta. En gage de reconnaissance, Mengaud lui fait parvenir la Constitution helvétique accompagnée d'une adresse au peuple l'encourageant à l'accepter. Se sentant soutenue par la France, la campagne releva la tête et la ville dut entrer en négociations : le 3 février 1798, une commission constituante fut nommée et, deux jours plus tard, l'égalité politique de tous les citoyens fut reconnue.

Le 17 janvier, le colonel de Weiss prend possession de son commandement et établit son quartier-général à Lausanne. Il avait reçu le 12 janvier, du gouvernement bernois, des pouvoirs dictatoriaux illimités, soit pour la tranquillité intérieure, soit pour la défense du pays.

Le 20 janvier, les bataillons de l'Emmental[11] et de l'Oberland bernois[12], avec 48 canons, se dirigent sur Avenches[13]. Le même jour, arrivait à Carouge[14] la 1re division de l'armée française d'Italie. Forte de 10 700 hommes, composée uniquement d'infanterie, elle était commandée par le général Mesnard. L'artillerie est restée à Annecy, mais elle est mal armée et mal montée. Les troupes cantonnées en Savoie sont sous les ordres du général Pouget*.

À l'annonce de l'approche de l'armée française sur la frontière, de Weiss avait quitté Lausanne pour établir un nouveau quartier-général à Yverdon, le 22 janvier. Il y réunit deux bataillons d'infanterie, une compagnie de dragons et une de carabiniers.

Le 23 janvier arrive à Lausanne une proclamation du général Mesnard : « *L'armée d'Italie vous couvre, citoyens ; c'est à présent à vous à vous rendre dignes des hautes destinées auxquelles le Directoire veut vous aider à parvenir !* ». À Lausanne, depuis le 10 janvier 1798, s'était créé un « comité des réunions » ayant pour but de mettre sur pied des autorités politiques aptes à diriger le pays de Vaud. De ce comité naîtra, huit jours plus tard, un « comité central » de vingt membres présidé par Jean-Louis de Bons*, représentant les villes et les principales communes du pays. Deux jours plus tard, un groupe d'agitateurs prend d'assaut le château de Chillon, au bord du lac Léman et symbole du pouvoir bernois

Le 25 janvier, le général Mesnard adresse un ultimatum au colonel de Weiss : *« Je vous somme de retirer, sur-le-champ, du Pays de Vaud, les troupes de Berne et de Fribourg et de laisser aux habitants le libre exercice de leurs droits, réclamations et recours. Sinon, je me verrai forcé de repousser la force par la force ». La mort d'un hussard français dans la nuit du 25 au 26 janvier à Thierrens[15], au cours d'un incident, permet à Mesnard d'ordonner, le 27, l'entrée de ses troupes dans le Pays de Vaud, alors que les troupes du général Rampon traversent le lac Léman depuis Evian-les-Bains pour occuper*

15. Ancienne commune du canton de Vaud, proche de la ville de Moudon.

# Cavalerie et artillerie de l'Armée d'Helvétie

Maréchal des logis du 18e régiment de dragons en tenue ordinaire.

Cavalier du 7e hussards en tenue de route avec l'habit.

Trompette du 7e hussards en tenue de route.

Cavalier du 8e régiment de hussards en tenue de route.

Canonnier à cheval d'une des deux compagnies présentes à l'armée d'Helvétie.

Gendarme.

1922 Tanconville

## *Composition de la division de l'Armée du Rhin* (6 mars 1798)

| Infanterie | Effectifs | Cavalerie | Effectifs | Artillerie | Effectifs | Autres | Effectifs |
|---|---|---|---|---|---|---|---|
| 14e demi-brigade légère | | 7e rgt hussards | | A cheval | | Gendarmes | 91 h. |
| | | 8e rgt hussards | | 2 cies, 6 pièces | 149 | Ouvriers | 33 h. |
| | | 18e rgt dragons | 1211 h. | | | | |
| | | | | À pied, | | | |
| | | | | 4 cies | 299 | | |
| 16e demi-brigade légère | | | | Attachée à l'inf | 234 | | |
| 3e demi-brigade ligne | | | | | | | |
| 31e demi-brigade ligne | | | | | | | |
| 38e demi-brigade ligne | | | | | | | |
| 76e demi-brigade ligne | | | | | | | |
| 89e demi-brigade ligne | | | | | | | |
| 97e demi-brigade ligne | | | | | | | |
| | 16810 h. | | 1758 chevaux | 31 canons | | | |
| **TOTAL** | | **18827 hommes** | | | | | |

*Lausanne. Il fit précéder cette entrée d'une proclamation au peuple vaudois dans laquelle, entre autres, il demande au peuple « de recevoir les Français en libérateurs ».*

Le 28 janvier au matin, la frontière suisse est franchie et, dans la soirée, les 1'560 hommes de la 2e demi-brigade arrivent à Morges ; la 18e et ses 2330 hommes, à Rolle ; la 25e (2160 hommes), à Divonne et la 32e (2200 hommes) à Nyon. La 75e demi-brigade (2500 hommes) s'embarque à Thonon et Évian et se rend à Lausanne où arrive également Mesnard qui installe dans la ville son quartier-général, nommant le chef de bataillon Dumoulin* comme commandant de place.

À son arrivée à Lausanne, Mesnard se rendit auprès de l'Assemblée provisoire pour demander, à titre d'emprunt, une contribution de 70000 francs ainsi que la levée d'un corps de Vaudois de 5000 hommes. Il va de soi que ces exigences eurent le plus mauvais effet, en particulier sur la jeunesse qui, au lieu de rejoindre les rangs de l'armée venue les « libérer », ils s'empressèrent d'offrir leurs services à leurs anciens souverains.

Après l'affaire de Thierrens, de Weiss perdit toute son assurance et quitte Yverdon le 27 janvier pour se rendre à Berne en compagnie de quelques dragons, laissant ainsi les troupes sans ordres, lesquelles décidèrent de se licencier. Quant aux Bernois, apprenant l'arrivée des volontaires vaudois, ils se retirent vers Avenches.

Nommé par le Directoire le 27 janvier, le général Brune commande l'armée d'invasion en Suisse. Le 5 février, muni de proclamations rédigées à Paris ainsi que d'instructions secrètes, il arrive à Lausanne où il établit son quartier-général. Deux jours plus tard, il prenait le commandement de la 1re division en remplacement du général Mesnard, envoyé en Corse. « *Brune était plus habile diplomate qu'habile général* » a écrit E. Muret dans son livre Campagne des Français contre Berne. En effet, le général fit appel au colonel Montagny, un ancien officier au service étranger, de servir d'intermédiaire auprès des autorités bernoises et de leur transmettre qu'il ne demandait pas mieux que d'arriver à un accommodement. Tout ceci dans l'unique but de gagner du temps car Berne avait sonné le rappel de ses troupes et Brune se trouvait désormais en infériorité numérique et manquait d'artillerie et de cavalerie. De Chambéry devaient arriver un régiment de dragons et dix canons. Mais tout ceci ne pouvait pas lui parvenir avant le 12 ou 13 février. De plus, il fallait laisser le temps d'arriver à une deuxième division française en formation dans la région de Porrentruy et placée sous les ordres du général alsacien Schauenbourg* qui remplaçait Gouvion Saint-Cyr, chargé de l'expé-

*Ci-contre, à gauche.* Trompette et officier du 7e régiment de hussards, en Helvétie, 1798-1799, en tenue de route. *(Dessin de Tanconville, Le Passepoil, 1922, collection particulière, droits réservés)*

16. L'actuel canton de Fribourg est bilingue français-allemand. La frontière linguistique est représentée par la Sarine qui coule à quelques kilomètres de Fribourg. La Sarine se jette dans l'Aar, la principale rivière de Suisse, qui traverse Berne, la capitale.

*Ci-dessus.*
Carte de la révolutuion helvétique et de l'intervention française en 1798.
*(Carte de Morco Zanelli, © 2006, CC-BY-SA/2.5/de, droits réservés)*

dition de Rome. Schauenbourg avait pour instructions d'envahir les dépendances de l'ancien évêché de Bâle jusqu'à la frontière des cantons suisses et à partir de là, de suivre les instructions de Brune.

Le 6 février, le commandant de la 2e brigade, le général Nouvion* entre à Bienne, dans l'actuel canton de Berne, tandis que Schauenbourg établit son quartier-général le lendemain à Delémont, puis arrive le 9 à Bienne.

Devant le danger représenté par les troupes françaises, Berne, Fribourg et Soleure s'étaient unis pour une défense commune alors que les troupes françaises, arrivées à Avenches, avaient devant elles une division de l'armée bernoise, concentrée à Morat, limite du pays romand. De son côté, Fribourg, menacé par la progression des Français, était dans une grande agitation. Le gouvernement se déclara provisoire et décida en hâte une révision de la Constitution puis en informa le général Mesnard tout en mettant sur pied 400 hommes de milice de la partie allemande du canton car la partie romande s'était en grande majorité, prononcée pour la révolution vaudoise[16].

Le 18 février 1798, la 1re division de l'armée d'Italie occupait l'intégralité du pays de Vaud, tandis que la division Schauenbourg était toujours à Bienne. La présence de cette troupe faisait faire des progrès à la révolution : à Lucerne, le gouvernement s'était modifié dans un sens démocratique et à Zürich la ville faisait des concessions à la campagne qui les refusait, réclamant des droits.

À Soleure, l'ancien gouvernement était remplacé par un nouveau. Ce qui ne fut pas du goût de tout le monde puisque les paysans se révoltèrent contre le nouvel ordre des choses et le 6 mars eut lieu une contre-révolution qui vit l'incarcération d'un certain nombre de « novateurs ».

À Berne, on ne répondit pas à l'ultimatum du résident français. On se contenta de refuser ces exigences et forma trois divisions pour faire face à l'arrivée des troupes françaises dans le Jura. La 1re division couvrait Morat ; la 2e, forte de 6 260 hommes environ, avait pour mission de couvrir la ligne de l'Aar, de la Thièle et du lac de Bienne, pour se joindre à la 1re division. Elle était cantonnée entre la frontière neuchâteloise et la ville de Berne. La 3e division, forte de 3 133 hommes et 18 canons de 12, 6 et 2, était en partie postée en territoire soleurois où elle se joignit aux troupes de ce canton qui ne s'élevaient pas à plus de 3 000 hommes. Enfin, pour contenir les mouvements révolutionnaires, qui auraient pu éclater sur les arrières des troupes, fut levée une petite division.

Selon les termes du Defensional, les cantons devaient mobiliser leurs contingents pour venir en aide à Berne. Seuls quelques cantons (Zoug, Schaffhouse[17] et Appenzell Rhodes-Intérieures[18]) répondirent à l'appel en envoyant leurs contingents, mais trop tard.

D'autres s'exécutèrent d'une manière incomplète et à des conditions qui rendaient ce secours illusoire : n'être utilisé qu'en défensive, ne pas sortir du territoire allemand, ne pas entrer dans le Pays de Vaud et les plans d'opérations devaien t être approuvés par les Conseils de guerre des divers cantons. Les 1 440 hommes fournis par Zürich, Uri (590), Schwyz (600), Glaris (400), Appenzell (130) et la ville de Saint-Gall (100) allèrent rejoindre la 2e division, tandis que la 3e division accueillait les 1 253 hommes de Lucerne et les 320 d'Unterwald.

Pendant ce temps, les chefs de l'armée préparaient le plan d'opérations – tant offensif que défensif – à soumettre à l'approbation des divers conseils de guerre. Ce plan prévoit une attaque contre les Français dans le Pays de Vaud, bien sûr ; mais à cela il met une condition préalable : chasser des montagnes de l'évêché de Bâle les troupes de Schauenbourg.

*Ci-contre, à droite.* Artilleurs en Helvétie : Artilleur à cheval, conducteur du train d'artillerie, artilleur à pied en tenue de campagne. *(Dessin de Tanconville, Le Passepoil, 1922, collection particulière, droits réservés)*

Le 26 février 1798, le gouvernement se décide enfin à nommer un commandant en chef des troupes. À cette fin, il désigne le zurichois Hotze, alors au service de l'Autriche. En attendant son arrivée, c'est le commandant de la 1re division, le général d'Erlach, qui assume l'intérim. Le lendemain, à Payerne, où est établi le quartier-général du général Brune, arrive une délégation bernoise pour discuter des conditions de paix. « [Brune] *les reçut froidement, rudement, se répandait en invectives contre le gouvernement bernois et, repoussant, dès l'abord, toutes les propositions des députés ébahis, il leur posa l'ultimatum suivant :*

*1. Établissement immédiat d'un gouvernement provisoire, d'une Constitution basée sur la liberté et l'égalité et l'adhésion à une République helvétique une et indivisible ;*

*2. La mise en liberté de tous les détenus politiques ;*

*3. Le licenciement de toutes les troupes bernoises et confédérées ;*

*4. La démission du gouvernement actuel.*

*En échange, les troupes françaises se retireraient.* »[19]

Brune avait reçu, le 22 février, une lettre du Directoire, l'invitant à marcher sur Berne.

Les députés bernois, n'ayant pas de pouvoirs pour traiter sur de nouvelles bases, demandèrent une prolongation de la trêve. Ce qui leur fut accordé pour 24 heures, soit jusqu'au 1er mars, à 10 heures du soir.

## Du 1er mars au 31 mai 1798

L'attaque de Berne, la capitale, était préparée depuis le 17 février déjà par Brune en collaboration avec Schauenbourg. Le 18, il en communiquait les grandes lignes à Bonaparte. Ce plan consistait à menacer la ligne bernoise sur quatre points. La division Schauenbourg et la 1re division se partageaient le travail. À Schauenbourg de marcher sur Soleure (gauche de la division), d'attaquer avec la droite le pont de Büren ; à Brune de marcher sur Morat (gauche de la 1re division), de prendre Fribourg avec sa droite. En attendant la fin de la trêve, Brune, pour assurer ses arrières, fait occuper Lausanne par les troupes de général Pouget tandis que les deux bataillons de la 2e demi-brigade quittent Vevey où ils étaient depuis le 29 janvier pour Bulle et le bataillon de la 25e quitte Yverdon pour Moudon.

Dans la journée du 1er mars, Brune charge le général Pijon d'attaquer Fribourg dans la nuit du 1er au 2 mars. Au soir de ce 1er mars, les députés bernois sont de retour, porteurs de la dépêche du gouvernement. Et dans la nuit, le général Schauenbourg transportait son quartier-général à Pieterlen, au bord du lac de Bienne.

Du côté de la 1re division, conformément aux instructions reçues, Pijon fit avancer les deux bataillons de la 2e demi-brigade et ses réunissent pendant la nuit aux deux bataillons vaudois. La colonne principale, commandée par Pijon en personne, et composée des 18e et 25e demi-brigades d'infanterie, d'un régiment de cavalerie et de trois batteries d'artillerie – deux à pied et une à cheval – s'avance par la route de Romont. À 3 heures du matin, les éclaireurs de la 25e demi-brigade rencontrent les avant-postes fribourgeois. Ils sont accueillis par quatre canons et 300 hommes qui, se voyant cernés, prennent alors la fuite, laissant les Français s'emparer des hauteurs de la ville. Sachant cela, Pijon envoie une sommation à la ville exigeant la reddition immédiate. Le Conseil fribourgeois, après tergiversations, décida alors de se rendre dans un délai de deux heures ; le temps d'évacuer les troupes bernoises et les milices armées. Pijon accorda ce délai, à condition que la garnison bernoise restât prisonnière. Malheureusement, durant le temps des négociations, le parti de la résistance avait triomphé et le peuple s'était emparé des armes déposées à l'arsenal de la ville dont les portes avaient été fermées et cadenassées. Pour venir à bout de la résistance, Pijon fait tirer quelques obusiers sur la ville et pratiquer quelques brèches légères dans la muraille. Les boulets fraient un chemin aux Français dont une partie de la 18e demi-brigade, emmenés par le sergent Barbe escaladent les remparts tandis que d'autres entrent par la porte de Romont. La ville est alors abandonnée par les 1500 soldats bernois

17. L'actuel canton de Schaffhouse est le plus petit de Suisse allemande. Il se situe au nord du canton de Zurich.
18. L'actuel demi-canton d'Appenzell (Rhodes-Intérieures) est enclavé dans le canton de Saint-Gall. La partition entre Rhodes-Intérieures et Rhodes-Extérieures date du 16e siècle et des guerres de religion car une partie est catholique et l'autre protestante.
19. Cité par E. Muret, *op. cit.*, p. 60-61

Tanconville 1922.

Le 5 mars 1798, les troupes françaises pénètrent dans la ville de Berne qui s'est rendue sans combattre. Derrière les demi-brigades d'infanterie, les pièces de huit de l'artillerie et les hussards. *(Photo Schweizerische Nationalbibliothek)*

et les 5 000 paysans venus la défendre. La bataille aura coûté aux Suisses 400 tués et beaucoup de blessés[20]. Les prisonniers sont renvoyés chez eux.

Un nouveau gouvernement fut nommé le 2 mars et, le lendemain, Brune arriva pour l'installer, imposant l'acceptation, dans l'espace d'un mois de la Constitution helvétique. Ce même jour, Schauenbourg occupe Soleure.

De son côté, Schauenbourg n'était pas resté passif. À quatre heures du matin, les Français attaquent de trois côtés à la fois. L'avant-garde arriva devant Soleure tandis que le gros vint prendre position entre le Jura et la ville. Schauenbourg fit mettre immédiatement en batterie les huit pièces d'artillerie légère et les quatre de bataillon avant de sommer la ville « *de se rendre dans l'espace d'une demi-heure, à défaut de quoi elle serait brûlée et sa garnison passée au fil de l'épée* ». À 11 heures, le 3 mars, la capitulation était signée et Schauenbourg put faire son entrée dans la ville une heure plus tard.

De son côté, le 5 mars, le général Pijon qui commande les 6 000 hommes de l'avant-garde de la division Brune, se prépare à enlever la position de Neuenegg, passage qui ouvre la route la plus courte sur Berne et dont la prise permettrait de tourner les positions helvétiques qui défendent la capitale. Il est brusquement attaqué par les 2 300 hommes des troupes bernoises. Après un combat violent, les Français sont rejetés sur l'autre rive de la Singine. Les pertes des Bernois dans ce combat furent de 135 tués, dont huit officiers et de 50 blessés. Chez les Français, les pertes furent plus importantes et 400 blessés furent évacués sur Fribourg.

À la division Schauenbourg, l'offensive se poursuit en direction de Berne. Ce même 5 mars, les Français se heurtent, à Fraubrunnen[21], aux troupes bernoises du général Charles Louis d'Erlach (1746-1798). Schauenburg décide d'attaquer le village, occupé par 3 000 à 4 000 soldats bernois. Après un violent combat, les défenseurs sont repoussés et les Français poursuivent leur marche en avant, jusqu'à ce qu'ils tombent sur le gros des forces adverses, sous les ordres du général d'Erlach. Ce dernier a installé ses hommes sur une position couverte à droite par des rochers, et à gauche par des marais et des bois. Schauenburg fait contourner le dispositif suisse à droite et à gauche par ses soldats, tandis que son artillerie ouvre le feu au centre et met en désordre les lignes bernoises. Simultanément, les 2 000 hommes de la cavalerie française chargent à leur tour les bataillons d'Erlach qui ne disposent d'aucune troupe montée à lui opposer. Malmenés sur leurs ailes par les attaques

20. Chiffres cités par A. Pigeard, *Dictionnaire des batailles de Napoléon*, p. 803
21. Commune du canton de Berne, située aujourd'hui dans l'arrondissement administratif de Berne.

de Schauenburg et affaiblis au centre par les canons français, les Bernois se replient sur le village d'Urtenen d'où ils sont rejetés après un dernier combat. Leurs pertes s'élèvent à 200 tués ou blessés.

Les 6400 hommes de Charles Louis d'Erlach sont repoussés sur Grauholz, une colline boisée située entre les communes d'Urtenen-Schönbühl[22] et Moosseedorf[23]. La veille, le gouvernement bernois avait capitulé. Le général d'Erlach ne dispose que d'environ deux bataillons de soldats réguliers pour défendre sa position, mais beaucoup de femmes, de vieillards et parfois même des enfants de la population du canton rejoignent les troupes bernoises afin de protéger leur ville de l'invasion française. Un témoin oculaire note que de nombreux habitants du village voisin de Bollingen prennent rang au sein de l'armée suisse. Les fantassins suisses résistent pendant près de deux heures et demie face aux colonnes françaises avant d'être finalement dispersés. La plupart des fuyards quittent le champ de bataille en petits groupes ou individuellement. Vingt-

Toujours le 5 mars 1798, pendant que Berne tombe aux mains des Français, les dragons et les demi-brigades de l'infanterie de la République repoussent les troupes suisses lors de la bataille de Neuenegg.
*(Gravure d'épque, collection particulière, droits réservés)*

sept agriculteurs meurent au cours des combats. Un rapport mentionne que les Suisses déplorent 2 000 victimes, alors que les Français perdent environ 1 600 morts ou blessés. La défaite bernoise met un terme à la résistance suisse face aux Français dans le nord du canton.

Quant au général d'Erlach, il se retire avec une partie de son armée, essayant ensuite de défendre les forteresses sur la route de Berne, et tente de se maintenir dans ses environs afin de protéger la capitale, mais en vain. Il se rend alors dans le sud du pays pour organiser la résistance dans l'Oberland bernois, mais il est assassiné par des soldats ou des paysans qui l'accusent de traîtrise.

Désormais, rien ne peut plus désormais arrêter la marche triomphale des armées françaises. Berne est désormais à une portée de canon et ce ne sont pas les quelques combats retardateurs qui vont décourager les Français d'avancer.

Le 6 mars 1798, à une heure du matin, Schauenbourg entre dans Berne, précédé d'un escadron de hussards et suivi des 14$^{e}$ et 89$^{e}$ demi-brigades. À 4 heures, il fit ouvrir les portes des prisons et assembler le gouvernement provisoire. Quant au général Brune, il entra dans la capitale helvétique

dans la journée du 6 mars, avec la brigade Pijon et un détachement de soldats vaudois. Trois ours sont envoyés à Paris, ainsi que 25 drapeaux qui avaient été pris par les Suisses au cours des batailles contre Charles le Téméraire, 400 canons et 43 000 fusils.

C'est la fin de la première partie d'une campagne d'un genre différent de celles auxquelles ont été habitués les soldats de la 1re division de l'armée d'Italie et de la division Schauenbourg. La veille, la division française de l'armée d'Italie se réunit à celle de l'armée du Rhin de Schauenbourg. Le général garda le commandement de Berne jusqu'au 8 mars, avant de partir pour Soleure, où il établit son nouveau quartier-général. Sa division compte plus de 30 000 combattants.

Pendant les mois de mars et avril 1798, plusieurs propositions de systèmes politiques sont étudiées pour la nouvelle Confédération. Le 16 mars 1798, onze jours après avoir occupé Berne, le général Brune proclame la partition de la Suisse en trois États. Ainsi naissent l'Helvétie qui regroupe le nord du pays, avec Aarau pour capitale ; la Rhodanie pour la Suisse romande et le Tessin (capitale Lausanne) et la Tellgovie pour la Suisse centrale et les

22. Idem, au sud de la première.
23. Idem, située au sud-ouest d'Urtenen-Schönbühl.

Le général Guillaume Marie-Anne Brune, commande l'armée d'Helvétie. Malgré une réputation de pilleur – usurpée (?) – de la Suisse, il prend, à la fin de 1798, le commandement de l'Armée d'Italie à la suite de Berthier et Masséna. *(Gravure tirée de l'Album du centenaire, 1889)*

Des hussards du $8^{e}$ régiment, faisant office d'escorte attendent leurs ordres et leur général devant sa demeure. Un grenadier d'une demi-brigade d'infanterie fait, quant à lui, le planton. *(« Les ordonnances, toile de Ernest Meissonnier, 1889, collection particulière, droits réservés)*

Grisons ; Schwyz en deviendrait la capitale. Cette décision sera rapidement remise en cause et les trois républiques ne survivront que quelques semaines. À Paris, Frédéric-César de La Harpe intervint énergiquement auprès du Directoire et ce dernier, le 15 mars déjà, abandonna le projet pour revenir à l'idée d'une République helvétique « une et indivisible ». Une semaine plus tard, le projet est définitivement abandonné.

Le 12 avril 1798, proclamation de la République helvétique unifiée. Le territoire suisse est alors intégralement réorganisé en cantons, lesquels deviennent de simples divisions administratives dans un pays centralisé. En plus des treize cantons de l'ancienne Confédération, les cantons suivants sont créés (*voir page 80*).

Par ailleurs, la région de Neuchâtel est détachée de la Suisse tout en restant une principauté prussienne.

Pendant ce temps, les combats entre Français et insurgés suisses qui refusent de rendre les armes continuent : les troupes des cantons primitifs, aidés de Zoug et de Glaris, réunissent environ 10 000 hommes placés sous le commandement d'Aloïs von Reding, jusqu'alors commandant des milices du canton de Schwyz. Les insurgés attaquent à plusieurs reprises les troupes du général Schauenburg, en s'emparant notamment de la ville de Lucerne, qu'ils tiennent jusqu'au 30 avril avant de devoir se replier au nord du canton de Schwyz. Début mai, les combats s'intensifient : ce sont les batailles de la Schindellegi[24], de Rothenthurm[25] et de Morgarten[26]. Un armistice est conclu le 3 mai 1798 suivi le lendemain de la reddition sous conditions votée par la *Landsgemeinde*.

Le 7 mai, dans le Haut-Valais, une nouvelle révolte contre l'occupant français est déclenchée après que le Bas-Valais ait voté à une large majorité sa réunion à la République helvétique. Partant du district de Conches et avec l'appui du clergé local, les troupes valaisannes descendent sur Sion et Sierre qu'elles occupent sans résistance. Le 17 mai, le général Lorge, à la tête de 3 700 Français et 1 500 Vaudois, reprend Sion qui est livrée au pillage et partiellement incendiée. Une centaine de prisonniers sont emmenés comme otages et la ville, l'évêque et la population se retrouvent taxés d'une forte contribution.

La dernière révolte vient, à la fin août 1798, du canton de Nidwald dont 16 000 Nidwaldiens, renforcés d'Uranais et de Schwyzois et incités par le clergé pour qui prêter serment à la nouvelle Constitution équivaut à un sacrilège, renversent le 18 août les autorités de la nouvelle République. Le 9 septembre, après quatre jours de combats, les 12'000 Français du général Schauenburg entrent dans la ville de Stans. Trois cents civils sont alors massacrés, la ville pillée et incendiée ainsi que les villages voisins. Brunnen fut occupée le 12 septembre par le $3^{e}$ bataillon de la $5^{e}$ demi-brigade, le reste du canton de Schwyz par les $103^{e}$ et $109^{e}$ demi-brigades. Ce même jour, les commissaires helvétiques pillèrent l'arsenal d'Altdorf ainsi que son trésor. Le 18 septembre 1798, les Français arrivèrent à Glaris, désarmèrent la population et firent main basse sur l'arsenal.

Dans les Grisons, on s'agitait. La proximité des troupes françaises n'était pas pour plaire. La Diète décida alors la levée de 6 000 hommes. Toutefois, ne se fiant pas à ces forces, le Conseil de guerre, revêtu des pleins-pouvoirs, se mit en relation avec le commandant de l'armée autrichienne, le général Franz Xaver von Auffenberg (1744-1815) qui stationnait à la frontière. Dans la nuit du 18 au 19 octobre, à la tête de 8 000 hommes, il pénétra dans les Grisons et s'empara aussitôt de tous les passages menant en Helvétie. En réponse à cette manœuvre, Schauenbourg fit occuper le canton d'Uri et la Léventine, lui permettant ainsi de surveiller les débouches des cols du Luckmanier et du San Bernardino, le pays de Glaris ainsi que le cours du Rhin. Alors qu'au congrès de Rastadt se réveillaient les antagonismes, la République helvétique, dont le sort était désormais lié à celui de la France, dut s'engager, par une convention signée le 18 novembre, à lui fournir 18 000 hommes et la conscription introduite pour tous les jeunes gens de 18 à 25 ans.

Le 9 décembre 1798, Schauenbourg était remplacé par Masséna à la tête des troupes

24. Localité du canton de Schwyz.
25. Dans le canton de Schwyz également.
26. Localité du canton de Zoug où en 1315 les Confédérés des trois premiers cantons (Uri, Schwyz et Unterwald) infligèrent une sévère défaite aux troupes autrichiennes du duc Léopold de Habsbourg.

*Tout en haut.*
Les cantons suisses de la République helvétique en 1798 après l'invasion française et la constitution du 12 avril.
*(© Marco Zanoli, 2017)*

### *Les nouveaux cantons suisses (1798-1803)*

| Noms | Date de création | Territoires |
|---|---|---|
| Argovie | 28 mars 1798 | Par séparation du canton de Berne<br>Devient canton en 1803 |
| Oberland | 28 mars 1798 | Disparaît. Annexé au canton de Berne, 1803 |
| Léman | 28 mars 1798 | Devient canton de Vaud en 1803 |
| Thurgovie | 28 mars 1798 | Création à partir d'anciens baillages communs<br>Devient canton de Thurgovie en 1803. |
| Bellinzone | 28 mars 1798 | Réunis, ils deviennent canton du Tessin, 1803 |
| Lugano | 28 mars 1798 | |
| Valais | 28 mars 1798 | Ancienne république des Sept-Dixains. |
| Baden | 11 avril 1798 | Séparation du canton de Zoug des anciennes « zones franches » de KellerAmt et Baden. Intégré dans le canton d'Argovie en 1803 |
| Waldstaëtten | 11 avril 1798 | Regroupement des cantons d'Uri, Schwyz, Unterwald et Zoug. Disparaît en 1803, séparé en 4 cantons: Uri, Schwyz, Unterwald (regroupe Nidwald et Obwald) et Zoug |
| Linth | 11 avril 1798 | Regroupement des cantons de Glaris et Sargans. Disparaît en 1803. Devient canton de Glaris et de la partie sud de celui de Saint-Gall. |
| Säntis | 11 avril 1798 | Regroupement des cantons d'Appenzell et de la partie nord du canton de Saint-Gall. Disparaît en 1803 |

d'Helvétie. Le 20, ce dernier était nommé « commandant du corps d'observation de l'armée du Rhin placé en Helvétie », avec Jourdan comme général en chef. Aussitôt, Masséna fixa son quartier-général à Zürich, place que le Directoire jugeait « *une position avantageuse eu égard aux principales communications qui y aboutissent tant par terre que par les rivières et les lacs* ». Cependant, Masséna n'était pas rassuré. Les unités étaient dispersées de Bâle à Lugano avec des éléments autour de Saint-Gall, Appenzell, Glaris et dans le Valais autour des cols menant à l'Italie. Masséna ne disposait que d'environ 35 000 hommes, renforcés peu après par 10 000 à 12 000 provenant d'une levée dans la division militaire de Besançon, puis un second renfort de 9 000 hommes prélevée sur l'armée du Rhin. L'armée manquait de tout, de vivres, de fourrages. Mais plus grave, elle manquait également de munitions et d'équipements.

C'est pourquoi Masséna fut autorisé par le Directoire à effectuer des réquisitions en subsistances et en argent dans sept départements, provoquant bien évidemment, de forts mécontentements ; en particulier

27. Chiffres cités par Eugène Muret, op. cit., p.138
28. Lettre au général Schauenbourg, 2 avril 1798, Correspondance No 2362

en Suisse où une majorité de la population souhaitait le départ des Français.

Avec la chute de la Confédération helvétique conduite par Berne, c'est un trésor de guerre d'environ huit millions déposé à Berne et dans l'Oberland qui tombait dans les mains du Directoire.

À cela, il faut ajouter plus de 14 millions en titres sur l'Angleterre. Les sommes empochées par Brune et ses complices, à l'insu du Directoire, sont évaluées à 1,5 million. Ce qui fait que le Directoire ne perçut « que » 12,5 millions, plus 2,5 millions provenant des caisses publiques de l'imposition spéciale sur les familles patriciennes. À noter que de ces 15 millions, 3,5 millions partirent peu de temps après pour Toulon[27] :

« *La Trésorerie, donne ordre, citoyen général, à son payeur de Berne de faire passer trois millions à Lyon; j'expédie l'ordre de la Trésorerie par un courrier extraordinaire. Comme ces trois millions sont destinés à l'armée d'Angleterre, je vous serais obligé de me faire connaître le jour où ils pourront arriver à Lyon, et en quelle monnaie. Il serait nécessaire que, le plus tôt possible, ce fût en monnaie de France.*

*La Trésorerie donne ordre de les faire partir en toute diligence; je vous prierais d'activer par tous les moyens possibles leur arrivée à Lyon avant le 20 de ce mois.* [...][28] »

Le corps expéditionnaire français emporte les richesses de l'Helvétie en 1798. Eau-forte dans le style de Balthasar Anton Dunkere La caricature insiste sur les ravages causés par les soldats français. Toutes les ressources sur lesquelles reposait la puissance de l'ancienne Confédération sont présentes : le trésor de Zurich (premier chariot), les grains de Berne (deuxième chariot), le bétail des Préalpes et des Alpes. À cela s'ajoute le tambour de Berne (à droite), emblème de la souveraineté de ses autorités. *(Musée national suisse)*

# La campagne d'Égypte

Napoléon Bonaparte pendant sa campagne en Égypte.
*(Jean-Léon Gérome, Musée de l'Hermitage, Saint-Petersbourg, WCommons, droits réservés)*

# 7 Les prémisses

La fin du XVIIIe siècle est marquée par un grand engouement pour l'Antiquité romaine et grecque mais aussi égyptienne. Les pharaons sont à la mode comme le prouve cette « fête égyptienne » sur les ruines de la Bastille en 1793, devant la fontaine de la régénaration.
*(Bnf, French Revolution archives, Stanford, USA)*

*« Plusieurs fois déjà il avait été question d'une expédition contre l'Égypte: mais ce projet n'avait pas obtenu l'assentiment du Directoire. J'y étais, ainsi que Reubell, tout à fait opposé » écrit Barras dans ses Mémoires. « Vainement,* […] *Bonaparte nous affirmait-il qu'aussitôt maître de l'Égypte, il établirait des relations avec les princes indiens; que, de concert avec eux, il attaquerait les Anglais dans leurs possessions* […] » poursuit-il.

En effet, la conquête de l'Égypte par la France est un projet de longue date qui s'ébauche progressivement une trentaine d'années avant la véritable conquête, par Choiseul. Les raisons de cet « intérêt » pour cette terre peuvent être de trois ordres: activer le démembrement de l'Empire ottoman, développer le commerce de l'Inde et nuire ainsi aux intérêts vitaux anglais et favoriser le développement des échanges commerciaux avec le Levant.

De plus, durant la campagne d'Italie, ce n'était mystère pour personne le fait que Bonaparte rêvait de satisfaire son ambition en Orient. C'était le mirage de sa jeunesse auquel ses succès en Italie le rapprochèrent sensiblement. Au lendemain de la victoire d'Arcole, lui et ses aides de camp commencèrent à considérer l'importance stratégique des îles Ioniennes, bases nécessaires pour se projeter de l'Italie vers la Grèce, pays qu'il rêvait de libérer.

Le 13 septembre 1797, Bonaparte, alors en Italie, écrit à Talleyrand devenu ministre des Affaires étrangères: « *S'il arrivait qu'à notre paix avec l'Angleterre nous fussions obligés de céder le cap de Bonne-Espérance, il faudrait nous emparer de l'Égypte* […]. *Je désirerais, citoyen ministre, que vous prissiez à Paris quelques renseignements pour me faire connaître quelle réaction aurait sur la Porte notre expédition en Égypte* »[1].

Dix jours plus tard, arrive la réponse du ministre. Elle est positive tout en précisant qu'une éventuelle conquête de l'Égypte doit se faire au nom de la Porte et non contre elle.

Un mois plus tard, le 18 octobre 1797,

1. Lettre de Bonaparte à Talleyrand, Quartier général de Passariano, 27 fructidor an V (13 septembre 1797)

la paix de Campoformio met fin à la guerre d'Italie avec l'Autriche, ennemi depuis 1792, et isole donc l'Angleterre qui devient ainsi le dernier ennemi encore en lice. Raison pour laquelle le Directoire planche sur un projet d'invasion de la « perfide Albion ». Projet que Bonaparte combat eu égard à la situation de la flotte française ruinée par la Révolution et au fiasco enregistré en décembre de l'année précédente lors de la tentative avortée de départ d'un corps expéditionnaire commandé par Hoche destiné à soutenir les insurgés irlandais.

Néanmoins, en février 1798, Bonaparte est en visite d'inspection à l'armée d'Angleterre et écrit à Berthier, alors commandant en chef de l'armée d'Italie : « *Je vous écris un mot par le courrier qui part. L'on est ici fort content de vous. Je ne suis arrivé ici que depuis trois jours de mon voyage de la côte de l'Océan. L'on se prépare avec activité à l'opération d'Angleterre* [...] »[2]

Le 26 octobre (5 brumaire an VI), le Directoire arrêta la formation d'une armée d'Angleterre, et en confia le commandement à Bonaparte. L'arrêté était accompagné d'une proclamation adressée au peuple français, pour lui annoncer la conclusion du traité de Campoformio, et dans laquelle se trouve ce passage : « *Il ne nous reste plus qu'à punir de sa perfidie le cabinet de Londres, qui aveugle encore des cours au point d'en faire des esclaves de sa tyrannie maritime, et trompe les Anglais eux-mêmes en leur extorquant les moyens de prolonger sur l'Océan les calamités de la guerre, l'effusion du sang humain, la destruction du commerce, et toutes les horreurs qu'il marchande et qu'il paie, mais qui doivent bientôt retomber sur lui seul. C'est à Londres que l'on fabrique les malheurs de l'Eu-*

2. Bonaparte au général Berthier, 26 février 1798, Correspondance No 2319

## Les hommes pour la campagne d'Égypte

| Lieu d'embarquement | Unité | Hommes | Généraux | Hommes |
|---|---|---|---|---|
| Civitavecchia | 21ᵉ d'infanterie légère | 2000 | Belliard* et Friant* | 5200 |
| | 61ᵉ de ligne | 1600 | | |
| | 88ᵉ de ligne | 1'600 | | |
| | 20ᵉ dragons | 400 | Mireur* | 800 |
| | 7ᵉ hussards | 400 | | |
| Gênes | 22ᵉ d'infanterie légère | 1500 | Baraguey d'Hilliers* | 4900 |
| | 13ᵉ de ligne | 1800 | Veaux* | |
| | 69ᵉ de ligne | 1600 | Vial* | |
| | 14ᵉ dragons | 400 | Murat* | 600 |
| | 2 escadrons du 18ᵉ dragons en Italie | 200 | | |
| Marseille | 9ᵉ ligne | 1800 | Bon* | 3800 |
| | 45ᵉ de ligne | 2'000 | | |
| | 22ᵉ chasseurs | 400 | | |
| | 2 escadrons du 18ᵉ dragons, qui sont dans le Midi | 200 | | 600 |
| Toulon, sur les vaisseaux de guerre | | | | |
| | 18ᵉ de ligne | 2000 | Brune* | 8000 |
| | 25ᵉ de ligne | 2000 | Rampon* | |
| | 42ᵉ de ligne | 2000 | Pijon* | |
| | 75ᵉ de ligne | 2000 | | |
| | 3ᵉ de dragons | 400 | Leclerc* | 800 |
| | 15ᵉ de dragons | 400 | | |
| Nice et Antibes | 2ᵉ d'infanterie | 1500 | ? | 1500 |
| Corse | 4ᵉ d'infanterie légère | 1200 | Mesnard* | 1'200 |
| TOTAL | Infanterie | 24600 | | 27400 |
| | Cavalerie | 2800 | | |

*rope, c'est là qu'il faut les terminer* ».

Travaillé au corps par Talleyrand, le Directoire finit par se rendre à ses vues, accepte ses propositions. Le 5 mars 1798, l'expédition d'Égypte est décidée. Dans une longue lettre du même jour, Bonaparte chiffre ses besoins en hommes et armes pour la campagne : « *Pour s'emparer de l'Égypte et de Malte, il faudrait de 20 000 à 25 000 hommes d'infanterie et de 2000 à 3 000 de cavalerie, sans chevaux* ». Suit une description des hommes et du matériel susceptible d'être chargés à bord des différents ports prévus.

À Marseille, doivent embarquer deux obusiers de 6 pouces, quatre pièces de 12, 300 coups à tirer par pièce et deux compagnies d'artillerie à pied.

À Civitavecchia, le général Sugny* doit prendre à bord du navire deux obusiers de 6 pouces également, deux pièces de 8 et deux de 12, ainsi que 300 coups par pièce, une compagnie d'artillerie à cheval et une d'artillerie de ligne.

À Gênes, seront chargés sur les bateaux quatre obusiers de 6 pouces, quatre pièces de 8 ainsi que quatre de 12 et 12 de 3, 500

L'embarquement des troupes françaises pour l'Égypte dans le port de Toulon. Bonaparte surveille, à gauche, la manœuvre. *(Gravure de Pierre Martinet, Bnf, French Revolution archives, Stanford, USA)*

coups à tirer par pièce, 2 compagnies d'artillerie à cheval ainsi que 2 d'artillerie de ligne.

De Nice et Antibes, le général Dommartin* emportera 20 pièces de 24, quatre mortiers à la Gomer de 12 pouces, 6 de 8 pouces, 500 coups à tiret par pièce et 2 compagnies d'artilleurs de ligne.

Enfin, de Toulon, appareillera le navire avec six obusiers de 6 pouces, six pièces de 8 et de 12, quatre mortiers à la Gomer (du nom de son inventeur) de 12 pouces et quatre de 8, 500 coups à tirer par pièce et quatre 4 compagnies d'artillerie à pied ainsi que deux à cheval.

Dans cette lettre, Bonaparte donne quelques précisions quant aux navires :

« À *Civitavecchia, le général Masséna peut être chargé de noliser les bâtiments les plus grands qu'il trouvera dans ce port, d'y embarquer les troupes et ladite artillerie et les faire partir sur le champ pour se rendre et rester jusqu'à nouvel ordre dans le port d'Ajaccio* [...].

*On demandera au Directoire exécutif de la République cisalpine deux galères qui serviront à aider à transporter les troupes et es-*

## État des troupes embarquées

| Ports d'embarquement | Vaisseaux de ligne | Frégates | Corvettes et avisos | Flûtes | Hommes à bord | Chevaux à bord |
|---|---|---|---|---|---|---|
| Toulon | 13 | 7 | 6 | 106 | 20500 | 470 |
| Marseille | - | - | 2 | 30 | 3200 | 60 |
| Corse | - | - | 1 | 20 | 1200 | - |
| Gênes | - | 1 | 1 | 35 | 3100 | 70 |
| Civitavecchia | - | 1 | 1 | 41 | 4300 | 80 |
| TOTAL | **13** | **9** | **11** | **232** | **32300** | **680** |

*corter le convoi. Quant à Nice et Antibes et Marseille, il faut que le ministre de la Marine:*

*Frète les plus grands bâtiments de commerce suffisamment pour porter les troupes de l'artillerie* [...]*;*

*Nous avons à Toulon six vaisseaux de guerre, des frégates, des corvettes; il faudrait y joindre six tartanes canonnières.*

*Tous ces bâtiments réunis seraient dans le cas de porter la partie des troupes qui doit être embarquée à Toulon.*

*Cette escadre, selon le rapport du ministre de la Marine, sera dans quinze jours prête à partir, mais elle manque entièrement de matelots. Il n'y aura donc qu'à noliser et mettre l'embargo sur les bâtiments nécessaires au transport de l'artillerie* ».

La lettre se termine par une estimation de la dépense: « [...] *On doit calculer sur une dépense extraordinaire de cinq millions, sans compter les dépenses ordinaires, tant pour l'approvisionnement, armement et solde de l'escadre que pour la solde, la nourriture et habillement des troupes, que pour les dépenses de l'artillerie et du génie auxquelles il est indispensable de pourvoir en effectif, ce qui forme donc une somme de huit à neuf millions qu'il faudrait que le Gouvernement déboursât, d'ici au 20 germinal.* »[3]

En août 1797, Bonaparte arrachait à Venise les Îles Ioniennes, intriguait avec Poussielgue* pour occuper Malte et chargeait l'amiral Brueys d'établir une correspondance avec le pacha Ibrahim*, gouverneur turc de l'Albanie, lui paraissant indiqué et probable le démembrement de l'empire Ottoman. Ses projets furent adoptés après une vive opposition de La Révellière. Enfin il reçut, le 5 mars, les pouvoirs qui lui étaient nécessaires pour les préparatifs de cette entreprise

3. Lettre au Directoire exécutif, 5 mars 1798, Correspondance No 2322

Le port de Toulon au milieu du XVIIIe siècle. La rade a peu changé au moment du départ de l'expédition dans la série des ports de France.
*(Google Art Project)*

# *L'infanterie légère de l'expédition*

Fusilier
de la 4e demi-brigade
d'infanterie légère.

Fusilier
de la 21e demi-brigade
d'infanterie légère.

Chasseur de la 22e
demi-brigade
d'infanterie légère.

Grenadier
de la 13e demi-brigade
d'infanterie de ligne.

fusilier
de la 13e demi-brigade
d'infanterie de ligne.

# *L'infanterie de ligne de l'expédition*

Fusilier de la 42e demi-brigade d'infanterie de ligne, vue de dos.

Tambour de la 42e demi-brigade d'infanterie de ligne en tenue de campagne.

Sergent de la 45e demi-brigade.

Officier subalterne de la 45e demi-brigade, en petite tenue de service. La buffleterie de cuir noir est tout à fait inhabituelle.

Grenadier de la 61e demi-brigade de ligne en manteau. Cette pièce d'habillements se révélera souvent inutile de l'autre côté de la Méditerranée.

Fusilier de la 61e demi-brigade de ligne en tenue de débarquement

# Les dragons

Cavalier du 3e régiment de dragons en grande tenue.

Dragon du 3e régiment en tenue de service à pied avec les guêtres et le ceinturon passé en sautoir.

Trompette du 3e dragons en tenue de route avec le pantalon de cheval

Cavalier du 14e dragons en tenue de route.

Dragon du 15e régiment en tenue de campagne. Il porte, toutefois, le plumet.

Dominique Vivant Denon. Ce proche de David et de Joséphine de Beauharnais va accompagner Bonaparte en Égypte, où il rédige son « Voyage dans la Basse et la Haute Égypte » qui sera publié en deux volumes en 1802. *(Google Art Project)*

lointaine. La trésorerie reçut ordre de mettre 1 500 000 francs à sa disposition, par décade, outre trois millions provenant du trésor de Berne. 25 000 hommes de l'armée d'Italie, un état-major de son choix, des savants, des artistes et des ouvriers de toute espèce durent former le personnel de cette expédition, qui devait être transportée sur les eaux du Nil par l'escadre de Corfou et de Toulon.

Le 12 mars, le général Bonaparte a reçu pour instructions de chasser les Anglais de toutes les possessions de l'Orient et améliorer le sort des « naturels de l'Égypte ». Reste un problème à résoudre : comment financer la campagne sachant que les caisses sont désespérément vides ?

L'escadre, forte de 55 navires de guerre, dont 13 vaisseaux de ligne, six frégates[4] et 172 autres bâtiments de guerre plus petits qui escortent 400 navires marchands pour 47 846 tonnes, chargée de 54 000 hommes dont 38 000 étaient des soldats de l'armée d'Orient, créée pour la circonstance.

Cependant cette imposante armada dissimule mal de graves faiblesses et l'escadre de Brueys « ne constitue qu'une brillante façade ». Car, sur les 13 vaisseaux de ligne, seuls trois sont neufs : le *Franklin* (1798) et le *Guillaume-Tell* (1796), tous deux de 80 canons, ainsi que le *Spartiate*, de 1798, de 74 canons.

*L'Orient*, le navire-amiral, en est à sa troisième appellation, depuis sa construction en 1791. Trois autres, sont de vieux vaisseaux : le *Guerrier* (1754), le *Peuple Souverain* (1757) et le *Conquérant* (1747) dont les canons de 24 et de 18 ont été remplacés par des 18 et des 12, pour éviter que le navire ne se disloque en tirant, sont âgés de 42 à 58 ans. Réarmée en six semaines, la flotte manque de tout et les équipages, peu entraînés sont incomplets ; il manque la moitié des effectifs sur *Le Tonnant* et 20 % seulement sur les autres navires de l'expédition. Ainsi, *l'Orient*, le vaisseau amiral, ne dispose que de 850 hommes sur les 1130 réglementaires, le *Franklin* de 650 au lieu de 866...

Accompagnaient l'armée 167 scientifiques et artistes avec lesquels Bonaparte créera l'Institut d'Égypte. Parmi les historiens, archéologues, géographes, naturalistes, physiciens, chimistes, philologues se trouvaient Monge*, Berthollet*, Geoffroy Saint-Hilaire*, Denon*, Dolomieu*, Larrey*.

De son côté, Bonaparte arrivé à Toulon le 5 mai 1798 (20 floréal an VI), s'adressa à ses soldats : « *Soldats ! Vous êtes une des ailes de l'armée d'Angleterre. Vous avez fait la guerre de montagnes, de plaines, de sièges ; il vous reste à faire la guerre maritime. Les légions romaines, que vous avez quelques fois imitées, mais pas encore égalées, combattaient Carthage tour à tour sur cette mer et aux plaines de Zama. La victoire ne les abandonna jamais, parce que constamment elles furent braves, patientes à supporter la fatigue, disciplinées et unies entre elles.* »

« *Soldats, l'Europe a les yeux sur vous ! Vous avez de grandes destinées à remplir, des batailles à livrer, des dangers, des fatigues à vaincre ; vous ferez plus que vous n'avez fait pour la prospérité de la patrie, le bonheur des hommes, et votre propre gloire.* »

« *Soldats, matelots, fantassins, canonniers, cavaliers, soyez unis ; souvenez-vous que le jour d'une bataille, vous avez besoin les uns des autres.* »

« *Soldats, matelots, vous avez été jusqu'ici négligés ; aujourd'hui la plus grande sollicitude de la République est pour vous ; vous serez dignes de l'armée dont vous faites partie. Le génie de la liberté qui a rendu, dès sa naissance, la république l'arbitre de l'Europe, veut qu'elle le soit des mers, et des nations les plus lointaines.* »

L'accompagnent dans cette expédition Berthier* comme chef de l'état-major général ; Caffarelli* commande le génie, le général Dommartin* l'artillerie. Elle a neuf généraux de division, illustrés par leurs exploits en Allemagne comme Kléber* ou en Italie comme Desaix*, Reynier*, Bon*, Menou*, Vaubois*, et onze généraux de brigade dont Davout*, Lannes*, Lanusse*, Murat*, Vial*, Rampon*,

Le 19 mai 1798 (30 floréal an VI), à quatre heures de l'après-midi, la flotte appareille de Toulon. Les vents sont favorable et le temps beau. Elle sortit lentement du port de Toulon, et suivit la côte de Provence jusqu'à Gênes, pour rallier le convoi réuni dans ce port. Elle cingla ensuite vers la Corse et la mer de Sicile, pour prendre deux autres convois de transport. Toutes ses forces réunies, le général en chef se dirigea sur l'île

4. Certaines relations parlent de 8 frégates.

Le trajet de l'expédition.
*(Droits réservés)*

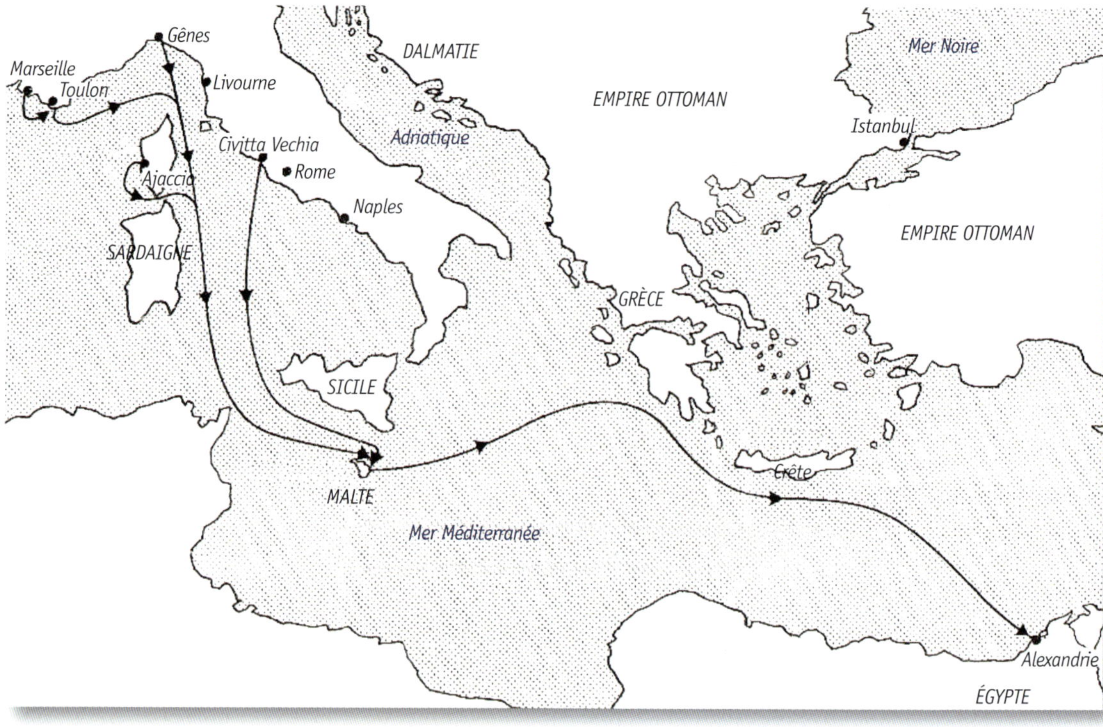


## *État des vaisseaux de l'escadre de Brueys*

| Navires | Canons | Commandant |
|---|---|---|
| **LES VAISSEAUX** | | |
| *L'Orient* | 118 | Luc-Julien-Joseph de Casabianca* |
| *Le Guillaume Tell* | 80 | ? Saulnier |
| *Le Franklin* | 80 | Maurice Gillet |
| *Le Tonnant* | 80 | Aristide Aubert Dupetit-Thouars* |
| *Le Spartiate* | 74 | Maxime Julien Emeriau de Beauverger* |
| *Le Timoléon* | 74 | Louis-Léonce Brulet |
| *Le Guerrier* | 74 | Jean-François Timothée Brulet |
| *Le Peuple Souverain* | 74 | Pierre-Paul Racon |
| *L'Heureux* | 74 | Jean-Pierre Étienne* |
| *Le Généreux* | 74 | Louis-Jean-Nicolas Lejoile |
| *Le Mercure* | 74 | Capitaine Lalonde |
| *L'Aquilon* | 74 | Antoine René Thévenard* |
| *Le Conquérant* | 74 | J. Dalbarade |
| *Le Dubois* | 74 | Pour le convoi |
| *Le Causse* | 74 | Service d'hospice |
| **FRÉGATES** | | |
| *La Diane* | 40 | DenisDecrèsEléonore-Jean-Nicolas Soleil |
| *La Justice* | 40 | Capitaine Villeneuve |
| *L'Artémise* | 40 | Pierre-Jean Standelet |
| *La Sérieuse* | 40 | Claude-Jean Martin |
| *La Carrère* | 36 | |
| *La Fortune* | 36 | |
| **BRICKS ET AVISOS** | | |
| *Le Cornichon* | 16 | |
| *Le Lodi* | 16 | |
| *Le Corcyre* | 16 | |
| 16 chaloupes et tartanes guerrières | | |

de Malte qui, commandant la navigation de la Méditerranée, était un poste important ä conquérir, afin d'avoir, à toutes fins utiles, un vaste entrepôt pour la marine militaire et la marine marchande de la France. Par chance, l'armada échappe une première fois à la vigilance britannique.

Dans la nuit du 20 au 21, elle doubla le cap Corse et y essuya un coup de vent. Le convoi de Gênes rallia le lendemain, celui de Corse le 26, par le travers du détroit de Bonifacio. Le 2 juin, elle reconnut le cap Carbonara, à l'extrémité de la Sardaigne. Une corvette envoyée à Cagliari y apprit que la division légère de trois vaisseaux anglais, commandée par Nelson, avait eu des avaries; qu'elle était à les réparer dans la rade de San Pietro. L'amiral aurait été l'y attaquer, mais un brick anglais, poursuivi par l'aviso *Le Corcyre*, fut obligé de se jeter à la côte de Sardaigne. L'équipage fut fait prisonnier. Il donna la nouvelle que Nelson attendait dix vaisseaux d'Angleterre. La flotte croisa trois jours pour attendre le convoi de Civitavecchia qui avait manqué le premier rendez-vous. Le 4, elle continua sa route, reconnut l'île de Marettimo[5]. Le 5, un aviso communiqua avec la Sicile et rassura le gouverneur qui était fort alarmé. Une frégate fut expédiée à Naples, une à Tunis, une à Tripoli et une devant Messine. L'escadre naviguait dans le plus bel ordre, sur trois colonnes, deux de quatre vaisseaux, celle du centre de cinq vaisseaux. Le capitaine de vaisseau Decrès éclairait la marche avec une escadre légère composée de frégates et de corvettes bonnes marcheuses. Le convoi, escorté par les deux vaisseaux vénitiens de soixante-quatre, par les quatre frégates et un grand nombre de petits bâtiments, s'éclairait de son côté dans tous les sens. Il avait ordre, si l'escadre était attaquée par une flotte ennemie, de gagner un port ami. Des troupes d'élite étaient distribuées sur tous les vaisseaux de guerre. Elles étaient exercées trois fois par jour aux manœuvres du canon.

La cavalerie est regroupée en une division sous les ordres du général Dumas*, remplacé plus tard par Murat. Elle comprend sept régiments: 7e bis de hussards, 22e de chasseurs à cheval, 3e, 14e, 15e, 18e et 20e de dragons. À cela s'ajoutent un escadron de guides à cheval et un bataillon de guides à pied, tous deux aux ordres du colonel Bessières*, chargés d'assurer la protection du général en chef.

L'artillerie du corps expéditionnaire comprend seize « compagnies de tir » et quatre du train; le génie huit compagnies de sapeurs mineurs et d'ouvriers. Artillerie et génie sont respectivement sous les ordres des généraux Dommartin et Caffarelli du Falga. Quant à Desgenettes et Larrey, ils sont médecin et chirurgien en chef.

Composée en majorité d'anciens soldats de la campagne d'Italie, l'armée qui débarque en Égypte est aguerrie, solide et disciplinée. Toutefois, cette armée habituée au doux climat d'Italie souffrira terriblement de la chaleur excessive contre laquelle elle n'est nullement équipée, et de la soif, l'approvisionnement en eau n'ayant pas été prévu. Les soldats ont quitté la France dans leurs uniformes de drap habituels et croulent sous le poids du sac, de la giberne et du fusil. Leur seule protection contre le soleil consiste en un mouchoir qu'ils glissent sous le chapeau en guise de couvre-nuque. Il faudra attendre la campagne de Syrie, en 1799, pour voir de réels changements et l'adoption d'effets plus conformes au climat.

Quant à la flotte française, elle a bénéficié d'un coup de chance. Le 21 mai, une violente tempête avait démâté le *Vanguard*, le navire-amiral de Nelson, dispersant la flotte et obligeant ce dernier à réparer au sud-ouest de la Sardaigne, perdant ainsi de vue les voiles françaises. Ce ne fut que le 14 juin qu'il apprit que l'ennemi avait été aperçu au large de la Sicile.

## *Les effectifs de la marine française*

| **Bâtiment** | **Canons** | **Effectifs** | **Commandant** |
|---|---|---|---|
| *L'Orient* | 120 | 850 sur 1'130 | amiral François Brueys d'Aigillers |
| *Franklin* | 80 | 650 sur 866 | contre-amiral Blanquet du Chayla |
| *Tonnant* | 80 | 730 sur 866 | chef de division Aristide Dupetit-Thouars |
| *Guillaume-Tell* | 80 | 800 sur 866 | capitaine de vaisseau Georges Saunier |
| *Guerrier* | 74 | 620 sur 706 | capitaine de vaisseau Timothée Trullet |
| *Conquérant* | 74 | 340 sur 706 | capitaine de vaisseau Étienne Dalabarde |
| *Spartiate* | 74 | 550 sur 706 | chef de division Maurice-Julien Emeriau |
| *Aquilon* | 74 | 600 sur 706 | capitaine de vaisseau Antoine-René Thévenard |
| *Peuple Souverain* | 74 | 670 sur 706 | capitaine de vaisseau Pierre-Paul Racord |
| *Heureux* | 74 | 600 sur 706 | chef de division Jean-Pierre Étienne |
| *Timoléon* | | 500 sur 706 | capitaine de vaisseau Léonce Trullet |
| *Mercure* | 74 | 600 sur 706 | lieutenant de vaisseau Pierre-Philippe Cambon |
| *Généreux* | 74 | | chef de division Louis Lejoille |
| Quatre frégates | | | contre-amiral Denis Decrès |
| *Diane* | 48 | 130 sur 250 | capitaine de frégate Eléonor-Jean Solen |
| *Justice* | 44 | 110 sur 210 | capitaine de vaisseau Jean Villeneuve |
| *Sérieuse* | 36 | 60 sur 190 | capitaine de frégate Jean Martin |
| *Artémise* | 36 | 100 sur 190 | capitaine de frégate Pierre-Jean Standelet |
| TOTAL | | **8 510** sur **10 922** | |

Jean-Claude Castex, *Dictionnaire des batailles navales franco-anglaises*, p. 2; Karen Nakache, *Des marins français à Aboukir*, p. 227

5. Ile sicilienne au large de Trapani

# Date de construction des vaisseaux de l'expédition

| Bâtiment | Date de construction |
|---|---|
| *L'Orient* | 1791 |
| *Le Guillaume Tell* | 1796 |
| *Le Franklin* | 1798 |
| *Le Tonnant* | 1790 |
| *Le Spartiate* | 1798 |
| *Le Timoléon* | 1786 |
| *Le Guerrier* | 1754 |
| *Le Peuple Souverain* | 1757 |
| *L'Heureux* | 1783 |
| *Le Généreux* | 1785 |
| *Le Mercure* | 1783 |
| *L'Aquilon* | 1790 |
| *Le Conquérant* | 1747 |

*Le Wagram* est un vaisseau de ligne de 120 canons de la classe Commerce de Marseille. *L'Orient*, sorti des chantiers navals en 1791, est un vaisseau de la même classe armé de 32 canons de 36 livres en première batterie; 34 canons de 24 livres en deuxième batterie; 34 canons de 12 livres en troisième batterie; 18 canons de 8 livres et 6 obusiers de 36 livres sur les gaillards *(Gravure de François Roux, collection particulière, droits réservés)*

Napoléon débarque sur l'île de Malte. *(National Maritime Museum, Greenwich, London)*

# 8 La conquête de Malte

Le 6 juin au matin, l'armée n'était séparée de Malte que par l'île de Gozo. L'avant-garde de la flotte paraît au nord-ouest de l'île de Malte où elle est rejointe par le convoi de 60 navires parti de Civitavecchia.

La division navale reste trois jours en panne jusqu'à ce qu'elle soit rejointe par le reste de l'armada. Elle fit plusieurs évolutions pour se porter devant la rade et la Ville. Le contre-amiral Decrès fut envoyé en qualité de parlementaire auprès du Grand-Maître. L'Ordre de Malte ne fait plus peur. Cet ordre militaro-religieux des hospitaliers de Jérusalem, fondé par le recteur de l'hôpital de Jérusalem, fut reconnu religieux en 1113. Chassé de Jérusalem en 1187 après la mort de son maître à la bataille de Hattin (1187), l'Ordre s'installe à Chypre où il demeure jusqu'en 1530, date à laquelle il emménage à Malte et Gozo, îles qui leur ont été concédées par Charles V. Le XVIII$^{e}$ siècle leur sera fatal, en particulier avec Bonaparte qui confisque tous leurs biens italiens. Le 9, celle-ci fait mouvement vers les côtes, s'étendant d'ouest en est depuis l'île de Gozo jusqu'à la pointe de Marsa Sirocco (auj. Marsaxlokk, au sud-est de l'île). Bonaparte, pour sonder les intentions de l'ordre, envoie Mathieu Poussielgue au grand-maître Ferdinand de Hompesch (1744-1805), décrit comme un « *vieillard faible, timide, irrésolu,* [voyant] *comme une victime résignée, arriver l'heure du sacrifice sans songer à l'éloigner* ». La demande est simple : l'entrée du port et des mouillages afin de procéder au ravitaillement en eau de la flotte. Le soir même, la réponse du grand-maître parvient à Bonaparte, sur l'*Orient*. Il fait répondre qu'il n'autorise l'entrée qu'à quatre navires, mesure qu'il justifie en invoquant le principe de neutralité de l'ordre. Pour Bonaparte, qui sait que les escadres anglaises ont librement relâché dans l'île, cela équivaut à une déclaration de guerre et ordonne à Brueys de se préparer à l'attaque des forts qui protègent l'entrée du port de La Valette et prend des dispositions pour un débarquement des troupes.

La conquête de l'île commence le 10 juin au matin. Quinze mille hommes sont mis à terre en plusieurs points de l'île. Reynier à Gozo, sous la protection de la frégate *L'Alceste*, assistée des bombardes *La Pluviose* et *L'Étoile*. Il s'empare de l'Île le même jour; Belliard et Desaix à Marsa Sirocco, sous la protection du *Franklin* et de trois autres vaisseaux; la frégate *La Courageuse* assure le soutien près de la côte; Lannes, Marmont* et Vaubois au nord, à Saint-Julien, avec la frégate *La Diane*, près de la capitale et Baraguey d'Hilliers au nord-ouest à Port Saint-Paul et Mellecha, protégé par la frégate *La Sérieuse*. Face à eux, 400 chevaliers de l'Ordre, 500 soldats et environ 2000 hommes des milices maltaises, mal équipées, peu entraînées et peu belliqueuses. De plus, elles sont commandées par Eugène de Rohan, un Français comme l'est le bailli de Lora, commandant de la garnison de La Valette. La seule résistance vient du bailli Tommasi à Naiciar, à l'intérieur des terres, à quelques encablures du lieu où le détachement commandé par les trois généraux a débarqué. Mais, bien vite, il se voit contraint de se réfugier dans la Cité Vieille, au centre de l'île. Marmont se fait ouvrir les portes de la ville et il parvient à s'emparer de l'étendard des chevaliers. Malgré tout, des résistances se font jour, en particulier aux forts Saint-Lucien, en face de Marsa Scirocco et Sainte-Agathe, où Baraguey d'Hilliers a fait débarquer ses troupes. À dix heures du soir, toute l'île est aux mains des Français. Ils mettent la main sur plusieurs bâtiments de guerre, trois millions en argent, 1200 canons et 40000 fusils.

Le lendemain, Hompesch envoie un émissaire auprès de Bonaparte pour demander une trêve. Une suspension d'armes est alors négociée avec Junot et Poussielgue. Ses conditions, une fois acceptées par Hompesch, l'acte est signé le 12 juin à bord de l'*Orient*. La convention tient en huit articles. Le premier article stipule que « *les chevaliers de l'Ordre remettront à l'armée française la ville et les forts de Malte et qu'ils renoncent, en faveur de la République française aux droits de souveraineté et de propriété* [...] *sur les îles de Malte, de Gozo et de Comino* ». Dès le 13 juin, Bonaparte,

La flotte française commence par bombarder les forts protégeant l'entrée du port de La Valette.
*(Bnf, French Revolution archives, Stanford, USA)*

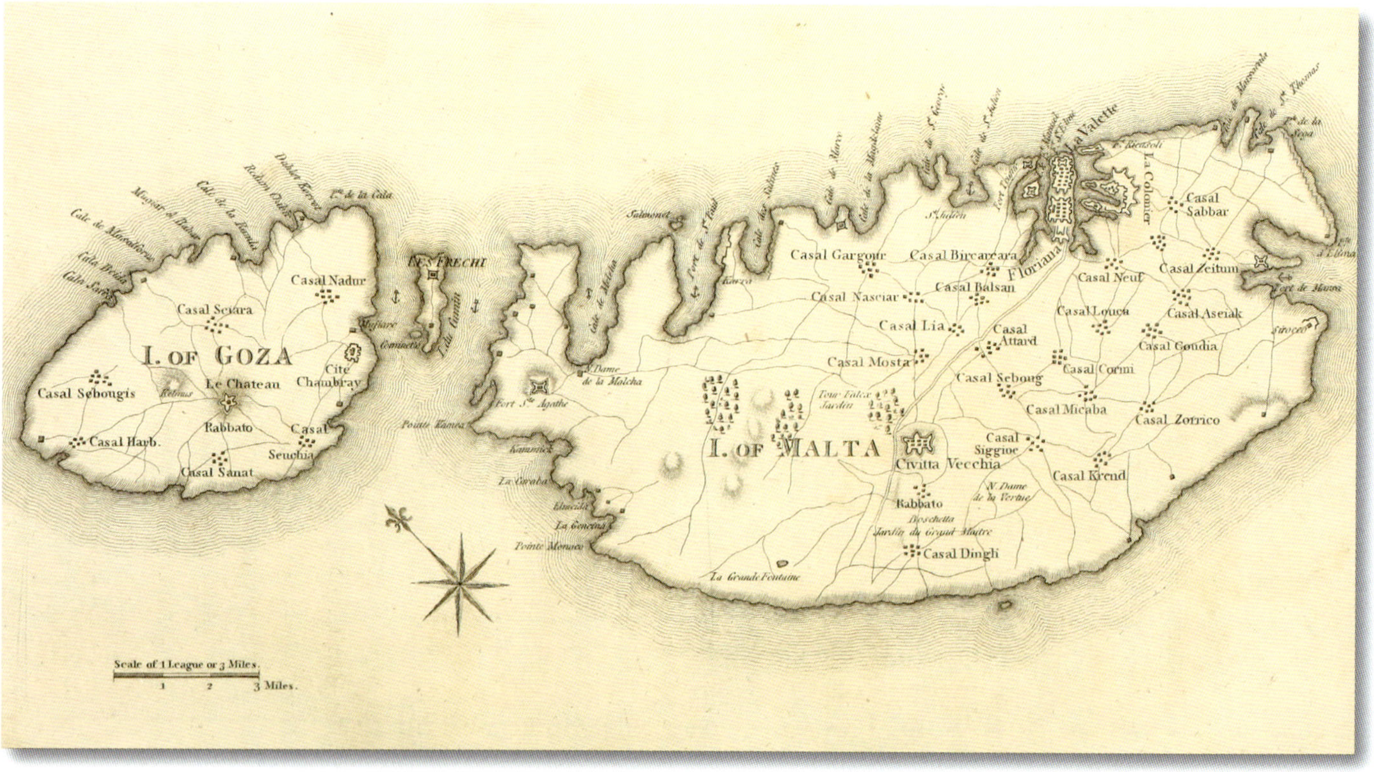


Les îles de Malte et de Goza sur une carte marine anglaise début du XIXe siècle. *(Collection particulière, droits réservés)*

*Page suivante en haut.* Les troupes françaises s'emparent de La Valette. *(Bnf, French Revolution archives, Stanford, USA)*

*Page suivante en bas.* Deux bâtiments de la flotte française croisent « au près » de l'île de Goza. *(Collection particulière, droits réservés)*

*Double page 102-103.* Carte générale de l'Égypte dessinée par Pierre Jacotin, fin XVIIIe siècle. *(Bnf, Gallica)*

en bon organisateur, nomme deux commissions (Commission du gouvernement et Commission des Domaines) et met en place huit municipalités sur l'île de Malte et deux pour Gozo.

Dans la nuit du 18 au 19 juin, la flotte appareille pour Alexandrie, laissant à Malte une garnison de 4000 hommes[1] des 7e et 19e demi-brigades d'infanterie de bataille sous le commandement du général Vaubois. La nouvelle qu'une nombreuse escadre anglaise sillonnait la Méditerranée à la poursuite de la flotte française fit hâter ce départ car tout retard pouvait, pensait Bonaparte, être funeste à son armée.

Pendant son court séjour maltais, Bonaparte mit en place une nouvelle administration tant civile que militaire. L'organisation de la marine devait être calquée sur celle des ports militaires de France. Sa hiérarchie comprenait un civil: l'ordonnateur Ménard; un capitaine de vaisseau, commandant des armes, Escoffier. Une centaine d'officiers de marine étaient employés à terre ou sur les bâtiments de l'Ordre capturés, à savoir, deux vaisseaux: le *San Zaccharia*, rebaptisé *le Dego*, et le *San Giovanni* appelé désormais l'*Athénien*; deux frégates – *la Sainte Elisabeth* qui devint *la Carthaginoise*, *la Santa Maria* inutilisable; quatre galères (*l'Aventurière*, *la Victoire*, l'*Annibal*, ex *Saint-Louis*, *la Justice* ex-*Magistrale*); plusieurs chaloupes canonnières et divers petits bâtiments auxquels il faut ajouter quelques avisos de la marine française, détachés provisoirement par l'armée navale.

En fait, la marine et les arsenaux de l'Ordre étaient en piteux état. Le rapport de Ménard exposant ses projets d'organisation de la marine à Malte, daté du 17 juin 1798 (29 prairial an VI) fut intercepté le 26 juin.

On a prétendu que les dépêches furent jetées à la mer ainsi que le butin capturé à Malte. Seuls les papiers secrets (signaux etc.) et une partie du butin le furent effectivement. Un rapport du Consul de France à Cadix signale en effet que les Anglais lui rendirent 4000 lettres décachetées pour la plupart[1].

Alors que Bonaparte s'était emparé de Malte, Nelson errait en Méditerranée. Le 28 juin, Nelson atteint la baie d'Alexandrie d'où, ne trouvant trace de l'ennemi, décide de partir immédiatement vers l'Asie Mineure, mais le capitaine Hardy, avec le brigantin *Mutine*, qui s'était attardé à se fournir en eau, quitta le delta le 29 juin, seulement deux heures avant que la frégate française *Junon*, de l'avant-garde, ne jette l'ancre devant la côte égyptienne.

1. 3000 selon Philippe Masson in *Histoire de la marine*, vol.1, p. 324.
2. Selon Jean Gaillard, La marine française à Malte, 1798-1800, p. 195 et ss

M E R
M É D
ALEXANDRIE
BAHARI
OU
BASSE
EGYPTE
D É S E R T S
MOYENNE
Plaine de Baqarah
de la Vache
Plaine de Sinnour
du Chat
l'Arabah
Chariots
PETITE
OASIS

ARABIE
PETRÉE
DE L'ÉGAREMENT
DE TIÉH OU
Mont Kaleb
Gebel el Dahab
Arabes Howeïlat
Arabes Haggâi
BAHAR EL AQABA
RAS MOHAMMED
Montagne d'Ichorah

# 9 D'Alexandrie à Aboukir

Le débarquement de Bonaparte dans la baie d'Aboukir, à une heure du matin, porté par trois fantassins de l'une des divisions présentes (Kléber, Menou, Bon). *(Dessin à la mine de plomb estompé au crayon blanc de Charles Lemire, Lille, Musée des Beaux-arts, collection particulière, droits réservés)*

Le 1er juillet 1798 (12 messidor an VI) au soir, la flotte française arrive en vue des côtes d'Égypte et mouille dans la rade dite de « La Tour du Marabout », à l'ouest de la ville. Aussitôt, Bonaparte prend ses dispositions et fait mander le consul français pour avoir des renseignements tant sur les Anglais que sur la situation en Égypte. Dans la soirée du 30 juin, après 43 jours de navigation, l'expédition arrive en vue d'Alexandrie.

Selon les Mémoires du maréchal Berthier, le consul français aurait informé Bonaparte que « *la vue de l'escadre française [avait] occasionné dans la ville un mouvement contre les chrétiens et [que lui-même avait] couru de grands dangers pour s'embarquer* ». Il ajouta que quatorze vaisseaux anglais ont paru, le 29 juin, à quatre kilomètres d'Alexandrie et que Nelson a ensuite fait route au nord-est après avoir reçu des nouvelles de la flotte française de la part du consul anglais. Enfin, il conclut en disant que la ville et les forts d'Alexandrie étaient prêts à se défendre contre ceux qui tenteraient un débarquement, de quelque nation qu'ils fussent.

Ces informations, jointes à une position défavorable de la flotte et du convoi, obligèrent Bonaparte à donner ordre, le soir même, de débarquer et de faire mouiller l'armée navale aussi près que possible de la rade du Marabout. Mais, peu entraînés, les marins de deux navires de guerre tombent sur le navire amiral, obligeant de mouiller à l'endroit où il est arrivé, à douze kilomètres de la terre. Le débarquement ne fut pas chose aisée: le vent du nord soufflait avec violence, une mer agitée rendait celui-ci « *aussi difficile que périlleux* ». Bonaparte est le premier à prendre la mer, suivi des généraux Bon et Kléber, tandis que Desaix, Reynier et Menou reçoivent l'ordre d'effectuer leur débarquement sur trois colonnes. Sitôt ses troupes à terre, Bonaparte prend ses dispositions pour une rapide conquête du pays. Il sait que l'Égypte est, nominalement, une province turque ; mais, en réalité, le pays a acquis une relative indépendance et que 50000 mamelouks gouvernent une population estimée à quelque 3 millions d'âmes. Ces mamelouks se sont constitués en milice, et celle-ci est commandée par vingt-quatre beys obéissant à deux chefs : Ibrahim et Mourad.

Il est une heure du matin lorsque le général en chef débarque à la tête des premières troupes, qui se rassemblent successivement dans le désert, à 12 km d'Alexandrie, et passe en revue les troupes débarquées : 1000 hommes de la division Kléber, 1800 de celle de Menou et 1500 de celle de Bon. L'armée ne dispose pas encore de chevaux ni de canons et aucune nouvelle du général Reynier qui arrivera à deux heures et demie du matin, au moment où le départ pour Alexandrie est décidé. Reynier reçoit alors l'ordre de prendre position pour garder le point de débarquement et Desaix celui de suivre le mouvement de l'armée aussitôt que sa division aurait débarqué. La colonne de droite était commandée par le général Bon ; celle du centre par Kléber et celle de gauche par Menou. Une demi-heure avant le jour, des Arabes attaquent un avant-poste et tuent un officier. À deux kilomètres d'Alexandrie, leur troupe se réunit au nombre de 300 hommes, mais, devant l'avance des Français, ils abandonnent les hauteurs de la ville et s'enfoncent dans le désert. Pour tous, soldats ou officiers, cette marche est la brutale confrontation avec le désert, la chaleur torride et la soif. Vers 2 heures du matin, tandis que les forces du général Menou prennent d'assaut un des forts extérieurs d'Alexandrie, les généraux Bon et Kléber s'emparent de la porte de Rosette et de celle dit « de Pompée », clés de voûte de la défense alexandrine.

Les Français se rendent maîtres de la ville en quelques heures, au prix de quinze tués, dont le commandant de la 3e demi-brigade, et 250 blessés[1]. Le 3 juillet, le général en chef écrit à Desaix pour lui enjoindre de se rendre au village d'El-Beydah, à douze kilomètres d'Alexandrie, sur la route du Caire,

Une vue de la Fontaine des amants au Caire. L'Égypte, dès le milieu du siècle, fascine l'Europe entière. *(Anonyme collection particulière, droits réservés)*

1. 30-40 morts et entre 70 et 100 blessés, selon Michèle Battesti. *La bataille d'Aboukir.1798*, p. 62

« *où il y a de l'eau* ». Dans cette même lettre, il donne l'ordre au général Bon « *de placer son infanterie légère, que commande le général Marmont, à mi-chemin d'Alexandrie au village d'El-Beydah. Ce sera à vous de vous concerter avec le général Marmont pour placer des postes intermédiaires pour me faire avoir rapidement de vos nouvelles si des événements imprévus arrivaient* ». Le lendemain, dans une nouvelle lettre à Berthier, Bonaparte demande de donner ordre au général de cavalerie Leclerc de « *partir ce soir* (4 juillet 1798, N.D.A.) *à cinq heures, avec le 3^e^ de dragons à pied et le 7^e^ de hussards. Il se rendra au village d'El-Beydah où il trouvera le général Desaix* ». En même temps, poursuit-il, il demande à Berthier d'ordonner au général Mireur[2] de « *mettre à la disposition du général Leclerc les hommes du 7^e^ de hussards qui sont à cheval et, par là, le général Leclerc se trouvera avoir sa brigade de cavalerie* ».

Le 4 juillet, nouvelle lettre à Berthier: « *Vous voudrez bien, citoyen général, donner ordre au général Reynier de partir à minuit pour se rendre au village d'El-Beydah où se trouve en ce moment le général Desaix. Si ce*

*général est attaqué, il le soutiendra et prendra ses ordres* [...] *Il* [Reynier] *mettra le 22e de chasseurs sous les ordres du général Mireur* ». Ce même jour, Bonaparte, transmet de nouvelles instructions à Berthier : « *Vous voudrez bien, citoyen général, ordonner à la 69e demi-brigade de ligne de tenir garnison dans la place d'Alexandrie. Vous donnerez l'ordre à la division de brigade Menou de se tenir prête à partir demain* (5 juillet, N.D.A.) *à 4 heures après midi. À la division du général Kléber de se tenir prête à partir, demain, à 5 heures du soir. À la division du général Bon de se tenir prête à partir après-demain* (6 juillet, N.D.A.) *à 5 heures du matin* ». Puis, dans la lettre suivante adressée au général Desaix, il l'informe que « *la division Menou suivra, à huit heures de distance, celle de Reynier* ».

Bonaparte, laissant le gouvernement de la ville à Kléber, dont la division est confiée au général Dugua*, décide de marcher sur Le Caire. La division de ce général reçoit l'ordre de partir avec les hommes de troupes à cheval qui ne sont pas montés, de protéger l'entrée de la flottille française dans le Nil, d'y établir un Diwan provisoire et une forte garnison, de faire construire une batterie à Lisbé, de faire embarquer du riz sur la flottille, de suivre la route du Caire sur la rive gauche du Nil, et de faire toute diligence pour rejoindre l'armée.

Les 6 juillet et 7 juillet (18-19 messidor an VI), toutes les divisions et le Grand-Quartier-Général se mettent en marche. Kléber garde avec lui la 69e demi-brigade de ligne. La division Desaix, qui est à l'avant-garde, était composée de la 21e demi-brigade légère, des 61e et 88e de ligne. La division Reynier formait l'aile droite, et avait les 9e et 85e demi-brigades de ligne, le 15e régiment de dragons, le 22e de chasseurs et le 7e de hussards. La division Bon occupait le centre, et était formée de la 4e demi-brigade légère, des 18e et 32e de ligne. La division Lannes couvrait l'aile gauche, avec la 22e demi-brigade légère, les 69e et 13e de ligne. Enfin la division Dugua formait l'arrière-garde avec la 2e demi-brigade légère, les 25e et 75e de ligne, et le 18e régiment de dragons, son artillerie de campagne, un petit corps de cavalerie, si toutefois on peut donner ce nom à trois cents hommes montés sur des chevaux qui, épuisés par une traversée de deux mois, pouvaient à peine porter leurs cavaliers. L'artillerie, pour la même raison, était mal attelée. En quittant Alexandrie et ses 6000 habitants, le 6 juillet, les Français partent pour affronter leur principal ennemi ; le désert. Les

*Page précédente en haut.*
Mourad Bey un des deux chefs mamelouks.
*(Gravure de Poncet, collection particulière, droits réservés)*

*Page précédente en bas.*
Le verrier égyptien.
*(Aquarelle de Nicolas Conté, collection baron Thénard)*

*Ci-contre.*
Le cheik Abd Allâh al-Sharqâwi est le président du Diwan du Caire.
*(Toile de Michele Rigo, Versailles, photo collection particulière, droits réservés)*

*Ci-dessous.*
Ibrahim Bey, l'autre dirigeant mamelouk entouré de femme égyptiennes.
*(Photo collection particulière, droits réservés)*

2. Lettre au général Berthier, 4 juillet 1798, *Correspondance* No 2573

La prise d'Alexandrie par les fantassins des divisions Menou et Bon.
*(Collection particulière, droits réservés)*

Arabes ont comblé les puits de Beda et de Birket, de sorte que le soldat, brûlé par l'ardeur du soleil et en proie à une soif dévorante, ne pouvait trouver à se désaltérer. On fouille dans ces puits d'eau saumâtre, mais on n'en peut retirer qu'un peu de liquide bourbeux: un verre d'eau se paie au poids de l'or. Desaix écrit à Bonaparte « *Si l'armée ne traverse pas le désert avec la rapidité de l'éclair, elle périra* ». À Ramanieh, le 12 juillet, il affronte victorieusement 800 mamelouks.

Écrasée de chaleur et torturée par le manque d'eau, l'armée progresse péniblement vers Le Caire lorsque Bonaparte apprend que Mourad Bey*, le chef des mamelouks*, rassemble toutes ses forces pour barrer la route de la capitale. Au général français Berthier, dans ses Mémoires, écrit: « *Deux routes conduisent d'Alexandrie au Caire; la première est celle qui passe par le désert, et Damanhour. Pour suivre l'autre, il faut gagner Rosette en côtoyant la mer, et traverser, à une lieue d'Aboukir, un détroit de deux cents toises de large qui joint le lac Madié à la mer; mais ce passage, auquel on n'était point préparé, eût nécessairement retardé la marche de l'armée. Bonaparte avait fait équiper une petite flottille destinée à remonter le Nil. Cette flottille, commandée par le chef de division Pérée, et composée de plusieurs chaloupes canonnières et d'un chébec, aurait été d'un grand secours pour l'armée. Si on avait pris la route de Rosette, elle eût porté les équipages et les vivres des troupes et suivi tous leurs mouvements; mais les Français n'avaient pas encore pris possession de Rosette et, en prenant le parti de suivre cette route, Bonaparte euût retardé de huit à dix jours la marche de l'armée sur Le Caire. Il décide que l'armée s'avancera par le désert et par Damanhour. C'est cette route que la division Desaix avait reçu ordre de suivre. Le 8 juillet (*20 messidor an VI, N.D.A.*), les divisions arrivent à Damanhour. Les Français accélèrent leur marche. Les troupes arrivées le 8 juillet à Damanhour, y séjournent le 9. Jamais les Arabes ne s'étaient montrés en aussi grand nombre. Ils harcèlent les grand' gardes, plusieurs actions s'engagent, et le général de brigade Mireur est blessé mortellement. Le soldat, épuisé par la marche et les privations, avait besoin de repos; les chevaux, faibles et harassés par les fatigues de la mer, en avaient plus besoin encore. Bonaparte prend le parti de séjourner à Rahmanié les 11 et 12 juillet, et d'y attendre la flottille et la division Menou. Ce général avait exécuté les ordres qu'il avait reçus. Il s'était emparé de Rosette sans obstacle. Il rejoint l'armée par des marches forcées,* *et annonce que la flottille était heureusement entrée dans le Nil, mais qu'elle remontait ce fleuve avec difficulté, les eaux étant encore basses. Elle arrive enfin dans la nuit du 12. Cette nuit même, l'armée part pour Miniet-Salamé. Elle y couche ; et le 13, avant le jour, elle est en marche pour livrer bataille à l'ennemi partout où elle pourra le rencontrer.* »

Le 13 juillet, devant Chebreïsse, un village à mi-chemin entre Alexandrie et Le Caire, l'armée française affronte pour la première fois la cavalerie mamelouke. Berthier continue son récit : « *Les mamelouks, au nombre de quatre mille, étaient à une lieue* [4 km] *plus loin. Leur droite était appuyée au village de Chebreïsse, dans lequel ils avaient placé quelques pièces de canon, et au Nil, sur lequel ils avaient une flottille, composée de chaloupes canonnières et de djermes armées. Bonaparte avait donné ordre à la flottille française de continuer sa marche, en se dirigeant de manière à pouvoir appuyer la gauche de l'armée sur le Nil, et attaquer la flotte ennemie au moment où l'on affronterait les mamelouks et prendrait le village de Chebreïsse : malheureusement, la violence des vents ne permit pas de suivre en tout ces dispositions. La flottille dépasse la gauche de l'armée, gagne une lieue sur elle, se trouve en présence de l'ennemi, et se voit obligée d'engager un combat d'autant plus inégal, qu'elle avait à la fois à soutenir le feu des mamelouks, et à se défendre contre la flottille ennemie. Les fellahs, conduits par les mamelouks, se jettent, les uns à l'eau, les autres dans des djermes, et parviennent à prendre à l'abordage une galère et une chaloupe canonnière. Le chef de division Pérée dispose aussitôt ce qui lui reste de monde, fait attaquer à son tour, et parvient à reprendre la chaloupe canonnière et la galère. Son chébec, qui vomit de tous côtés le feu et la mort, protège la reprise de ces bâtiments, et brûle les chaloupes canonnières de l'ennemi. Il est puissamment secondé dans ce combat par l'intrépidité et le sang-froid du général Andréossy, et par les citoyens Monge, Berthollet, Junot, Payeur et Bourrienne, secrétaire du général en chef, qui se trouvent à bord du chébec. Cependant, le bruit du canon avait fait connaître au général en chef que la flottille était engagée ; il fait marcher l'armée au pas de charge, elle s'approche de Chebreïsse et aperçoit les mamelouks rangés en bataille en avant de ce village. Bonaparte reconnaît la position et forme l'armée. Elle est composée de cinq divisions, chaque division forme un*

Le général Kléber à la tête de ses fantassins pénètre dans Alexandrie par la porte dite de Pompée.
*(Gravure du XIXe siècle, collection particulière, droits réservés)*

À peine arrivés, dragons et lignards, dans leurs uniformes de laine, souffrent de la chaleur. *(Photo collection particulière, droits réservés)*

*carré qui présente à chaque face six hommes de hauteur; l'artillerie est placée aux angles; au centre sont les équipages et la cavalerie. Les grenadiers de chaque carré forment des pelotons qui flanquent les divisions, et sont destinés à renforcer les points d'attaque. Les sapeurs, les dépôts d'artillerie prennent position et se barricadent dans deux villages en ar-*

*rière, afin de servir de point de retraite en cas d'événement. L'armée n'était plus qu'à une demi-lieue* (deux km) *des mamelouks. Tout à coup, ils s'ébranlent par masses, sans aucun ordre de formation, et caracolent sur les flancs et les derrières; d'autres masses fondent avec impétuosité sur la droite et le front de l'armée. On les laisse approcher jusqu'à la portée de la mitraille. Aussitôt, l'artillerie se démasque et son feu les met en fuite. Quelques pelotons des plus braves fondent avec intrépidité le sabre à la main sur les flanqueurs. On les attend de pied ferme, et presque tous sont tués, ou par le feu de la mousqueterie, ou par la baïonnette.*

*Animée par ce premier succès, l'armée s'ébranle au pas de charge, et marche sur le village de Chebreïsse, que l'aile droite a l'ordre de déborder. Ce village est emporté après une très faible résistance. La déroute des mamelouks est complète; ils fuient en désordre vers Le Caire. Leur flottille prend également la fuite, en remontant le Nil, et termine ainsi un combat qui durait depuis deux heures avec le même acharnement.*

*C'est surtout à la valeur des hommes de troupes à cheval embarqués sur la flottille qu'est due la gloire de cette journée. La perte de l'ennemi a été de plus de six cents hommes, tant tués que blessés: celle des Français d'environ soixante-dix.* »

Mourad Bey et ses cavaliers se replient en désordre vers Le Caire pour y rejoindre Ibrahim Bey. Au Caire, où il se prépare à défendre sa capitale, la nouvelle est parvenue d'une armée d'infidèles nombreuse en infanterie mais pauvre en cavalerie marchant sur la ville. Mourad Bey forme alors une armée composée de mamelouks et de plusieurs milliers d'Arabes qui promettent de ne faire qu'une bouchée de ces insensés qui se déplacent à pied dans le désert.

Les deux armées se rencontrent à nouveau le 21 juillet sur le plateau de Gizeh, au pied des grandes pyramides, sur la rive gauche du Nil. C'est la célèbre bataille dite des Pyramides qui met aux prises environ 40000 hommes de l'armée turque servie par 40 canons sur affût fixe et 21 000 Français accompagnés de 42 canons.

L'entrée du général Bonaparte à Alexandrie. Dans les pures traditions orientaliste et antique, les femmes d'Alexandrie, non voilées, viennent demander pitié au conquérant pour leurs maris et leurs fils.
*(Toile de Colson, photo collection particulière, droits réservés)*

Le général Bonaparte donne un sabre au chef militaire d'Alexandrie, juillet 1798. La plupart des uniformes sont quelque peu postérieurs à l'action, comme en témoigne la très belle tenue du guide du général en chef, sur la droite de l'Ouvre.
*(Toile de François Henri Mulard, Versailles, photo collection particulière)*

# 10 La bataille des Pyramides

*Ci-dessus.*
La bataille des Pyramides. Les carrés français reçoivent les charges furieuses mais inefficaces de la cavalerie mamelouke.
*(Dessins de C. Dasher, collection particulière, droits réservés)*

*Page ci-contre, en haut.*
« Du haut de ces pyramides, quarante siècles vous contemplent ! »
*(Gravure, la France militaire, collection particulière, droits réservés)*

*Double page suivante.*
Le panorama de la bataille des Pyramides. L'œuvre illustre bien les tactiques en présence
*(Toile de Louis François Lejeune, Versailles, photo collection particulière, droits réservés)*

*Page ci-contre, en bas.*
Cette carte du début du XIXe siècle précise les positions des deux adversaires dans les premiers moments de la bataille.
*(Collection particulière, droits réservés)*

Il est six heures du matin lorsque les deux armées prennent position. L'infanterie turque occupe la citadelle d'Embabeh, tandis que la cavalerie mamelouke se déploie, dos au Nil. Les cinq divisions françaises se forment en carré, sur six rangs de profondeur, avec de l'artillerie aux angles. À midi, la cavalerie turque attaque et encercle les divisions Desaix et Reynier qui répondent par un feu violent sur les quatre côtés du carré, causant des pertes énormes chez l'ennemi.

À 15 heures, Bonaparte, qui marche avec la division Dugua, lui ordonne de se déplacer et de prendre position entre le Nil et les divisions Desaix et Reynier. À 18 heures, après avoir subi d'énormes pertes et se voyant pris à revers, les mamelouks s'enfuient en direction de Gizeh, incendient leur flotte sur le Nil, tandis que les divisions Bon et Menou attaquent Embabeh et s'emparent de la citadelle. La bataille est terminée et la victoire livre aux Français un butin inestimable ; d'énormes richesses appartenant aux mamelouks ainsi que d'importantes réserves de vivres. La bataille aura coûté 300 soldats français, tués ou blessés ; plusieurs milliers chez l'ennemi.

Le 24 juillet, Bonaparte et son armée font leur entrée solennelle au Caire. La veille, à Embabeh, Reynier et Desaix avaient défait la cavalerie mamelouke, faisant 2 000 morts parmi eux contre seulement 29 chez les Français. Une fois au Caire, le général en chef saisit l'occasion pour faire des offres de négociations à Ibrahim Bey, qui avait plus spécialement la charge des affaires politiques. Lesquelles restent sans réponse. Il décide alors de partir à sa poursuite avec les divisions Bon, Reynier et Menou.

Dominique Vivant-Denon (1747-1825), qui fait partie de la campagne décrit ainsi la ville où les Français se sont installés : « *J'étais au Caire depuis déjà un mois que je cherchais encore cette ville superbe, cette ville sainte, grande parmi les grandes, ce délice de la pensée, où le faste et l'opulence font sourire le* prophète; puisque c'est ainsi qu'en parlent les Occidentaux. Je voyais effectivement une innombrable population, d'amples espaces à traverser, mais pas de belles rues, pas un seul beau monument, une seule vaste place, mais qui a l'air d'un champ, Lebelquier, celle où habitait Bonaparte et qui, au moment de l'inondation (la célèbre crue du Nil, N.D.A.) était agréable par sa fraîcheur et par les promenades que l'on faisait en bateau la nuit; des palais entourés de murs qui attristaient les rues plus qu'ils ne les embellissaient; l'habitation du pauvre, plus négligée qu'ailleurs ajoute à ce que la misère a de plus affligeant partout ce que le climat permet d'incurie et de négligence. On a toujours tenté de demander quelles étaient les maisons où habitaient les vingt-quatre souverains (les 24 beys qui commandent les différentes milices, N.D.A.). Cependant, quand on a pénétré dans ce qui ressemble à une forteresse, étaient là quelques commodités, quelque recherche de luxe et de plaisir, de gracieux bains en marbre, des bains turcs voluptueux, des salons aux mosaïques

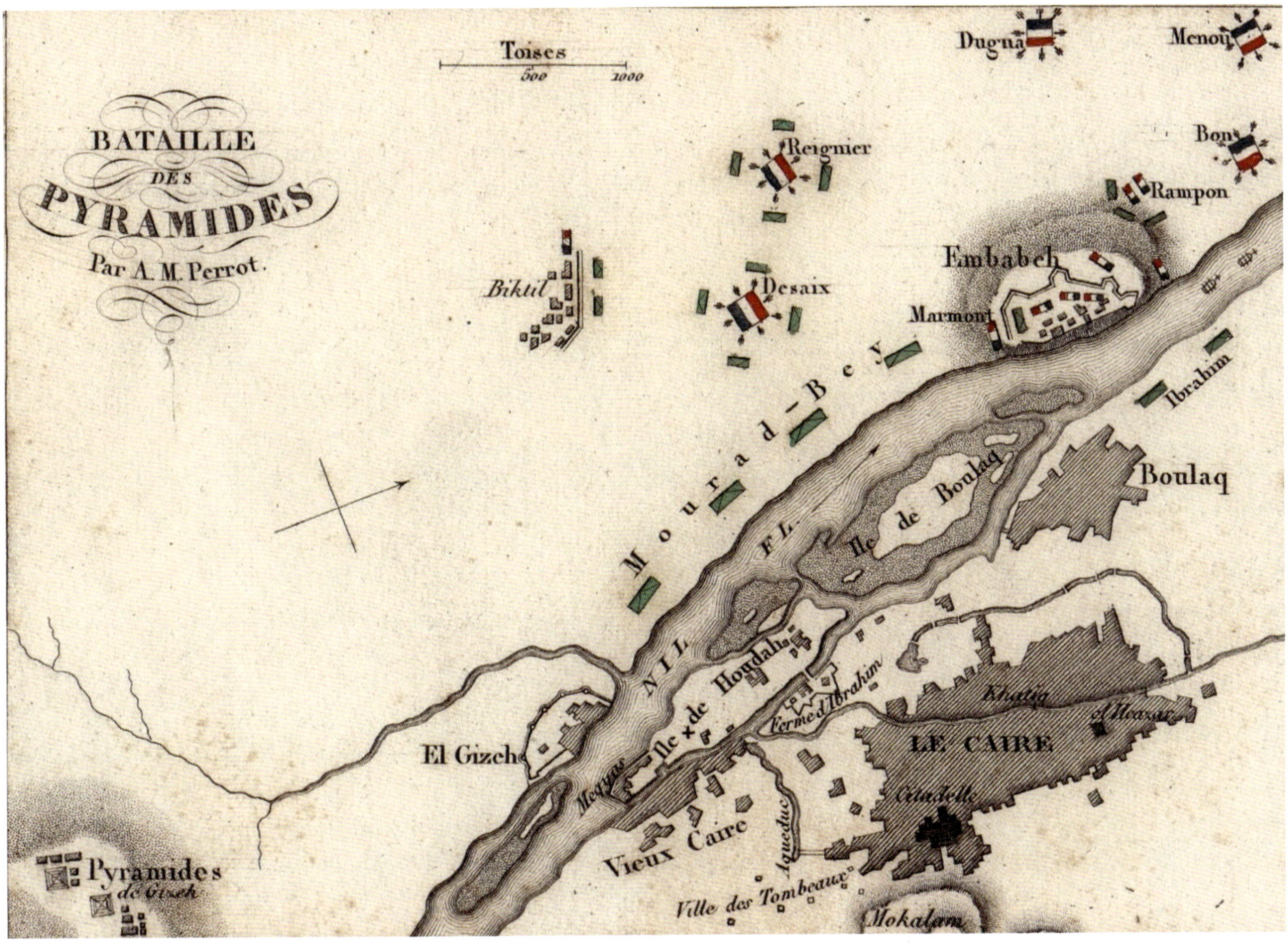

# *La cavalerie en Égypte*

Dragon du 20e régiment
en grande tenue.

Hussard du 7e bis régiment.

Brigadier du 20e régiment
de dragons en tenue
de campagne.

Cavalier du 22e régiment
de chasseurs à cheval
en tenue de route.

Chasseur
du 22e régiment en tenue
de campagne, août 1798.

Double page précédente.
La charge des mamelouks sur les carrés français. à la bataille des pyramides.
*(Esquisse inachevée de la première commande réalisée par Berthier à François Vincent, Versailles, photo collection particulière, droits réservés)*

*Ci-contre.*
Une autre vue du même épisode par un artiste graveur du début du XIXe siècle.
*(Photo collection particulière, droits réservés)*

*En bas*
Un cavalier mamelouk et son esclave au XVIIIe siècle.
*(Photo collection particulière, droits réservés)*

*au centre desquels trônent des fontaines et des jets d'eau; de grands divans, composés de tapis de feutre [...]. Les fenêtres, quand il y en a, ne s'ouvrent jamais et la lumière est filtrée par des verres colorés devant des grilles très étroites; la lumière principale arrive par une coupole au centre du toit [...].*

*Il semble qu'en général toutes leurs habitudes invitent au repos: les divans où l'on est mieux couché qu'assis, où l'on est très bien et où se lever est un problème; les vêtements, dont les principaux sont des jupes où les jambes sont à l'étroit; les grandes manches qui s'étendent au-delà du bout des doigts; un turban qui empêche de baisser la tête; l'habitude de tenir dans une main une pipe dont la fumée vous enivre et dans l'autre un rosaire où les grains glissent entre les doigts; tout cela détruit toute activité, toute imagination. Ils rêvent sans objet, font sans goût chaque jour la même chose, et finissent par avoir vécu sans avoir tenté le moins du monde de varier la monotonie de leur existence. [...]*

*Peut-être est-ce un sentiment secret de paresse qui inspire chez eux cette admiration pour les deux machines qui pourvoient à tout ce dont a besoin leur plus grand travail: soulever les eaux et construire des digues pour les retenir. Ils construisent le moins possible; ne réparent jamais rien: un mur menace de s'écrouler, ils l'abattent; s'il s'écroule, ce sont quelques pièces de moins dans la maison; ils s'installent à côté des ruines. Enfin, l'édifice s'écroule, il en abandonne le sol, ou, s'ils sont obligés d'évacuer les lieux, portent les pierres le moins loin possible; c'est cela la façon de faire qui est courant dans presque toutes les villes d'Égypte, et particulièrement au Caire, envahi par des montagnes de débris, dont l'œil du voyageur est surpris et dont on ne peut se faire une raison ».*

# *Les nouvelles tenues en Égypte*

Tambour de la 88e demi-brigade d'infanterie de ligne., en tenue de coton.

Fusilier de la 88e demi-brigade d'infanterie de ligne.

Fusilier de la 61e demi-brigade d'infanterie de ligne.

Grenadier de la 61e demi-brigade d'infanterie de ligne dans le nouvel uniforme plus léger adopté à la fin de 1798.

*De gauche à droite.*
Artilleur à pied
en tenue de toile.

Artilleur à pied
en tenue de drap
et casquette « à pouf ».

Soldat
de la 21e demi-brigade d'infanterie
légère.

# L'état-major en Égypte

Uniforme de général en chef.

Aide de camp de général.

Adjudant général.

Officier du génie détaché à l'état-major.

Commissaire des guerres.

Officier subalterne de la Légion nautique.

Grenadier de la Légion nautique en 1798.

Tambour de la Légion nautique

# 11 La bataille d'Aboukir

*Ci-dessus.*
Au début de la bataille d'Aboukir, le 1er août 1798, la flotte britannique progresse vers la ligne française.
*(Dessin de Thomas Whitcombe, 1816, National Maritime Museum, collection particulière, droits réservés)*

Alors que l'armée française part à la recherche des deux chefs mamelouks, Nelson, après une traque de soixante-dix jours et grâce à la capture d'un navire français, a pu apprendre que la flotte française était en Égypte, ordonne de reprendre la direction d'Alexandrie où ont débarqué les troupes. Bonaparte, de son côté, a donné ordre au vice-amiral Brueys, commandant la flotte, de se mettre à l'abri dans le vieux port d'Alexandrie.

Or, si les frégates de 40 canons peuvent y entrer, cela est impossible pour les grosses unités de 74 et 80 canons au tirant d'eau trop important. Et à plus forte raison pour *L'Orient*, le navire-amiral et ses 120 canons. Sachant cela, Bonaparte, dans une lettre à Brueys [on n'a pas retrouvé l'original, N.D.A.] lui conseille de faire route sur Corfou et d'y établir une base arrière. Mais Brueys préfère s'embosser dans la rade d'Aboukir car il pense que les hauts-fonds empêcheront les Anglais de manœuvrer. L'intention de Brueys est, s'il faut livrer bataille, de le faire au mouillage, c'est-à-dire à l'ancre, car il sait que l'inexpérience des équipages insuffisamment entraînés et en sous-effectif sur certaines unités, rendra toute manœuvre impossible.

Au cours d'un conseil de guerre des amiraux français, Brueys, qui savait que Nelson le découvrirait tôt ou tard, mais qui n'avait jamais commandé au feu, opta pour la défensive dans cette baie, étant donné que les effectifs, réduits de moitié, des vaisseaux français ne leur permettaient pas de manœuvrer le navire et l'artillerie en même temps. « *Les navires étaient en trop mauvais état et manquaient*

## *Ordre de bataille de la flotte française à Aboukir*

| | AVANT-GARDE du contre-amiral Blanquet du Chayla | |
|---|---|---|
| - *Le Guerrier* | 74 canons | capitaine Jean-François Timothée Trullet* dit l'aîné |
| - *Le Conquérant* | 74 canons | capitaine Étienne Dalbarade* |
| - *Le Spartiate* | 74 canons | capitaine Maurice-Julien Emériau* |
| - *Le Peuple souverain* | 74 canons | capitaine Pierre-Paul Racord* |
| - *L'Aquilon* | 74 canons | capitaine Antoine René Thévenard*, |
| - *Le Franklin* | 80 canons | contre-amiral Blanquet du Chayla*, capitaine Maurice Gilet* |
| | CORPS DE BATAILLE de l'amiral Brueys | |
| - *L'Orient* | 120 canons | vice-amiral François-Paul Brueys, contre-amiral Honoré Ganteaume* capitaine Luc-Julien-Joseph Casabianca* |
| - *Le Tonnant* | 80 canons | commodore Aristide Aubert Dupetit Thouars*, |
| - *L'Heureux* | 74 canons | capitaine Jean-Pierre Étienne* |
| - *Le Mercure* | 74 canons | lieutenant Cambon, |
| | ARRIÈRE-GARDE du contre-amiral de Villeneuve | |
| - *Le Guillaume Tell* | 80 canons | contre-amiral Pierre-Charles Villeneuve, capitaine Saulnier |
| - *Le Généreux* | 74 canons | capitaine Louis-Jean-Nicolas Lejoille* |
| - *Le Timoléon* | 74 canons | capitaine Louis-Léonce Trullet* cadet |
| | ESCADRE LÉGÈRE du contre-amiral Decrès | |
| - *La Diane* | 40 canons | contre-amiral Denis Decrès, capitaine Jean-Nicolas Soleil |
| - *La Justice* | 40 canons | capitaine Villeneuve |
| - *L'Artémise* | 36 canons | capitaine Pierre-Jean Standelet |
| - *La Sérieuse* | 36 canons | capitaine Claude-Jean Martin* |

*de bras* », arguait-il avec quelque raison. L'amiral français fit en outre installer une batterie légère sur l'îlot d'Aboukir : cinq ou six petites pièces de 6, deux mortiers. Ce qui était largement insuffisant pour empêcher les Anglais de franchir l'espace entre cette île et la ligne française.

Les treize vaisseaux de ligne et les quatre frégates sont alors articulés en quatre divisions (*voir ci-dessus*)

Le 1er août, à 10 heures du matin, le vaisseau anglais de tête, le *HMS Alexander*, aperçut la terre à proximité d'Alexandrie. À 14 heures, la vigie du navire français *L'Heureux*, du corps de bataille, signale quatorze voiles à l'horizon. C'est l'escadre anglaise. Nelson arrive en vue d'Aboukir avec un premier groupe de onze vaisseaux et un brick. Il est suivi par trois autres vaisseaux qui passent devant Alexandrie. Elle cingle tout droit sur la rade d'Aboukir, en trois divisions. Chez les Français, la surprise est totale. Brueys, qui était à table avec ses officiers, envoie récupérer

*Ci-dessous.* L'amiral François Paul de Brueys d'Aigalliers est à la tête du corps de bataille principal sur *l'Orient*. Bonaparte dira de lui à propos de son rôle dans la bataille d'Aboukir : « *Si, dans ce funeste évènement, il a commis des fautes, il les a expiées par sa fin glorieuse.* » *(Collection particulière, droits réservés)*

## Le dispositif anglais à Aboukir

| PREMIÈRE DIVISION de l'amiral Horatio Nelson | | |
|---|---|---|
| - *Vanguard* (1787) | 74 canons | H. Nelson, capitaine Eward Berry* |
| - *Minotaur* (1793) | 74 canons | capitaine Thomas Louis* |
| - *Audacious* (1785) | 74 canons | capitaine David Gould* |
| - *Defence* (1763) | 74 canons | capitaine John Payton |
| - *Zealous* (1785) | 74 canons | capitaine Samuel Hood* |
| - *Leander* (1780) | 50 canons | capitaine Thomas Thompson* |
| DEUXIÈME DIVISION | | |
| - *Orion* (1787) | 74 canons | capitaine James Saumarez* |
| - *Majestic* (1785) | 74 canons | capitaine George Blagden Westcott* |
| - *Goliath* (1781) | 74 canons | capitaine Thomas Foley* |
| - *Bellerophon* (1786) | 74 canons | capitaine Henry Darby* |
| TROISIÈME DIVISION | | |
| - *Culloden* (1783) | 74 canons | capitaine Thomas Troubridge* |
| - *Theseus* (1786) | 74 canons | capitaine Ralph Willet Miller* |
| - *Alexander* (1778) | 74 canons | capitaine Alexander Ball* |
| - *Swiftsure* (1787) | 74 canons | capitaine Benjamin Hallowell* |
| - *La Mutine* (1797) | 16 canons | commandeur Thomas Hardy* |

les équipages à terre. En tout, du côté français, presque 6 000 hommes et 1 186 canons contre 8 000 Anglais et 1 028 canons. Sur le papier, l'avantage semble du côté français ; mais il n'en n'est rien. Pour Nelson, l'occasion est trop belle. La visibilité est excellente et le vent souffle vigoureusement au nord. À Nelson, la baie d'Aboukir n'était pas totalement inconnue grâce à une esquisse et à des indications de navigation rudimentaires rédigées en français que possédait Benjamin Hallowell à bord du *HMS Swiftsur*e.

Sur le plan de la qualité des navires et de la puissance de feu, on peut le constater, les deux flottes sont de force sensiblement égale. Mais là où le bât blesse, c'est dans la qualité des équipages. Car si marins français et anglais n'ont rien à envier côté courage, il n'en va pas de même pour l'expérience de la mer et la discipline à la manœuvre et au feu. Les Français, en la matière, sont cruellement désavantagés. D'une part, comme on l'a vu, les équipages des navires ne sont pas au complet, d'autre part, pour combler les vides chez les cadres de la marine, il a fallu faire appel aux officiers de la marine marchande. Bien qu'excellents marins, ils sont cependant dans l'ignorance des manœuvres de combat et, de plus, n'ont pas la même pratique du service à la mer que leurs collègues de la marine de guerre. Il ne faut pas négliger, non plus, que l'autorité leur fait souvent défaut pour imposer la discipline rigoureuse nécessaire à une marine en guerre et ce, à des équipages dont beaucoup sont, comme eux, issus de la marine de commerce.

À 15 heures, branle-bas de combat dans toute l'escadre française. On se prépare au combat. C'est alors que toutes les négligences accumulées au cours du voyage vont apparaître, représentant autant de handicaps pour la flotte : les abris en bois de *L'Orient* destinés à loger des officiers durant la traversée, utilisés pour stocker de la peinture, du goudron et des matériaux divers ; c'est encore le matériel entassé dans la batterie bâbord du *Guerrier* et du *Conquérant*, rendant celles-ci inutilisables. Il était 17 h 30. Seuls les deux premiers navires français, *Le Guerrier* et *Le Conquérant,* ouvrent un feu dense sur l'avant-garde anglaise dont ils supportent tout le poids, alors que les effectifs réduits de leur équipage ne leur permett que d'armer un bord sur deux et que les autres vaisseaux français, enchaînés à leurs ancres et de toute façon sous le vent, ne peuvent plus manœuvrer.

Il est près de 18 heures quand Brueys donne le signal de commencer le combat. Le *Culloden*, qui attaque en tête de l'escadre anglaise, s'est échoué sur les hauts-fonds. Lancés à toute vitesse, le *Zealous* (Samuel Hood), le *Goliath* (Thomas Foley), l'*Orion*, l'*Audacious* et le *Theseus* doublent le *Guerrier*, navire de pointe de l'avant-garde française et se rabattent entre la côte et la ligne des bâtiments au mouillage. L'*Orion* s'acharne alors sur une petite proie, la frégate *Sérieuse*, moitié moins puissante que lui. Le capitaine de vaisseau Jean Martin témoigne : « *L'affaire a duré une heure, à la portée de pistolet, et n'a fini que lorsque la frégate, percée à la flottaison par nombre de boulets, a coulé à fond à quatre brasses et demie d'eau* ». De son côté, le *Goliath* manœuvre pour s'arrêter en travers de la proue du *Guerrier,* mais entraîné par son élan, il ne jette l'ancre qu'à hauteur du *Conquérant* dont la batterie bâbord, on l'a vu, est condamnée au silence. Canonné à bout portant, incapable de répondre au feu de son adversaire, le *Conquérant* est démâté en quelques minutes, pris entre deux feux. De plus, la majorité de son équipage, recruté à Nice, n'a pas le comportement militaire adéquat. Son commandant, Étienne Dalbarade, est grièvement blessé à 19 h 15. Couché sur le pont, il continue à donner des ordres, la poitrine et l'épaule traversées par une balle.

Pris à partie par le *Zealous*, le *Guerrier* subit le même sort : « *L'attaque qu'on faisait au* Guerrier *fut si violente que, dans moins d'une heure, tous les mâts furent abattus, coupés par les boulets à dix pieds au-dessus du pont.*

*La chute de tous les mâts masqua une partie des batteries de bâbord ; l'ennemi tira alors plein bois ; en peu de temps les canons de la deuxième batterie furent presque tous coupés ou démontés. Trois*

*Page précédente.*
Le contre-amiral Sir Horatio Nelson quelque temps après la bataille du Nil. Le bicorne du héros britannique arbore une aigrette offerte par le sultan ottoman pour sa victoire lors de la bataille d'Aboukir.
*(Huile sur toile de Francis Abbott, 1800, National Maritime Museum, droits réservés)*

*Ci-dessous.*
La bataille du Nil. Un vaisseau français démâté, en perdition. Peut-être *le Conquérant ?*
*(Esquisse huile sur toile de Eduardo de Martino, collection particulière, droits réservés)*

Blessé à la tête, Horatio Nelson remonte sur le pont du *HMS Vanguard* après s'être fait soigner par le chirurgien du bord, au plus fort de la bataille. *(Huile sur toile de Daniel Orme, 1805, National Maritime Museum, collection particulière, droits réservés)*

*sabords ne faisaient plus qu'un seul; le feu actif de l'ennemi détruisant tout dans cette batterie, et il fallut l'abandonner pour continuer le combat dans cette de 36 »*[1]. L'*Audacious*, qui est venu s'intercaler entre le *Zealous* et le *Goliath* tire sur le *Spartiate* tandis que le *Theseus* et *l'Orion* attaquent à eux deux *L'Aquilon*, *Le Peuple Souverain* et le *Franklin*. *L'Aquilon*, de son côté, *« ayant à supporter un feu si terrible, nos gaillards et la seconde batterie étant abîmés, le commandant Thévenard a donné l'ordre de faire descendre dans la batterie de 36 le peu d'hommes qui restaient sur les gaillards et dans la batterie de 18 »*[2].

Entièrement soumise par bâbord au feu des Anglais, l'avant-garde française est également attaquée sur tribord. Le *Vanguard*, sur lequel navigue Nelson, jette l'ancre par le travers du *Spartiate* que le *Theseus* attaque à grande distance.

1. Cité par Michèle Battisti in La bataille d'Aboukir, 1798, Ed. Economica, 1998, p. 102.
2. *Ibid.*

La faiblesse de son équipage, déclare son commandant dans son rapport du 2 août 1798, « *qui montant à peu près à cette époque à 500 combattants, ne nous permit pas d'armer entièrement toutes les pièces* ». Le *Defence*, le *Bellerophon*, *le Majestic* et le *Minotaure* suivent le mouvement et attaquent le centre de la ligne française jusqu'au *Tonnant* et à l'*Heureux*, qui lui donne tout de même du fil à retordre. En effet, le bâton de foc du *Majestic* s'est engagé dans les haubans de misaine de l'*Heureux* auquel il reste accroché dans une position désavantageuse. Son commandant, le capitaine de vaisseau George Blagdon Westcott*, a été tué par une balle de mousquet. Étienne, le capitaine de l'*Heureux*, donne alors l'ordre d'abordage, mais les hommes d'équipage mettent une très mauvaise volonté à monter sur le pont en dépit des exhortations des officiers, sabre au clair. Lorsqu'enfin une partie de l'équipage rallie le pont, il est trop tard ; le *Majestic* a coupé son câble de poupe, cassé son bout-dehors et s'est dégagé.

En infériorité numérique flagrante, insuffisamment entraînés et handicapés par des défaillances techniques, les Français se battent néanmoins courageuse-

*Ci-dessous.*
Carte simplifiée des positions et des mouvements des navires durant la bataille d'Aboukir les 1er et 2 août 1798 (les navires britanniques sont en rouge et les navires français en bleu.
*(Carte réalisée d'après Osprey* ...

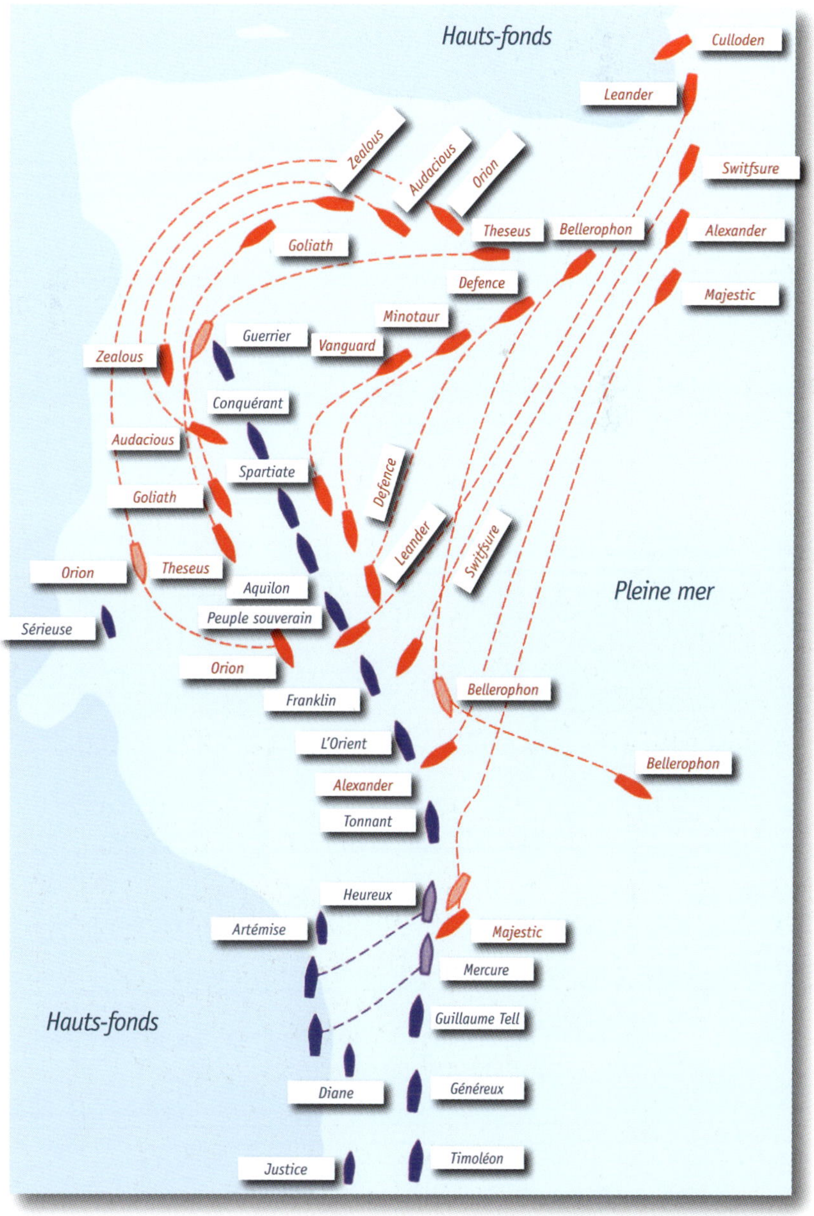

*Double page précédente.*
La destruction de *l'Orient* au cours de la Bataille d'Aboukir ou du Nil, selon les Anglais. *(Huile sur toile de George Arnald, 1827, National Maritime Museum, droits réservés)*

ment. Lejoille*, commandant le *Généreux*, constate avec amertume : « *Notre poudre très inférieure à celle des Anglais laisse nos boulets aux deux tiers de la distance, tandis que les leurs nous dépassent de plusieurs encablures* »[3].

Le *Bellerophon*, qui a attaqué avec ses 74 canons le vaisseau-amiral *Orient* et ses 120 canons, a vu en moins de deux heures ses trois mâts abattus, la plupart de ses canons mis hors d'état de tirer, son commandant Henry d'Esterre Darby tué. L'unité compte 45 morts et 148 blessés sur 590 hommes[4].

Pour ne pas être coulé, il doit couper ses câbles et se laisser dériver, pour finir s'échouer à l'embouchure du Nil.

À 19 heures, le *Franklin*, qui a commencé le combat une demi-heure auparavant, est attaqué « *par la joue de bâbord par trois des cinq vaisseaux qui avaient doublé la tête de ligne et par la joue de tribord par deux des vaisseaux qui le prolongeaient.*[5] »

Il est 19 h 30 et la mêlée atteint son paroxysme. Bord à bord, les vaisseaux ennemis se mitraillent à bout portant, les équipages se lancent à l'abordage et se livrent à un véritable carnage. C'est à cette heure-ci que l'amiral Brueys est tué par un boulet. Déjà grièvement blessé au visage et à la main, il a voulu continuer à commander. Sur le *Tonnant*, le capitaine de vaisseau Dupetit-Thouars a les deux jambes emportées et meurt peu après. Sur le *Franklin*, le commandant de la division d'avant-garde, Blanchet du Chayla, a la moitié du visage arrachée mais reste à son poste. Thévenard, le commandant de *L'Aquilon* est tué. Est agonisant Casabianca, qui commande *L'Orient*, le navire-amiral. Du côté anglais, sur le *Vanguard*, Nelson est lui aussi très grièvement atteint au visage.

À 20 h 00, le capitaine de vaisseau Pierre-Paul Racord, grièvement blessé, est porté au poste pour être soigné. Au même moment, le grand mât et le mât d'artimon s'effondrent avec fracas.

À 20 h 30, le *Spartiate* se rend au *HMS Vanguard*. À peu près à la même heure, Nelson est frappé au front du côté droit par un projectile : « *Boîte crânienne à nu sur près de trois centimètres, la blessure fait sept centimètres de long* » écrit Michaël Jefferson, le chirurgien qui l'avait soigné en Corse.

Depuis 21 heures environ, un violent incendie ravage *L'Orient*. Plusieurs fois éteint, le feu reprend chaque fois avec une vigueur nouvelle, alimenté par les matériaux divers répandus sur le pont. À 21 h 20, le *HMS Swiftsure* interrompt ses tirs et les canons français se taisent peu à peu tandis que les navires prennent leurs précautions contre les dégâts pouvant résulter d'une explosion : « *Le feu se manifesta à nouveau dans les porte-hauban d'artimon à bâbord ; il se communiqua rapidement à la mâture par les haubans et acquit en peu de temps une grande étendue ; nous fîmes monter tous les hommes de la batterie de 24. Mais, dans ce moment, tout contribua à augmenter le désordre. La pompe à incendie se trouva brisée ; les haches de combat étaient ensevelies sous des monceaux de débris ; les seaux que nous avions sur le gaillard d'avant étaient dispersés ; on était obligé d'en monter de la cale. Cinq vaisseaux avaient réuni leur feu sur nous et avaient redoublé d'activité à nous combattre. Le vaisseau brûlait de lavant à l'arrière. [...] Le contre-amiral Ganteaume assembla*

3. *Ibid.*
4. Chiffres donnés par Michèle Battisti, *op. cit.* p. 102.
5. *ibidem.*
6. *ibidem.*

## *L'escadre anglaise après Aboukir*

| Bâtiments | Blessés - Tués | Situation |
|---|---|---|
| *Culloden* | 0 | Échoué, remis à flot le 2 août, perte du gouvernail |
| *Goliath* | 21/41 | Deux mâts de hune abattus |
| *Zealous* | 1/7 | |
| *Orion* | 13/29 | Mâts de hune abattus |
| *Audacious* | 1/35 | Démâté |
| *Theseus* | 5/30 | Trois mâts de hune abattus |
| *Vanguard* | 30/76 | Mâts de misaine et mâts de hune abattus |
| *Minotaur* | 23/64 | Petit mât de hune abattu |
| *Defence* | 4/11 | Mâts de hune abattus |
| *Bellerophon* | 49/147 | Démâté, comme un ponton, désemparé, avaries très graves |
| *Majestic* | 50/143 | Démâté comme un ponton, graves avaries |
| *Leander* | 0/14 | |
| *Alexander* | 14/58 | Démâté |
| *Swiftsure* | 7/22 | |
| TOTAL | **895 (218-677)** | |

*une douzaine d'officiers, et leur demanda leur avis sur ce qu'il y avait à faire : il fut décidé que, vu l'impossibilité d'arrêter les progrès du feu, on devait noyer les poudres. Le maître calfat, chargé de cette opération, fit ouvrir tous les robinets ; mais il annonça que l'incendie lui paraissait gagner trop rapidement pour donner le temps de remplir les soutes. Dès lors, il fut décidé qu'on abandonnerait le vaisseau* »[6].

Quelques minutes plus tard, vers 21 h 37, une formidable explosion secoue toute la rade d'Aboukir. *L'Orient* s'est désintégré dans l'explosion et seule une soixantaine de marins, parmi lesquels Ganteaume, ont pu sauver leur vie. Casabianca, son fils âgé de 11 ans, l'ordonnateur Jaubert et une grande partie de l'équipage ont péri. La résistance française n'en faiblit pas pour autant : le *Franklin*, *Le Peuple Souverain*, le *Spartiate*, *l'Aquilon* soutiennent encore le combat. Malheureusement, entre 23 heures et 3 heures du matin, le 2 août, l'un après l'autre, ils se résolvent à amener leur pavillon. Le *Tonnant* et le *Timoléon*, réduits à l'état de pontons, ne se rendront que le 3 août.

Curieusement, l'arrière-garde de l'amiral Villeneuve est restée passive et n'est pas intervenue dans la bataille. À 11 h 50 le 2 août, soit 24 heures après le début de la bataille, Villeneuve fait le signal « d'appareiller en coupant les câbles » ; il ordonne à ses forces (le *Guillaume Tell*, le *Généreux* et les deux frégates *Diane* et *Justice*) de quitter la rade pour gagner Malte, où elles arrivent après seize jours de navigation, mais restent bloquées dans le port.

*Ci-dessus.*
La destruction de l'Orient dans la nuit du 1er au 2 août. Le navire en flammes, coule.
*(Huile sur toile de Mather Brown, 1825, National Maritime Museum (Gravure de Detaille, collection particulière, droits réservés)*

Si les 895 hommes perdus au combat ne représentent pour les Britanniques que 12 %[7] des effectifs, il en va tout autrement pour les Français : 1 700 tués, 1 500 blessés et 1 000 prisonniers, soit 4 200 hommes sur 5 200 combattants ou 81 % de perte[8].

7. Chiffre cité par M. Battesti, *op. cit.*

8. Chiffres cités par Jean-Claude Castex, *Dictionnaire des batailles navales franco-anglaises*, 2012, p. 9

*Ci-dessous.*
Caricature anglaise : « Le galant Nelson ramène deux crocodiles français féroces et rares du Nil en présent au roi, ». *(Dessins de James Gillray, 1798, National Maritime Museum, collection particulière, droits réservés)*

Selon certaines sources, ce serait plus du tiers des équipages qui aurait été mis hors de combat. Toujours est-il que les Britanniques relâcheront 3 105 prisonniers dont 1 000 blessés, tous des soldats, ne conservant que 200 officiers ou personnel spécialisé. Mais au-delà de la défaite et de son ampleur, il y a le fait que deux tiers des officiers ont été tués ; ce qui ne présage de rien de bon pour l'avenir de la flotte de guerre française.

## Les conséquences du désastre d'Aboukir

Au matin du 2 août 1798, la désolation plane sur la rade d'Aboukir où les épaves des navires français achèvent de se consumer. La belle armée d'Orient est isolée, condamnée à l'asphyxie. Dans une lettre interceptée par les Anglais, Daure, commissaire ordonnateur en chef de l'armée d'Orient écrit : « *Le fatal engagement d'Aboukir a ruiné nos espoirs ; il nous empêche de recevoir le complément de forces qui nous était destiné, il laisse le champ libre aux Anglais de persuader*

### *L'escadre française après Aboukir*

| **Bâtiments** | **Blessés - Tués** | **Situation** |
|---|---|---|
| *Guerrier* | 200 | Capturé le 1er août à 21h30. Incendié par les Anglais le 18 août- |
| *Conquérant* | 130/90 | Dématé (sauf mât d'artimon), capturé le 1er août à 21 heures, et intégré dans la Royal Navy sous le même nom. |
| *Spartiate* | 65/150 | Dématé (sauf mât d'artimon), capturé le 1er août à 23 heures, intégré dans la Royal Navy sous le même nom. |
| *Aquilon* | 87/123 | Dématé, capturé le 1er août à 21h30, intégré dans la Royal Navy sous le nom Aboukir |
| *Peuple Souverain* | 96/150 | Presque submergé, dématé (sauf mât d'artimon), capturé le 2 août à 4h30 après avoir cessé le combat à 23 heures et intégré dans la *Royal Navy* comme ponton à Gibraltar sous le nom de *Guerrier* |
| *Franklin* | Env. 400 | Dématé (sauf mât de misaine), capturé le 1er août à 23h45 et intégré dans la R N sous le nom de *Canopus* |
| *Orient* | 800 | Explosion le 1er août vers 22h30. Destruction totale |
| *Tonnant* | 110/150 | Dématé, échoué, capturé le 3 août et intégré dans la Royal Navy sous le même nom. |
| *Heureux* | 19/53 | Échoué le 2 août et capturé. Incendié par les Anglais le 16 août |
| *Mercure* | 105/148 | Échoué et capturé le 2 août à 18 heures. Incendié par les Anglais le 18 août |
| *Guillaume Tell* | | Échappé le 2 août, intact |
| *Généreux* | | Échappé le 2 août, intact. |
| *Timoléon* | | Échoué volontairement et incendié par son équipage le 3 août. |
| *Sérieuse* | | Frégate coulée, capturée le 2 août à 3 heures du matin |
| *Artémise* | | Frégate échappée volontairement et incendiée par son équipage |
| *Diane* | | Frégate échappée le 2 août. Intacte |
| *Justice* | | Frégate échappée le 2 août. Intacte |
| *Hercule* | | Galiote à bombes, échouée et incendiée par son équipage le 15 août |
| *Fortunatus* | | Aviso capturé par les Anglais le 12 août. |
| TOTAL | **2420 (1552-864)** | |

*Sources.* Michèle Battesti, *La bataille d'Aboukir. 1798*, p. 119.

## *Les tués et blessés français*

| **Bâtiment** | **Commandant** | **État** |
|---|---|---|
| *Orient* | vice-amiral Brueys d'Aigalliers | Tué |
| *Orient* | chef de division Luce Casabianca | Tué |
| *Tonnant* | chef de division Aristide Dupetit-Thouars | Tué |
| *Heureux* | chef de division Jean-Pierre Étienne | Blessé |
| *Peuple Souverain* | capitaine de vaisseau Pierre-Paul Racord | Blessé grièvement |
| *Conquérant* | capitaine de vaisseau Étienne Dalbarade | Blessé grièvement |
| *Spartiate* | chef de division Maurice-Julien Emeriau | Blessé grièvement |
| *Mercure* | lieutenant de vaisseau Pierre-Philippe Cambon | Blessé |
| *Aquilon* | capitaine Antoine-René Thévenard | Tué |
| *Franklin* | contre-amiral Armand Blanquet du Chayla | Blessé |
| *Franklin* | capitaine de vaisseau Maurice Gillet | Blessé grièvement |

*Ci-contre.*
Les matelots français, depuis les huniers, tirent sur leurs adversaires.
*(Gravure de Detaille, collection particulière, droits réservés)*

Une autre caricature anglaise évoquant, cette fois, la vie particulièrement difficile à bord des vaisseaux de guerre britanniques. Les relations entre les marins et leurs officiers, malgré une discipline de fer, souvent injuste, avaient mené à une série de mutineries dans la flotte de la Manche une année auparavant. *(Gravure de Detaille, collection particulière, droits réservés)*

*Page suivante, de haut en bas.* L'agonie du *Tonnant*, écrasé par les canons anglais. *(Gravure de Detaille, collection particulière, droits réservés)*

Une autre vue de la bataille à la fin de l'engagement. Au centre, *l'Orient* en flammes. La destruction d'un des plus gros vaisseaux de ligne français par des unités plus petites a marqué les esprits de l'époque. *(Thomas Whitcombe, National Maritime Museum, Greenwich, coll. particulière, droits réservés)*

*La Porte [*le gouvernement turc*] de nous déclarer la guerre, il relance celle qui avait été difficilement éteinte avec l'empereur d'Allemagne, ouvre la Méditerranée aux Russes et les installe à nos frontières ; il occasionne la perte de l'Italie et des possessions inestimables de l'Adriatique, dues aux campagnes victorieuses de Bonaparte ; et généralement, il a fait avorter tous nos projets, car il n'était plus possible désormais de rêver gêner les Anglais aux Indes. Ajoutez à cela que le peuple d'Égypte, que nous souhaitons considérer comme ami et allié, devient instantanément ennemi ; et entièrement entourés de Turcs, nous nous trouvons nous-mêmes engagés dans la guerre défensive la plus difficile, sans entrevoir le moindre avantage que nous pourrions en retirer.* »

Cependant, la défaite française a déjà eu des répercussions en Méditerranée : à Malte, la population s'est soulevée contre la garnison française et le général Vaubois, qui s'est retranché dans la citadelle, doit soutenir un siège terrestre renforcé par un blocus maritime qui interdit aux navires rescapés d'Aboukir toute sortie. C'est le 28 octobre 1798 (7 brumaire an VII), que les Anglais s'empareront de l'île de Gozo, voisine de Malte. Vaubois capitulera le 5 septembre 1800.

Chez les Turcs, la nouvelle de la défaite française est connue à Constantinople le 12 août. Le nouveau grand vizir Youssouf Pacha, qui est hostile aux Français, se rapproche de la Russie car il voit dans cet événement l'occasion pour La Porte de rétablir son autorité sur un territoire nominalement vassal et qui s'était « émancipé » avec Ibrahim-Bey.

Le 2 septembre 1798 (16 fructidor an VI), le chargé d'affaires français Ruffin et tout le personnel de l'ambassade sont arrêtés et emprisonnés.

Une semaine plus tard, le 9 septembre (23 fructidor), la Turquie déclare la guerre à la France et, dix jours plus tard, s'allie à l'Angleterre.

# 12 Les Français s'installent

Lasalle à la tête des cavaliers du 22e chasseurs dégagent le général Desaix en mauvaise posture pendant la combat de Saleyeh.
*(Dessin de J. Girbal, in* Lasalle *par le Docteur François Guy Hourtoulle, collection particulière, droits réservés)*

Le 2 août, le général Leclerc se rend sur la route de Belbeïs afin d'éclairer celle menant au Caire. Il doit aussi faire parvenir à Bonaparte toutes les nouvelles dont il a connaissance. Ce jour-là, il est attaqué à El-Kanqah par 400 mamelouks et arabes que plusieurs décharges d'artillerie mettent en fuite. Le 5 août, la division Reynier le rejoint et occupe El-Kanqah et Bonaparte, parti vers l'est à la poursuite d'Ibrahim-Bey avec les divisions Bon, Reynier et Menou, y transporte son quartier général à partir du 8 août.

Le 9, les avant-gardes françaises signalement le campement d'Ibrahim-Bey vers Belbeïs, mais c'est finalement à Saleyeh le 11 août que les cavaleries sont rejointes. Guides à cheval, chasseurs du 22e et hussards du 7e bis, attaquent avec détermination l'arrière-garde des mamelouks. Les Français sont à un contre cinq. Le 3e dragons s'avance ensuite et, par une fusillade bien dirigée, il force les mamelouks à se retirer en abandonnant deux pièces de canon ainsi qu'une cinquantaine de chameaux chargés de tentes et d'autres effets. Après cet engagement, Ibrahim-Bey se dérobe et gagne la Syrie.

Les Français comptent une quarantaine de tués et blessés dans cette action. Le général Reynier fortifie la position et en fait une base d'opérations en vue d'une future expédition en Syrie.

Le 10, 3000 à 4000 Arabes rassemblés à l'instigation des agents d'Ibrahim-Bey, se portent sur Mansourah, à une centaine

1. Française depuis peu, l'île sera assiégée en novembre 1798 par une flotte russo-turque, suite au désastre d'Aboukir et capitulera le 3 mars 1799.
2. Au Directoire exécutif, correspondance No 2857

de kilomètres au nord-est du Caire. L'endroit n'est gardé que par une compagnie d'infanterie et 60 dragons chargés de lever une réquisition de chevaux. Après une résistance opiniâtre et la perte de quelques hommes, le détachement français se fraie un passage à la baïonnette, traverse le Nil sur un bateau et fait retraite sur la rive droite en remontant vers Le Caire.

Le 13 août, Bonaparte est de retour au Caire. Le lendemain, un aide de camp de Kléber, venu d'Alexandrie, vient lui apprendre la nouvelle du désastre d'Aboukir. Le 18 août 1798 (1er fructidor an VI), il écrit au Directoire: « *Citoyens Directeurs, je vous ai expédié, par cinq ou six courriers différents, la nouvelle de la prise d'Alexandrie, de la bataille des Pyramides, de la prise du Caire et de nos derniers succès de terre, ainsi que le dernier événement arrivé à notre escadre.*

*Le général Villeneuve, qui est avec le* Guillaume-Tell, Le Généreux *et les frégates* La Diane *et* La Justice, *m'écrit, de la hauteur du cap Kelidonia, qu'il se rend à Malte. Je lui ordonne de faire tout ce qu'il pourra pour y réunir les trois vaisseaux vénitiens et les deux frégates vénitiennes qui sont à Toulon avec les deux vaisseaux et les frégates qui sont à Malte. Si toutes ces forces s'y réunissaient, cela nous ferait une escadre de sept vaisseaux de guerre et de cinq frégates à Malte.*

*J'envoie l'ordre aux trois vaisseaux de guerre qui sont à Ancône de se rendre à Corfou, où il y en a également un; ce qui, joint aux deux que nous avons à Alexandrie, nous ferait six vaisseaux de guerre et six frégates.*

*Presque tous nos équipages sont à Alexandrie. Les Anglais ont rendu tous les prisonniers, hormis quelques officiers.* [...] *Donnez, je vous prie, des ordres à Toulon et à Ancône, pour que les vaisseaux qui sont dans ces deux ports se rendent, à la première occasion favorable, à Malte et à Corfou. Envoyez 300 000 livres à Ancône, 500 000 à Malte, 500 000 à Corfou*[1].

*Envoyez-moi quelques bons officiers de marine à Ancône pour commander ces trois vaisseaux, et ordonnez au général Brune de mettre de bonnes garnisons dessus, car ce ramassis de marins ne veut pas se battre; il ne faut compter dessus que pour la manœuvre.*[2] » En date du 4 novembre, il reçoit une réponse, dictée par l'amiral Bruix, ministre de la Marine: « *Aussi longtemps que la Méditerranée sera occupée par les Anglais et les Russes, il sera impossible d'établir avec vous des communications suivies et de vous faire passer des renforts d'hommes et de munitions* ».

Cela n'empêche pas la poursuite des opérations militaires. De son côté, Desaix marche vers le sud à la poursuite de Mourad-Bey à la tête de trois demi-brigades; la 61e, la 88e et la 21e légère, soit 3 000 hommes et deux canons de 5. Une partie de son infanterie est embarquée sur des bateaux qui remontent le Nil jusqu'à Beni-Souef, à environ 60 km au sud du Caire, où sa division se regroupe le 30 août.

*Ci-dessous.*
La Mosquée du Sultan Hassan au Caire.
*(Gravure de Karl Girardet, collection particulière, droits réservés)*

Les Français n'ont pas que bataillé en Égypte. Les travaux d'irrigation ou de terrassement sur le Nil ont, dès le début de l'expédition, été au cœur des préoccupations de Bonaparte, comme on peut le voir ici. Le Général Bonaparte ordonne la rupture de la digue du Nil vers Le Caire pour que les navires puissent y naviguer en août 1798.
Le Nil et ses crues sont essentiels depuis la nuit des temps à l'agriculture égyptienne. *(Gravure de la fin du XIX^e^ siècle, collection particulière, droits réservés)*

Le 6 septembre, le capitaine Rapp, aide de camp de Desaix, rejoint l'arrière-garde des mamelouks et s'empare de sept canons. Mais ce n'est que le 7 octobre (16 vendémiaire an VII) que se produit la confrontation. Les Français se forment en carrés d'environ 200 hommes. La charge des mamelouks se déclenche alors que le carré de droite finit par céder, ses hommes ralliant la masse principale. Les cavaliers repoussés, Mourad-Bey dévoile alors ses cinq canons qui menacent la formation serrée de Desaix. Celui-ci entraîne ses fantassins dans une charge qui enlève quatre des cinq pièces. Mourad s'enfuit alors, mais Desaix, privé de cavalerie, ne peut le poursuivre. Cette victoire donne à Desaix le contrôle de la région du Fayoum et lui ouvre la porte de la Haute-Égypte. Par la suite, ayant reçu d'importants renforts envoyés par Bonaparte, dont environ 1500 cavaliers conduits par le général Davout, il est désormais en mesure, à la mi-décembre 1798, d'entamer en 1799 la campagne qui le mènera aux confins de l'Égypte.

Le 10 septembre, le village d'El-Choarah (environs de Damiette) se révolte. Le 28, le général Vial, commandant de la province de Damiette, décide de l'attaquer à la pointe du jour. Les 10 000 hommes de l'ennemi sont alignés sur un seul rang et occupent tout l'espace du Nil au lac Menzaleh. Vial envoie une compagnie de grenadiers. Le village est alors emporté et livré aux flammes. Plus de 1500 Égyptiens sont tués ou noyés, tandis que, du côté français, on ne déplore qu'un mort et quatre blessés.

Pendant que ses lieutenants pacifient le pays, Bonaparte continue à mettre en place son administration. À son retour de Belbeïs, il crée au Caire, le 22 août, l'Institut du Caire ou d'Égypte dont Monge est le président.

Quelques jours plus tôt, le 18 août (1^er^ fructidor an VI), à l'occasion de la fête du Nil, devant une foule immense, Bonaparte, encadré par les autorités cairotes, se rend en cortège au nilomètre, instrument chargé de vérifier la hauteur des eaux. Lorsqu'on lui annonce que le bon niveau est atteint, il donne l'ordre d'ouvrir les digues ; le canon tonne, les musiques jouent des airs français et arabes et la population est en liesse. Des joutes navales ont lieu, des pièces d'or sont jetées à la foule. Le lendemain, fête de

*Ci-dessous.*
Intérieur cairote : le mamelouk et son épouse.
*(Collection particulière, droits réservés)*

l'Aït el Khébir, il mêle le religieux au païen ou prières, danses, banquets et concerts se succèdent et qu'à la nuit tombée un splendide feu d'artifice est tiré. Une fête encore plus importante sera donnée à l'occasion du nouvel an républicain, le 22 septembre 1798 (1er vendémiaire an VII) où se mêlent bonnet phrygien et croissant, la République et la religion d'Allah, les droits de l'homme et le Coran, des airs révolutionnaires et la musique arabe.

Mais, pour les Égyptiens, les Français sont vus comme des conquérants et des impies, et bien que Bonaparte protège les pèlerins qui se rendent à La Mecque, qu'il fasse régner la justice et exige de ses lieutenants une honnêteté scrupuleuse, l'active propagande anglaise engage ses habitants à ne pas pactiser avec une domination provisoire. De plus, les mamelouks, bien que battus et dispersés, gardent des intelligences dans le pays et la déclaration de guerre du Sultan à la France (9 septembre) a fait des anciens maîtres de l'Égypte des auxiliaires précieux puisqu'ils combattent les Français.

*Ci-dessous.*
Le général Bonaparte préside le diwan du Caire au milieu des chefs égyptiens.
*(Collection particulière, droits réservés)*

# 13 la révolte du Caire

*Ci-dessus.*
La révolte du Caire.
Aux premières heures de l'insurrection comme lors de la reprise de la ville par les troupes françaises, les combats furent impitoyables.
*(Collection particulière, droits réservés)*

Le 9 septembre 1798 (23 fructidor an VI), la Porte a déclaré la guerre à la France. Le fanatisme religieux et l'excitation à la révolte provoquent au Caire une formidable insurrection.

Profitant du mécontentement créé par l'application du droit d'enregistrement – un impôt totalement inconnu en Orient –, ainsi que par les mesures d'assainissement prises au Caire et l'autorisation faite aux Juifs et aux Coptes de monter à cheval et de porter des armes, faisant courir le bruit les plus fantaisistes sur de prétendues victoires de mamelouks, les agents turcs et anglais, aidés par les imams et les muftis, vont pousser les habitants à la révolte en attisant leur fanatisme religieux.

Le 21 octobre (30 vendémiaire an VII), lors de l'appel à la prière du matin, les muezzins montent comme d'habitude dans leurs minarets. Mais, au lieu d'exhorter les fidèles à la prière, ils lancent l'appel à la guerre sainte. Des groupes armés se forment.

Le *Cadi* (juge de paix et notaire chez les Musulmans), connu pour ses sentiments francophiles, est assommé et son palais incendié. Les Français isolés sont assassinés, les commerçants européens voient leurs boutiques saccagées, les malades égorgés ; les Musulmans compromis avec l'occupant, molestés.

C'est le cas du cheik Muhammad Abu Al-Anwar El-Sadat, chef de la confrérie soufie des Sadat Wafariyya. Il est le vice-président du Diwan, il a délibérément pris parti contre Mourad-Bey dont il estime que les erreurs sont la cause principale de l'invasion des Français. Arrêté par les émeutiers, rasé, il est revêtu de l'uniforme d'un soldat français assassiné et vendu pour treize piastres au bazar le plus proche[1].

1. D'après Jacques Benoist-Méchin, *Bonaparte en Egypte*, in Jean Tranié, J.-C. Carmigniani, *Bonaparte, La campagne d'Egypte*, p. 146

Tout autour de la ville, les Bédouins prêts au pillage commencent à se rassembler. Le général Dupuy, gouverneur de la place depuis juillet 1798, mal renseigné, pense avoir affaire à quelques troubles localisés et se contente d'envoyer des patrouilles pour rétablir le calme.

C'est alors que lui parvient la nouvelle de l'assassinat des ingénieurs des Ponts et Chaussées Thévenot et Duval, tués alors qu'ils défendaient la maison du général Caffarelli, en visite d'inspection avec Bonaparte. Dupuy fait prendre les armes à la 32^e^ demi-brigade, mais sans attendre son arrivée, s'élance suivi d'un piquet de guides sur un groupe de manifestants venus lui barrer la route. Un coup de lance le blesse grièvement; il tombe alors de cheval, mais au moment où il est dégagé par son escorte, il s'évanouit et meurt en perdant son sang par une artère sectionnée. La nouvelle de sa mort se répand dans la ville.

Le général Bon prend alors le commandement des troupes et fait dégager les artères principales à coups de canon. Les insurgés se replient vers la mosquée d'Al-Azhar et en ferment l'accès par des barricades. Bonaparte, alerté par les fumées et le bruit du canon, revient précipitamment. Il fait dégager le quartier général et prend ses dispositions pour réduire l'insurrection le lendemain car la nuit tombe.

Le jour suivant, lorsque l'aube pointe, Bonaparte décide d'isoler la ville en faisant prendre position hors les murs à des détachements qui ont pour mission de refouler les Bédouins. Puis, il s'attaque au foyer de la rébellion en faisant bombarder la grande mosquée par les canons de la citadelle, tandis que convergent vers elle les colonnes d'infanterie. Bonaparte, donne une fin de non-recevoir à une délégation envoyée par les rebelles. Le bombardement continue écrasant les révoltés qui cherchent leur salut dans la fuite mais viennent s'embrocher sur les baïonnettes françaises. Vers huit heures du soir, les chefs de l'insurrection s'avancent sans armes et, face contre terre, crient miséricorde. Bonaparte accepte enfin et les derniers irréductibles, pour ne pas tomber aux mains des Français, se jettent des minarets. Sept cents à huit cents Turcs périssent tandis que les troupes françaises perdent 250 hommes. Le chef de brigade

*Double page suivante.* Le 21 octobre 1798, la révolte du Caire est le théâtre de très violents combats de rue. *(Esquisse de Anne Louis Girodet, collection particulière, droits réservés)*

*Ci-dessous.* Les grenadiers des demi-brigades d'infanterie nettoient les faubourgs du Caire pendant que les chasseurs à cheval, sabre au clair, pourchassent les révoltés dans les rues de la cité égyptienne. *(Collection particulière, droits réservés)*

Bonaparte à la grande mosquée al-Azhar, dernier refuge des insurgés du Caire. La posture du général en chef traduit bien la volonté française de mater la révolte. *(Toile de Henri Léopold Lévy, Mulhouse Musée des Beaux-arts, photo collection particulière, droits réservés)*

Sulkowski, le héros d'Arcole, figure au nombre des victimes[3].

Abdel Rahman el-Gabarti (1754-1825), ouléma et représentant de l'élite religieuse musulmane et culturelle du Caire, relate ainsi les faits : « *Quand les habitants* (du Caire, N.D.A) *eurent pris connaissance de ce nouveau règlement* (les impôts sur la propriété immobilière, N.D.A.), *la majeure partie ne dit rien et s'inclina devant le destin. D'autres, se réunirent bruyamment. Ces derniers furent imités par quelques cheiks qui ne prévoyaient pas les conséquences de leur révolte et avaient oublié qu'ils étaient des chefs. Les groupes grossissaient donc, mais il n'y avait pas de chef pour les guider. Ils sortirent les armes cachées et dimanche la révolte éclata. À la tête du petit peuple du quartier Husseiniah et de ses environs, se mit le said Badri. Tous se dirigèrent alors vers la maison du cadi en criant « Que Dieu donne la victoire à l'Islam ! »*. Le cadi, voyant cette foule, eut peur des conséquences de cette révolte. Il ferma la porte de sa maison et la fit surveiller par ses gens pour empêcher la foule d'y pénétrer. Les révoltés commencèrent alors à jeter des pierres contre la maison ; le cadi prit peur et tenta de se sauver, mais ne parvint pas à sortir.

*Au même moment, une grande foule se rassemblait à El-Ahzar* (la grande mosquée du Caire, N.D.A.). *À la nouvelle de l'insurrection, le général Dupuy, à la tête de ses soldats, se dirigea alors vers le quartier Goriah et de là au quartier Sanadkiah, avant de se rendre chez le cadi. Voyant la foule, il prit peur et voulu s'enfuir. Mais les révoltés, furieux, se précipitèrent sur lui et sur ses soldats et le criblèrent de coups. Il fut tué avec beaucoup des soldats qui l'accompagnaient. Après cet incident, un mouvement considérable se diffusa parmi les musulmans qui partirent occuper les diverses portes de la ville* [...]. *Seul Le Caire était en état d'agitation ; les autres localités étaient calmes. Le Vieux Caire et Boulaq restaient tranquilles parce que voisins des casernes françaises. Quand les troupes françaises apparurent du côté de Moukhia, ils firent feu sur les Maghrébins du quartier Fahamine. Ceux-ci ripostèrent et parvinrent à faire reculer les soldats. Ce succès augmenta l'ivresse de la population qui, outrepassant les limites, commit toute sorte d'excès : saccages des maisons des chrétiens syriens, des Coptes et même de quelques musulmans, agressions envers femmes et enfants. Ceci dura toute la nuit sans que personne chez les révoltés ne pense aux conséquences de ces actes. Le lendemain matin, les canons français étaient en batterie sur les collines de Barkia et sur la Citadelle* ».

Bonaparte, qui ne veut pas abandonner sa politique de conciliation, décide d'accorder son pardon. Seuls seront punis les pillards et les responsables de crimes de sang. Le 23 octobre (2 brumaire au VII), il écrit à Berthier : « *Vous voudrez bien, citoyen général, donner l'ordre au commandement de la place* (le chef de brigade Destaing[4], N.D.A.), *de faire couper le cou à tous les prisonniers qui ont été pris les armes à la main. Ils seront conduits cette nuit au bord du Nil, entre Boulak et le Vieux-Caire ; leurs cadavres sans tête seront jetés dans la rivière* [5]». Quant aux cheiks convaincus de trahison, ils sont décapités ; comme le sont les indigènes qui ont massacré des blessés français ou ceux pris en flagrant délit de meurtre ou de pillage. Six parmi les onze cheiks convaincus d'être responsables du soulèvement faits

3. Joseph Sulkowski (vers 1770-1798) est descendant d'une illustre famille polonaise. Remarqué par Bonaparte durant la campagne d'Italie. Blessé au combat de Salahieh, il est capitaine, puis chef d'escadron à l'armée d'Orient et aide de camp de Bonaparte. Il est nommé à l'Institut d'Egypte en raison de ses connaissances de l'arabe et préparant avec Desgenettes un dictionnaire franco-arabe. Le 22 octobre, il est envoyé avec une quinzaine de guides de Bonaparte sur le chemin de Belbeïs où il avait dispersé des émeutiers, il rentrait en ville lorsqu'il se heurta à l'une des portes de la ville à un important rassemblement. Alors qu'il s'élançait à la tête de ses cavaliers sur la multitude, son cheval glissa et s'abattit renversant Sulkowski qui fut massacré ainsi que dix de ses cavaliers.

4. Jacques Zacharie Destaing (1764-1802) est d'abord chef de brigade à la division Bon, nommé général de brigade après la prise du Caire en récompense de sa vaillante conduite. Le 22 octobre, il est nommé commandant au Caire après la répression de la révolte d'octobre 1798 qui a coûté la vie au général Dupuy.

5. Au général Berthier, correspondance, No 3529

Ci-dessous.
Bonaparte entrant au Caire
*(Sculpture de Jean Léon Gérôme, Musée d'Orsay, Sénat, photo collection particulière, droits réservés)*

Page suivante.
Le bivouac au Caire.
Fantassin de la Légère, grenadiers et fusiliers préparent le fricot au milieu de la population civile.
*(Aquarelle de Maurice Orange, collection particulière, droits réservés)*

prisonniers furent décapités, ainsi que tous les hommes de la tribu de Bédouins qui avaient massacré un convoi de vingt et un malades de la division Reynier venant de Belbeïs. De plus, sachant qu'une partie importante de la population cairote ne s'est pas jointe aux émeutiers, celà encourage Bonaparte à faire preuve de clémence.

Toutefois, cela ne l'empêche pas de donner des ordres stricts pour que les hommes ne s'éloignent plus de leurs quartiers seuls et sans armes et rallient immédiatement leurs unités en cas de troubles dans la ville. De plus, il fait construire des forts prêts à tenir la ville en respect sous le feu de leurs canons et arme des chrétiens orientaux en créant des compagnies locales.

Enfin, pour éviter tout motif d'irritation de la part des habitants, il prescrit de toujours s'abstenir de faire irruption et des dégradations dans les maisons indigènes. Le Diwan du Caire[6] (le conseil créé par Bonaparte, chargé de gérer et de faire régner l'ordre ; il est surveillé par un commissaire français et il en a été créé un pour chaque province) est supprimé pour en revenir à l'administration directe, avant de le rétablir dans la perspective du rapprochement.

Le 23 octobre (2 brumaire an VII), Bonaparte écrit au général Marmont, commandant les troupes de la province de Bahireh (nord-ouest du Caire) :

« *Nous avons eu hier et avant-hier beaucoup de tapage ici ; mais tout est aujourd'hui tranquille. Le général Dupuy a été tué dans une rue, au premier moment de la révolte ; Sulkowski a été tué hier matin. J'ai été obligé de faire tirer des bombes et des obus sur la grande mosquée, pour soumettre un quartier qui s'était barricadé : cela a fait un effet très considérable. Plus de quinze obus sont entrés dans la mosquée. Nous avons eu en différents points 40 ou 50 hommes de tués. La ville a eu une bonne leçon, dont elle se souviendra longtemps, je crois.*[7] »

Et à Menou : « [...] *Les barricades sont levées, la mosquée où était le point de rassemblement des rebelles est occupée par nos troupes et tout est aujourd'hui fort tranquille.* [...][8] ».

Ci-dessous.
Bonaparte pardonnant aux révoltés du Caire
*(Toile de Pierre Narcisse Guérin, collection particulière, droits réservés)*

# 14 La fin de l'année 1798

Bonaparte arrivant dans une oasis égyptienne.
*(Huile sur toile de Robert Alexander Hillingford,* Photo *© Bonhams, London, UK / Bridgeman Images)*

Malgré les lettres du général en chef – toutes positives et optimistes –: « *Nous avons eu ici une insurrection assez vive; mais tout est actuellement plus tranquille que cela ne l'a jamais été* »[1], les Directeurs en général, et Barras en particulier, s'inquiètent.

Les premiers parce qu'ils sont hantés par l'idée d'avoir mauvaise conscience de n'avoir rien fait pour « délivrer » Bonaparte et l'armée d'Orient de cette mauvaise passe; le second parce qu'ayant été un chaud partisan de l'expédition, il souhaite en retirer les fruits financiers. De son côté, Bruix a tiré un tableau accablant de la situation en Méditerranée: « *À l'exception du* Guillaume-Tell *et du* Généreux, *il ne nous reste plus que des vaisseaux maltais et vénitiens; les premiers ne sont pas armés, les autres sont disséminés à Ancône, Corfou et Toulon; en général leur construction vicieuse, leur peu de stabilité, la médiocrité de leur échantillon ne permettent pas de les employer comme bâtiments de guerre* »[2].

Le Directoire, conscient de la situation critique de l'armée d'Orient, tentera, le 4 octobre, d'envoyer une escadre

1. Lettre au Directoire exécutif, 21 novembre 1798, correspondance No 3755.
2. Cité par Michèle Battesti in La bataille d'Aboukir, op.cit., p. 142.
3. Lettre au Directoire exécutif, Correspondance No 3439

de secours, confiée au vice-amiral Pléville-Le-Pelley, ex-ministre de la Marine, et composée de trois vaisseaux ex-vénitiens. Mais les vaisseaux s'avérèrent en très mauvais état, faisant eau de toutes parts et desservis par des équipages sans entraînement.

Après un mois de croisière stérile, l'escadre rallie Ancône pour n'en plus sortir. Ignorant ces dispositions, Bonaparte insiste auprès du Directoire, le 7 octobre, pour qu'il concentre toutes les forces navales françaises en Méditerranée :

« *Si vous ne pouvez rien faire en Irlande, peut-être serait-il convenable de porter dans la Méditerranée toute la guerre maritime. Cette guerre serait plus difficile et plus coûteuse pour l'Angleterre : il faudrait qu'elle nourrît trente vaisseaux au fond de l'archipel, tandis que l'Égypte, Corfou, Malte, l'Italie nous donnent mille moyens.* »

En attendant, il continue la pacification et la modernisation de l'Égypte comme si rien ne s'était passé.

Quant au citoyen Barras, il soutient l'avis de Bonaparte et demeure un fidèle partisan de l'Expédition d'Égypte, partage l'avis de Bonaparte et soutient la combinaison navale préconisée.

Bruix, qui est également ministre de la marine, estime l'entreprise risquée mais gagnable. Aucun obstacle ne s'oppose

Le Nil et la ville de Rosette à la fin du XVIIIe siècle. *(British Museum, photo collection privée, droits réservés)*

*Ci-contre, de haut en bas.*
Vue du Sphinx et de la Grande pyramide, prise du sud-est par, le dessinateur Nicolas Conté.
*(Esquisse, collection Thénard, droits réservés)*

Vue du Caire depuis le désert.
*(Gravure d'époque, collection particulière, droits réservés)*

Le régiment des dromadaires, créé à la fin de 1798, a fortement impressionné les illustrateurs et les peintres du XIXe siècle ; Voici l'interprétation de JOB.
*(Gravure de Job, collection particulière, droits réservés)*

donc plus à l'organisation de l'expédition de secours et un arrêté du 19 décembre (29 frimaire an VII), ordonne que l'armée navale de l'Océan (25 navires) soit « *équipée, approvisionnée et mise en état de prendre la mer dans le plus bref délai possible* ». Pour donner le plus de chances possible à cette initiative, le Directoire prend langue avec ses voisins disposant d'une marine en état de se confronter avec la *Royal Navy*.

C'est d'abord les Hollandais à qui il est demandé de recourir à la stratégie indirecte en simulant un armement pour attirer l'attention des Anglais sur la mer du Nord. Puis vient le tour des Espagnols.

Dans les calculs du Directoire, ceux-ci ont tout intérêt à se joindre à l'escadre française en formation à cause de leurs intérêts en Méditerranée et leur désir de reconquérir Minorque, reprise par les Anglais le 6 novembre 1798. Mais le projet ne prendra un tour positif que le 23 janvier 1799, lorsque le général Championnet s'emparera de Naples.

Sur place, le général en chef poursuit sa politique d'assimilation. Il met sur pied des unités indigènes comme la légion copte, la légion grecque, un bataillon de chasseurs d'Orient composé d'Égyptiens et envisage même la création d'unités soudanaises dont Desaix, alors en Haute-Égypte, lui vante les mérites.

Il va également créer les dromadaires d'Égypte (9 janvier 1799), alors qu'il se rend à Suez, ville qu'il a fait occuper le 1er décembre par le général Bon.

Le 21 décembre (1er nivôse an VII), il rétablit le Diwan du Caire qui avait été dissous lors de l'insurrection.

Trois jours plus tard, le 24 décembre, il part pour Suez avec une escorte de cent guides à cheval, deux cents guides à pied et un canon, où il arrive le 26 avec une petite troupe – le général Andréossy, Berthollet le physicien, Fourier ingénieur en chef, Redouté un peintre, ainsi que des officiers du génie et des ingénieurs civils) – qu'il emmène le 28 aux sources dites de « la fontaine Moïse », située sur l'autre rive de la mer Rouge, à une douzaine de kilomètres au sud-est de la ville.

Le 31 décembre 1798 (11 nivôse an VII), Bonaparte quitte Suez pour rentrer au Caire et prépare la campagne de l'année qui vient.

Depuis deux jours, depuis le 29 décembre donc, une alliance a été signée entre la Russie de Paul Ier et l'Angleterre, ce qui permet à escadre russe de la mer Noire de déboucher en Méditerranée ; alliance à laquelle s'est jointe le royaume de Naples.

Cela signifie une nouvelle coalition et donc, pour la France, la nécessité d'une nouvelle campagne.

# La nouvelle infanterie d'Égypte

Tenue de début de campagne.

Fusilier de la 9e demi-brigade, selon Rigo.

Grenadier, selon Rigo.

Fusilier en capote, selon Rigo.

Adjudant sous-officier, selon Rigo.

Habit adopté pour la campagne d'Égypte.

Tambour, selon Rigo,en début de campagne.

Tambour, selon Rigo.

Sergent-major porte-drapeau.

Drapeau modèle 1794 du 3e bataillon, modifié en Égypte.

Officier subalterne.

Adjudant en manteau.

Fusilier selon H. Boisselier.

Musicien selon Knötel.

Tambour selon Rigo.

*La 9e demi-brigade en Égypte*

Habit.

Drapeau mle 1794 du 3e bataillon, modifié en Égypte.

Caporal selon Tanconville dans Le Passepoil.

Tambour selon H. Boisselier.

Grenadier selon H. Boisselier.

*La 75e demi-brigade en Égypte*

Officier subalterne.

Tambour selon L. Roussselot.

Fusilier selon Rigo.

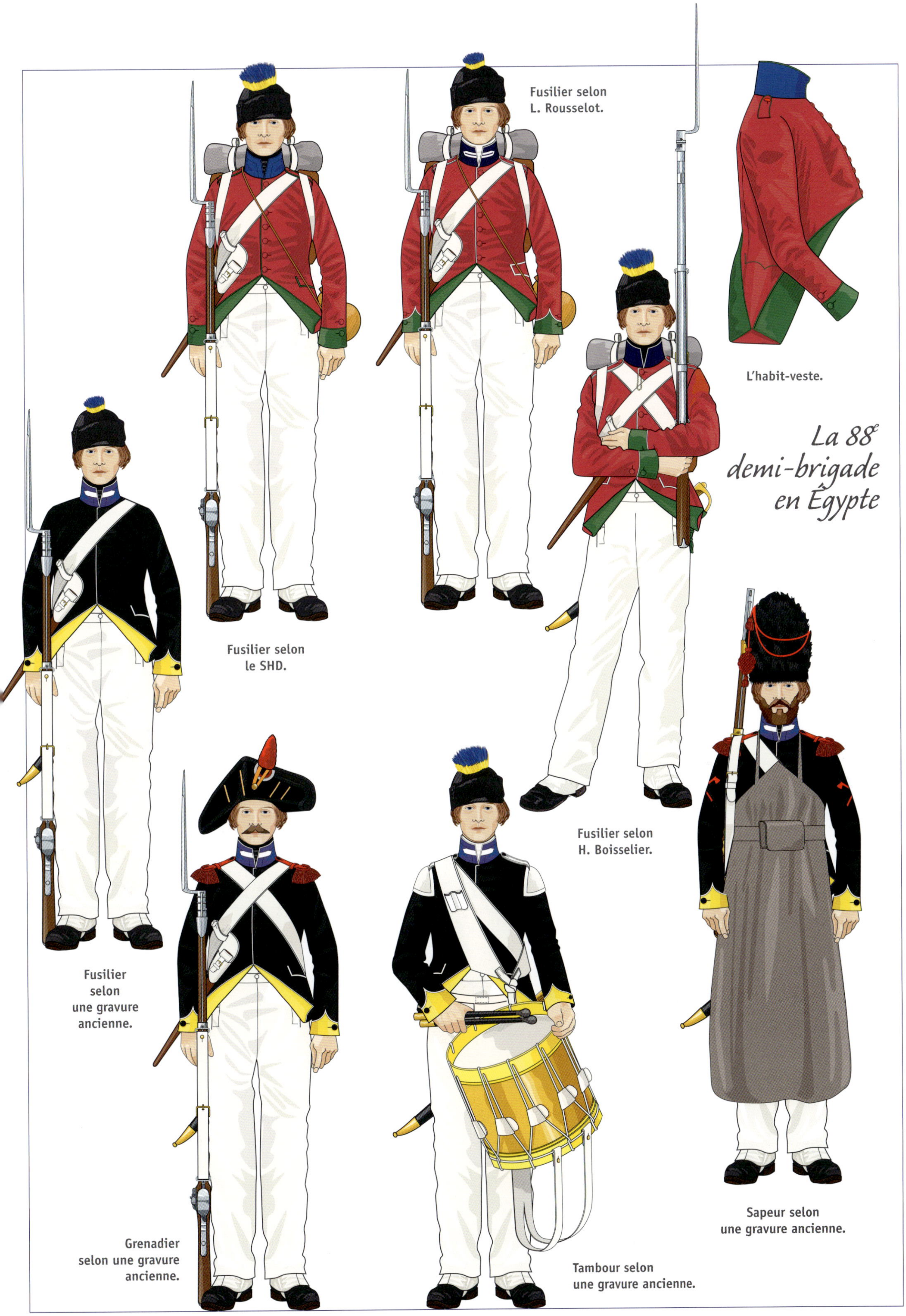

## La 88e demi-brigade en Égypte

Fusilier selon L. Rousselot.

L'habit-veste.

Fusilier selon le SHD.

Fusilier selon une gravure ancienne.

Fusilier selon H. Boisselier.

Grenadier selon une gravure ancienne.

Tambour selon une gravure ancienne.

Sapeur selon une gravure ancienne.

Devant les Pyramides, Bonaparte, entouré de son état-major, accompagné de Kléber et des savants de l'expédition, découvre la momie d'un roi.
*(Maurice Orange, collection particulière, droits réservés)*

# Les acteurs des campagnes

**Ball Alexander John,** 1er baron (Ebworth Park [Angleterre], 1757 – Malte, 25 octobre 1809).

Alexander Ball entre dans la Royal Navy le 7 août 1778 et est promu lieutenant. Il est capitaine le 20 mars 1783. Avec la paix, il fut mis à la demi-solde et vécut une année en France, espérant apprendre le français. En 1790, avec la Révolution, Ball reçut un commandement et fut employé en continuation. En mai 1798, il commande le *HMS Alexander* en Méditerranée. Au cours de la bataille d'Aboukir, son navire fut le second à faire feu sur l'*Orient*.

**Baraguey D'Hilliers Louis** (Paris, 13 août 1764 – Berlin, 6 janvier 1813).

À la Révolution, Baraguey d'Hilliers est lieutenant en second depuis le 23 juillet 1787. Il sera promu lieutenant en premier le 18 mars 1791; grade qu'il ne conserve que quelques mois, puisque démissionnaire le 1er mai de la même année. En 1792, on le retrouve capitaine au 11e bataillon d'infanterie légère puis, lieutenant-colonel à la Légion des Alpes et colonel 1er aide de camp du général Custine. Blessé au combat en janvier 1793, il est nommé général de brigade le 4 avril 1793 et chef d'état-major de Custine d'abord puis d'Alexandre de Beauharnais. Le 27 juin 1793, il est suspendu de ses fonctions puis arrêté le 28 juillet. Acquitté, il est réintroduit dans son grade et employé comme chef d'état-major de la 17e division militaire à Paris en mai 1795. Arrêté une seconde fois et démis de ses fonctions pour avoir refusé de désarmer le faubourg Saint-Antoine, il est réintégré et employé à l'armée des Côtes de Cherbourg, le 14 novembre 1795 puis à l'armée des Côtes de l'Océan, le 1er janvier 1796. À partir de cette date, il lie son sort à Bonaparte. Il sera de presque toutes les batailles de la Campagne d'Italie et sera élevé au grade de général de division le 10 mars 1797. En 1798, il est à l'armée d'Angleterre puis d'Égypte. Parti de Gênes le 9 mai 1798, il servit à la prise de Malte (10 juin). Chargé de porter au Directoire les drapeaux pris à l'ennemi, il est à bord de la frégate *La Sensible* lorsqu'elle est attaquée par les Anglais. Blessé, il jette à la mer drapeaux et dépêches dont il avait été chargé. Fait prisonnier, il est remis en liberté sur parole, destitué et réintégré (13 août 1798) à l'armée du Rhin comme chef d'état-major.

**Belliard Auguste-Daniel** (Fontenay-le-Comte, Vendée, 25 mai 1769 – Bruxelles, 28 janvier 1832).

En 1791, le fils du procureur ès cour royale de Fontenay, est élu capitaine au 1er bataillon de volontaires de la Vendée puis, en août 1792, adjoint aux adjudants généraux à l'état-major de Dumouriez. Suspendu après la défaite de Neerwinden (18 mars 1793), il est autorisé à servir aux frontières comme volontaire au 3e régiment de chasseurs à cheval (15 août 1794). Remis en activité comme général de brigade (10 septembre 1795). Le 22 février 1796, il est nommé à l'armée d'Italie puis, en juin,

chef d'état-major de la division Sérurier. Il participe à presque toutes les batailles de la Campagne et Bonaparte le nomme provisoirement général de brigade sur le champ de bataille le 18 novembre 1796; nomination confirmée le 6 décembre suivant. En 1798, il s'empare de Civitavecchia avant d'être envoyé en mission à Naples. Le 5 mars, il est désigné pour l'armée d'Égypte et sert à la prise de Malte le 10 juin puis à la prise d'Alexandrie, le 2 juillet suivant.

**Berry Edward, baron** (Londres, 1768 – Bath [Angleterre], 13 février 1831).

Le 20 janvier 1794, Berry est promu lieutenant de vaisseau et, en mai 1796, nommé sur le *HMS Agamemnnon* et devient commodore (*Commander*) le 12 novembre 1796. Il participe à la bataille du Cap Saint-Vincent (1797) et, le 12 décembre, il est nommé capitaine de vaisseau du *HMS Vanguard*. C'est lui qui sera aux côtés de Nelson lorsque celui-ci sera frappé par un schrapnel.

**Berthier Louis-Alexandre** (Versailles, 20. septembre 1753 – Bamberg [Bavière], 1er juin 1815).

Avec La Fayette, il se bat lors de la campagne d'Amérique avant de participer à la répression vendéenne. Nommé général de brigade en 1792, destitué puis suspendu un mois plus tard, il n'est autorisé à servir que comme volontaire à l'armée des Côtes de l'Ouest, le 11 mai 1793. Appelé à remplir les fonctions de chef d'état-major puis envoyé en mission à Paris le 1er juillet 1793, avant d'être automatiquement destitué puisqu'il n'avait pas été réintégré officiellement dans son grade; remis en activité comme général de brigade et chef d'état-major de l'armée des Alpes et d'Italie (5 mars 1795), nommé général de division (13 juin 1795). Après avoir servi comme chef d'état-major de Bonaparte durant la Première campagne d'Italie, il est nommé général en chef de l'armée d'Italie le 9 décembre 1797.

En 1798, il obtient le commandement de l'armée d'Italie, occupe Rome où il institue la République. Le 10 février 1798, il quitte la capitale aux sept collines en laissant le commandement de l'armée de Rome à Masséna tout en gardant le commandement de l'armée d'Italie. Le 10 mai 1798, il est nommé chef d'état-major de Bonaparte à l'armée d'Orient.

**Berthollet Claude-Louis** (Talloires [Savoie], 1748 – Arcueil, [Paris], 6 novembre 1822).

Lauréat en médecine à l'Université de Turin, il se rend ensuite à Paris où se déroulera l'essentiel de son activité de scientifique. Il se fait connaître, à partir de 1776, par la publication de nombreux mémoires et il est élu membre de l'Académie des Sciences à la place laissée vacante par la mort de Bucquet, en 1780. Il devient, en 1779, docteur-régent de la Faculté de médecine de l'Université de Paris.

Il est ensuite nommé directeur des teintures à la Manufacture royale des Gobelins en 1784, en remplacement de Macquer, membre de la commission des monnaies en 1792, membre de la commission d'agriculture en 1794, professeur de chimie à l'École normale de l'an III de janvier à mai 1795, et à l'École polytechnique à partir de décembre 1794. Il est nommé membre de l'Institut de France à sa création en 1795. Il concourt également avec Chaptal, Laplace et Monge à la création de l'École d'arts et métiers. Puis il part en Égypte au sein de la commission des sciences et des arts, où il entre à l'Institut d'Égypte dans la section de physique et est élu vice-président. Il en sera élu président l'année suivante.

Il fait d'importantes recherches sur le natron qui lui permettront d'élaborer sa théorie sur les affinités.

**Bessières Jean-Baptiste** (Prayssac [Lot], 6 août 1768 – Rippach [Saxe], 1er juin 1813).

Le 16 février 1793, Jean-Baptiste Bessières est sous-lieutenant; trois mois plus tard, le 10 mai, il est nommé lieutenant puis adjoint à l'adjudant-général Quesnel le 1er septembre de la même année. Le 8 mai 1794, il est capitaine au 22e chasseurs à cheval, avant de passer à l'armée d'Italie. Suite à l'affaire de Crémone, qui voit une attaque inopinée des Autrichiens surprendre Bonaparte et son état-major en plein déjeuner, il est choisi par Bonaparte pour commander la compagnie des guides du général en chef (5 juin 1796). Il se signale à la bataille de Rivoli (14 janvier 1797), puis à La Favorite deux jours plus tard.

Bonaparte le désigne ensuite pour porter à Paris les drapeaux pris aux Autrichiens. Le 9 mars 1797, Bessières est nommé chef de brigade et, en mai 1798, commandant des guides du général en chef de l'armée d'Orient.

Il restera en Égypte jusqu'au 22 août 1799; date à laquelle il rentre en France avec Bonaparte.

**Bladen Westcott George** (Honiton, [Angleterre], 24 avril 1753 – Aboukir, 1er août 1798).

Bladen Westcott servit dura la Révolution américaine et les guerres de la Révolution française. Promu capitaine le 1er octobre 1790 et commandant du bateau-amiral le *HMS London*. À la réforme du navire, Westcott fut mis à la demi-solde jusqu'à ce qu'il devînt le capitaine du navire amiral de Benjamin Caldwell, le *HMS Impregnable*, en septembre 1793. Il fit voile ensuite vers les Indes Orientales et revint en Angleterre en juin 1796. À la tête du *HMS Majestic*, il n'intervint que tardivement dans la bataille d'Aboukir, mais dans l'obscurité et la fumée, son bateau entra en collision avec l'*Heureux* et Westcott fut tué d'une balle de mousquet.

**Blanquet du Chayla Armand-Simon-Marie, chevalier de** (Marvejols [Lozère], 9 mai 1759 – Versailles, 29 avril 1826).

Capitaine de vaisseau en juillet 1792, il commande *le Tonnant* dans l'escadre de Truguet*. Blessé en Sardaigne, destitué comme noble, réintégré après Thermidor, il est adjoint du ministre de mai 1795 à avril 1797 puis contre-amiral en septembre 1796. Inspecteur général des côtes de la Méditerranée en mars 1798, il reçoit en avril, le commandement d'une division à bord du *Franklin* en partance pour l'Égypte et dirige en juin les opérations contre Malte. Gravement blessé à Aboukir, il est fait prisonnier.

**Bon Louis-André** (Romans [Drôme], 25 octobre 1758 – Haïfa, 19 mai 1799).

À la Révolution, Bon est, en 1792, élu lieutenant-colonel commandant le 1er bataillon de grenadiers de la Drôme, puis du 9e le 1er janvier 1793. Après avoir servi au siège de Toulon, il suit Dugommier à l'armée des Pyrénées-Orientales. Général de brigade à titre provisoire le 24 novembre 1794; grade confirmé le 13 juin 1795. A partir du 24 juillet 1795, il est en Italie avec la division Augereau. Nommé commandant de la 8e division militaire, il est envoyé à Marseille où il y fait cesser les troubles avant de partir à Tarascon dissiper une bande d'insurgés (déc. 1797). Le 30 mars 1798, il est désigné pour l'armée d'Orient où il commande les 9e et 85e de ligne à la division Reynier.

**Bons Jean-Louis de** (Lausanne, [Suisse], 9 octobre 1762 – Espagne, 1810).

Secrétaire puis président en janvier 1798 du comité de réunion, il est nommé, par les soldats, général des troupes vaudoises. Sur recommandation de Guillaume Brune, il devient général de la force armée du canton du Léman, le 20 février 1798 et prend part aux campagnes d'Helvétie. À partir d'octobre 1798, il est commandant de l'infanterie de la 1re légion helvétique et, l'année suivante,en deviendra le chef.

**Brueys d'Aigailliers François Paul de, vice-amiral** (Uzès, 12 février 1753 – Aboukir, 1er août 1798).

Lieutenant de la Marine royale sous l'Ancien Régime qui a participé à la guerre d'Indépendance des États-Unis, puis capitaine de vaisseau en janvier 1792, il participe aux expéditions de Truguet*. Destitué et arrêté comme noble en 1793, il est réintégré en 1795 et nommé chef de division, contre-amiral, commandant les forces navales de l'Adriatique sur le *Guillaume-Tell* (1796-1798). Remarqué par Bonaparte, il est vice-amiral en 1798, il est chargé du commandement de la flotte pour l'expédition d'Égypte. Après la prise de Malte le 10 juin 1798, il débarque les troupes à Alexandrie. Il est tué à Aboukir, en août 1798.

**Brune Guillaume-Marie-Antoine** (Brive-la-Gaillarde [Corrèze], 13 mai 1763 – Avignon, 2 août 1815).

Étudiant à Paris, il adhéra avec enthousiasme aux idées révolutionnaires et fut un disciple de Danton avec qui il fonda le club des Cordeliers. Sa carrière militaire débute en 1791 en intégrant la garde nationale de Paris, puis le 2e bataillon de volontaires de Seine-et-Oise. En 1792, il est adjudant-général, chef de brigade à l'état-major de Dumouriez. Général de brigade le 18 août 1793, après avoir écrasé, à Pacy-sur-Eure, l'armée girondine de Wimpfen. Il sert ensuite en Italie où Bonaparte le nomme général de division le 17 avril 1797. Il commande l'armée d'Helvétie puis d'Italie à la place de Berthier. En octobre 1798, il quitte ce poste pour remplacer Hatry* à la tête des troupes françaises. Ambassadeur à Bruxelles, il rentra en France et s'engagea dans l'armée. Général de brigade, il est en 1796 nommé général de division puis commandant en chef de l'armée d'Italie, gouverneur de Milan (janvier - 25 février 1798), puis d'Helvétie (mars-octobre 1798). Il sert ensuite en Batavie et remporte la bataille de Bergen (19 septembre 1799). Le 25 décembre 1799, il est nommé conseiller d'État.

**Caffarelli du Falga Louis-Marie-Joseph-Maximilien** (Le Falga [Hte-Garonne], 13 février 1756 – Saint-Jean-d'Acre, 27 avril 1799).

Le 1er avril 1791, Caffarelli est nommé capitaine avant d'être attaché à l'armée du Rhin. Le 18 août 1792, il est suspendu de ses fonctions pour avoir refusé de prêter serment au nouveau gouvernement et

rattaché au ministère de la Guerre entre octobre 1792 et février 1794. En 1795, il est à l'armée de Sambre-et-Meuse avant d'être à nouveau suspendu et réintégré comme général de brigade le 20 novembre 1795. En décembre de la même année, il eut la jambe gauche emportée par un boulet. Nommé général de brigade le 17 décembre, il rejoignit l'armée de Sambre-et-Meuse avec une jambe de bois (1796). Le 12 janvier 1798, il est nommé à la tête du génie de l'armée d'Angleterre, puis de l'armée d'Orient (17 avril).

**Carteaux Jean-François** (Gouhenans [Haute-Saône], 31 janvier 1751 – Paris, 12 avril 1813).

En juin 1792, Carteaux est à l'armée du Midi. Le 7 septembre, il est adjoint aux adjudants généraux du camp de Meaux et, un mois et demi plus tard, adjudant général, lieutenant-colonel surnuméraire sans solde. Le 15 mai 1793, il est adjudant général chef de brigade employé à l'armée des Alpes puis est nommé provisoirement général de brigade le 21 juin 1793. Confirmé dans ce grade le 17 juillet, général de division le 19 août, il entre à Marseille le 25 août 1793. Jugeant qu'il avait bien mérité de la patrie, la Convention le nomma, le 7 septembre, commandant en chef de l'armée destinée à réduire les rebelles du Midi, servit contre Toulon puis fut nommé commandant en chef de l'armée d'Italie le 13 septembre, poste qu'il refuse pour être nommé, le 23 octobre, commandant en chef de l'armée d'Italie et le 3 novembre de l'armée des Alpes qu'il commandera seule à

partir du 7 novembre 1793. Il fit arrêter le président du tribunal militaire qui se suicida et pour ce fait sera destitué et incarcéré, du 24 décembre 1793 au 8 août 1794. Le 26 novembre, il est réintégré et employé à l'armée des Côtes de Cherbourg avant d'être autorisé à prendre sa retraite (31 août 1795). Le 12 octobre 1795, il est remis en activité et nommé au commandement de la 18e division militaire à Dijon. À nouveau réformé en 1797, le 26 avril il est remis en activité et employé dans la 17e division militaire à Paris avant de commander la 9e division militaire à Montpellier, le 1er août 1797. En 1798, il occupe toujours cette fonction.

**Casabianca Julien-Joseph-Luce, capitaine de vaisseau** (Vescovato [Corse], 7 février 1762 – Aboukir, 1er août 1798).

Rallié à la Révolution, il fut promu capitaine de vaisseau en janvier 1793. Député de la Corse à la Convention, il vota la détention du roi. Réélu député aux Cinq-Cents le 15 novembre 1795, intervint à plusieurs reprises en faveur de la Marine dont il proposa la rénovation. Réintégré dans son corps à la fin de son mandat en 1798, il reçut le commandement de l'*Orient* en tant que chef de division. À bord du navire, il y retrouve son camarade de la guerre d'Amérique Brueys. À la bataille d'Aboukir, quelques instants après la mort de son chef, il fut mortellement blessé par un éclat de bois et son jeune fils, mousse de onze ans, mourut dans l'explosion du vaisseau.

**Darby Henry d'Esterre, sir** (Tipperary [Irlande], 1750 – 1823).

Henry Darby était le neveu du vice-amiral George Darby (1720-1790). Promu capitaine en 1783, il commandait le *HMS Bellerophon* à la bataille d'Aboukir.

**Davout Louis-Nicolas** (Annoux [Yonne], 10 mai 1770 – Paris, 1er juin 1823).

À dix-huit ans, il adhère aux idées de la Révolution. En 1791, il est lieutenant-colonel au 3e bataillon des volontaires de l'Yonne et, en 1792, prend part, comme sous-lieutenant, aux campagnes du Nord. Général de division à l'armée du Nord le 30 juillet 1793, il refusa par lettre et démissionna pour se conformer au décret qui excluait de l'armée les ci-devant nobles. Un an plus tard, le 21 septembre 1794, il est nommé général de brigade de cavalerie à l'armée de la Moselle. Le 28 septembre 1795, il est fait prisonnier à la chute de Mannheim mais renvoyé en France sur parole. L'année 1796 le voit se battre en Allemagne. Le 21 avril 1797, il capture à Offenbourg le fourgon de Klinglin contenant la correspondance de Pichegru. En récompense de ce fait d'armes, il est désigné pour l'armée d'Angleterre (12 janvier 1798), puis, le 14 avril, il est nommé à la tête d'une brigade de cavalerie à l'armée d'Orient.

**Decrès Denis, comte puis duc** (Château-Vilain [Haute-Marne], 18 juin 1761 – Paris, 7 décembre 1820).

En 1790, il est lieutenant de vaisseau à bord de L'École; capitaine de vaisseau le 1er janvier 1793 il part aux Indes Orientales où il commande la frégate *La Cybèle* comme major général de la division de l'Inde. De retour en France pour demander du secours dans la lutte contre les Mahrates, il débarque à Lorient le 10 avril 1794. Arrêté, ayant été destitué le 30 novembre 1793, comme noble. Conduit ensuite à Paris, il est relâché et rentre dans sa famille. Le 12 juin 1795, il est réintégré dans son grade et attaché du département de Toulon, il commande le vaisseau *Le Formidable*. En 1796, il prend part à l'expédition d'Irlande en tant que chef d'une division navale. Il est nommé contre-amiral le 12 avril 1798, c'est lui qui commande la flotte de frégates sur *La Diane* à l'armée navale d'Orient, le 22 avril. Il eut la responsabilité de protéger le débarquement des troupes à Malte le 10 juin et prit part à la bataille d'Aboukir et se réfugia à Malte où il commanda les marins de la garnison fin août 1798.

**Denon Dominique-Vivant** (Givry, Chalon-sur-Saône, 7 janvier 1747 – Paris, 27 avril 1825).

Diplomate, graveur et écrivain, il dirige sous Louis XV le Cabinet des médailles et pierres dures, fondé par le roi pour Mme de Pompadour avant d'entrer dans la diplomatie qui le voit en Russie, en Suisse et à Naples. Pendant la Révolution, Denon se réfugie à Venise, puis revient à Paris en 1793, en pleine Terreur, afin d'éviter la confiscation de ses biens. Au cours de ses voyages il récolta une énorme quantité d'antiquités et imagina une grande œuvre illustrée *Voyage en Sicile et à Malte*. Proche du peintre David, qui le charge de graver les projets de costumes républicains que le peintre a dessinés, il se rend alors chez

Robespierre, qui lui propose d'être graveur national. Denon se rapproche de Joséphine de Beauharnais, ce qui lui permet d'accompagner ensuite Bonaparte en Égypte, où il rédige son *Voyage dans la Basse et la Haute Égypte,* ensemble de croquis de voyage, exécuté à cheval et publié en deux volumes en 1802 et qui a connu quarante rééditions au cours du XIXe siècle.

**Desaix Louis-Charles Antoine des Aix, chevalier de Veygoux** (St-Hilaire-d'Ayat, [Auvergne], 17 août 1768 – Marengo, 14 juin 1800).

En 1789, il adhère avec enthousiasme aux idées de la Révolution, refuse de suivre son frère dans l'émigration ce qui le brouille avec sa famille. Le 24 novembre 1791, il est lieutenant puis est nommé commissaire des guerres à Clermont-Ferrand (20 décembre 1791), mais n'ayant pas l'âge requis pour le poste, il démissionne

Le général
Desaix en Égypte.

et rentre comme lieutenant au 46e régiment de ligne (13 mai 1792). Capitaine le 23 mai 1792, il passe à l'armée du Rhin et durant les campagnes d'Allemagne devient général de division le 20 octobre 1793. De 1793 à 1796, Desaix se bat en Allemagne, sur le Rhin en particulier à Kehl qu'il a mission de défendre contre les Autrichiens. Il rendra la place après quarante jours de résistance. Avec Moreau, il prend part, en 1797, à la campagne de Bavière où il est plusieurs fois blessé. Le 28 juillet 1797, il est à Milan avant de participer, à la dernière phase de la campagne d'Allemagne. Le 14 octobre, il est nommé commandant en chef provisoire de l'armée d'Angleterre et envoyé à Rennes. Le 16 mars 1798, il part pour Civitavecchia et remet son commandement à Kilmaine.

Le 26 mai 1798, il quitte Civitavecchia avec soixante navires à bord de la frégate *La Courageuse* et parvint à Malte le 9 juin où il dirige l'attaque du fort de Marsa-Sirocco. Il rejoint la flotte devant Candie et forme l'avant-garde lors du débarquement à Alexandrie.

**Dolomieu Dieudonné-Sylvain ou Déodat de Gratet de** (Château des Gratet de Dolomieu, 23 juin 1750 – Château de Châteuneuf [Saône-et-Loire], 28 nov. 1801)

Grand géologue et minéralogiste (il a donné son nom à la dolomie), il parcourt les Alpes et étudie les volcans d'Italie. Il entre à la section d'histoire naturelle et de minéralogie de l'Institut national le 9 décembre 1795 avant de s'embarquer pour l'expédition d'Égypte. Il fait partie de l'Institut fondé au Caire par Bonaparte.

**Dommartin Eléazar-Auguste Cousin de** (Dommartin-le-Franc [Hte-Marne], 28 mai 1768 – Rosette, 9 août 1799). Le 1er avril 1791, Dommartin est lieutenant en premier au 1er régiment d'artillerie. L'année suivante, il est capitaine en second au 4e d'artillerie à pied: le 25 mars 1793, il est chargé d'organiser et de commander à Valence la 13e compagnie de canonniers à cheval. Participe au siège de Toulon (sept. 1793) où il est nommé chef de brigade dans la ligne à titre provisoire puis général de brigade, à titre provisoire, le 23 septembre. Son grade est confirmé le 8 novembre. À l'armée d'Italie à partir de 1795 et jusqu'au 28 septembre 1797 où il passe à l'armée de Sambre-et-Meuse puis est commandant en chef de l'artillerie de l'armée du Rhin (12 décembre). En 1798, il est d'abord inspecteur de l'artillerie des côtes de la Méditerranée puis commandant en chef de l'artillerie de l'armée d'Orient.

**Dugua Charles-François-Joseph** (Valenciennes, 1er mars 1744 – Cap-Haïtien [Saint-Domingue], 16 octobre 1802)

En 1791, Dugua est lieutenant de gendarmerie dans la Haute-Garonne. Un an plus tard, colonel de la 2e légion de gendarmerie organisée à Versailles le 23 novembre 1792. On le retrouve l'année suivante à l'armée des Pyrénées-Orientales où il est nommé général de brigade (14 août 1793), puis général de division à titre provisoire, le 23 novembre. Passé à l'armée des Pyrénées-Orientales, le 27 décembre, il commande la cavalerie de l'aile droite puis celle de l'armée à la place de La Barre. Réformé le 7 septembre 1796, il n'en n'est pas moins envoyé en Italie par Hoche, alors ministre de la Guerre et commande la réserve de cavalerie de l'armée d'Italie. Le 25 novembre 1797, il est nommé commandant de la 14e division militaire à Caen puis, le 3 mars 1798, de la 8e division militaire à Toulouse. Le 12 mai, il est employé à l'armée d'Orient comme inspecteur général de l'infanterie et de la cavalerie puis commanda provisoirement la division Kléber (3 juillet). Il se signale à la prise de Rosette, puis à la bataille des Pyramides (21 juillet), à la prise du Caire. Le 12 août, il est nommé gouverneur de la province de Mansourah. En 1799, il est commandant au Caire où il restera une année avant de s'embarquer pour rentrer en France.

**Dumas Thomas-Alexandre-Davy de La Pailleterie, dit Alexandre** (Jérémie [Saint-Domingue], 25 mars 1762 – Villers-Cotterets [Aisne], 26 février 1806)

En 1792, le père du célèbre romancier est lieutenant dans les hussards de la Liberté, puis lieutenant-colonel de la légion franche des Américains et du Midi, le 15 septembre. Général de brigade le 30 juillet 1793, puis général de division et commandant du camp de Mons-en-Pévèle, le 3 septembre 1793. Cinq jours plus tard, il est nommé commandant en chef de l'armée des Pyrénées-Occidentales, mais ne peut en prendre le commandement par suite d'un arrêté des représentants du peuple maintenant le général Muller* à son poste. Le 22 décembre, il est nommé commandant en chef de l'armée des Alpes avant de rentrer à Paris pour prendre le commandement de l'École de Mars au camp des Sablons (2 août). Le 5 du même mois, il est nommé commandant en chef de l'armée de Sambre-et-Meuse puis il est à l'armée de l'Ouest (17 août 1794). Après un bref passage comme commandant en chef de l'armée des Côtes de Brest, il est envoyé à l'armée de Sambre-et-Meuse comme général de division (19 novembre). Mis à la retraite un mois plus tard. Il est remis en activité le 14 novembre 1795 comme commandant à Sedan, il est chargé, le même jour, d'occuper le pays de Bouillon, mais démissionna le 6 décembre suivant. Sa démission refusée, il fut nommé commandant de la place de Landau (11 janvier 1796) puis mis à la disposition du ministre de la Guerre qui l'envoya comme commandant des vallées de Tarantaise et de Maurienne en remplacement de Carteaux* (22 août). En 1796, il commande la cavalerie de l'armée d'Italie sous Kilmaine*, il participe au blocus de Mantoue et servit à La Favorite (16 janvier 1797). Commande la cavalerie sous Masséna, puis sous Joubert, dans le Tyrol (24 février 1797). Muté à l'armée d'Angleterre, le 9 novembre, il y commande, le 12 janvier 1798, une division de dragons. Le 19 mai, il embarque pour l'Égypte et le 23 juin, il est nommé commandant de la cavalerie de l'armée d'Orient, s'empare de Menzaleh (7 octobre), sert à la répression de la révolte du Caire (21 au 22 octobre). Il rentre en France en janvier 1799.

**Dumoulin Pierre-Charles** (Paris, 17 mai 1749 – Gand, 11 septembre 1809)

En 1792, Dumoulin est capitaine au 1er bataillon de garde nationale du quartier Saint-Merry. Capitaine au 1er bataillon de Paris le 5 septembre 1792. Employé à l'armée des Ardennes, il combat au siège de Namur, de Maëstricht et participe à de nombreuses batailles dont Neerwinden. Muté à l'armée du Nord en 1793, puis à l'armée de Sambre-et-Meuse de 1794 à 1795 et de Rhin-et-Moselle de 1795 à 1797. En 1798, il est à l'armée d'Helvétie et sert aux Grisons (6 mars 1799) puis à la bataille de Zurich (25 au 26 septembre).

**Dupetit-Thouars Aristide Aubert** (Boumois [Saumur], 31 août 1760 – Aboukir, 2 août 1798).

En décembre 1791, l'Assemblée nationale lui octroie la somme de 10000,00 francs pour retrouver La Pérouse tout en déclarant l'entreprise nationale. Louis XVI souscrit pour la même somme, mais la souscription n'ayant

pas apporté les fonds suffisants, Dupetit-Thouars est contraint de vendre ses biens et ceux de sa famille. Le 2 août (ou le 6 septembre) 1792, il appareille sur le *Diligent*, un brick avec 32 hommes, armé de 12 canons. Il rentre en France en 1795, où il avait été destitué comme aristocrate, obtient sa réintégration, est promu capitaine de vaisseau et prend le commandement du vaisseau de 80 canons, *Le Tonnant*. Il fait partie de l'expédition d'Égypte. Lors de la bataille d'Aboukir, en qualité de commandant du *Tonnant*, il force le *Bellerophon* à amener son pavillon, et se dégage du *HMS Majestic*. Ces combats, d'une violence extrême, lui emportent successivement un bras, puis les deux jambes. Refusant d'abandonner son commandement, il se fait placer dans un baquet de son qui se trouvait sur le pont, et assume son commandement jusqu'à ce que les hémorragies aient raison de lui.

**Emeriau de Beuverger Maurice-Julien, comte** (Carhaix [Finistère], 20 octobre 1762 – Toulon, 2 février 1845).

En 1791, Emeriau (ou Emeriaud) de Beauverger est, depuis le 2 octobre 1790, à La Martinique et à Saint-Domingue. Il y restera jusqu'au 18 avril 1793. Commandant de la frégate *L'Embuscade*, du 1er septembre 1793 au 9 août 1795. Il est nommé capitaine de vaisseau, le 7 décembre 1794. Il commande *Le Conquérant* (août 1795), *Le Timoléon* (9 mai 1796), *Le Jemmapes* (du 17 juin 1796 au 1er octobre 1797), prent part à l'expédition d'Irlande; commandant *Le Spartiate* et chef de la 2e division de l'escadre légère de l'armée navale d'Orient, il est le premier qui entra dans le port de

Malte avant d'être blessé et fait prisonnier à la bataille navale d'Aboukir. Débarqué par les Anglais à Alexandrie, il embarque pour la France le 7 novembre et arrive à Ancône le 4 décembre 1798.

**Étienne Jean-Pierre** (Rochefort, 9 octobre 1754 – Texel [Hollande], 31 décembre 1812).

En mai 1793, Étienne est enseigne de vaisseau. Il est promu lieutenant en décembre de la même année et capitaine en janvier 1794. Engagé ensuite dans l'état-major de l'amiral Martin sur *l'Heureux*, il est transféré en avril sur le *Sans-Culotte* et participe aux batailles navales du cap Noli et des îles d'Hyères.

En 1796, il est nommé commandant du *Guillaume Tell* et l'année suivante capitaine de *l'Heureux*. Il participa à la bataille d'Aboukir où il dut couper son ancre pour éviter l'explosion de *l'Orient*. Blessé, Étienne fut capturé et relâché en août 1798. Il servit encore à Alexandrie avant de regagner la France en 1799.

**Foley Thomas, Sir** (Nabeth [Pays de Galles], 1757 – 9 janvier 1833).

Foley entra dans la marine en 1770. Lieutenant en 1778, il sert dans la Manche et participe à la bataille du Cap St Vincent en 1780.

Au cours de la Révolution française, Foley prit part au siège de Toulon (1793), la bataille du Golfe-Juan, l'année suivante, et aux deux combats au large de Toulon, les 13 avril et 13 juillet 1795. Après la bataille, il fut transféré sur le *HMS Goliath*, un navire de 74 canons et alla renforcer la

flotte de Nelson qui croisait en Méditerranée. À la bataille d'Aboukir, sa manœuvre contribua largement à assurer aux Anglais la victoire.

**Friant Louis, comte** (Morlencourt [Somme], 18 octobre 1758 – Seraincourt [Seine-et-Oise], 24 juin 1829).

En 1791, Friant est caporal-fourrier dans la garde nationale parisienne. L'année suivante, il est adjudant-major à la section armée de l'arsenal, chef d'un détachement levé sur la section de l'arsenal et envoyé aux frontières. Le 23 septembre 1792, il est élu lieutenant-colonel en premier du 9e bataillon de Paris, dit de l'Arsenal. De 1792 à 1794, il sert à l'armée de la Moselle et participe à la bataille de Fleurus en tant que chef d'état-major de Schérer. Le 3 août 1794, il est nommé à titre provisoire général de brigade et commande provisoirement une division. Il est confirmé général de brigade le 13 juin 1795 par le Comité de Salut public. Le 30 mars 1796, il est muté à l'armée de Rhin-et-Moselle, ne rejoignit pas son poste mais servit à l'armée de Sambre-et-Meuse. En 1797, il est à l'armée d'Italie, sous Bernadotte où il commande une division, puis, le 9 août, il est muté une nouvelle fois. Cette fois c'est à l'armée d'Angleterre puis, le 5 mars 1798, il est employé à l'armée d'Orient, division Desaix (14 avril) où il commande la 2e brigade formée des 61e et 88e de ligne.

Il sert ensuite à Chebreisse, aux Pyramides, à Sédiman (8 octobre), à Samanhout (23 décembre) entre autres. Après le départ de Desaix, il est commandant de la Haute-Égypte et rentrera en France avec les débris de l'armée d'Égypte, fin 1801.

**Ganteaume Honoré-Joseph-Antoine, comte** (La Ciotat [Bouches-du-Rhône], 13 avril 1755 – Aubagne, 28 septembre 1818).

Au cours de l'année 1791-1792, il commande un bâtiment de la Compagnie des Indes lorsqu'il est capturé par les Anglais en 1793. Rapidement libéré, il est promu lieutenant de vaisseau en septembre de la même année.

Capitaine de vaisseau en février 1794, il participe aux combats dans l'armée navale de Villaret-de-Joyeuse où il est blessé. En septembre 1795, il débloque les bâtiments français restés à Smyrne et capture la frégate britannique *Némesis*.

En décembre 1797, il commande sur les côtes de France *la Vengeance* avant d'être chargé de l'inspection les côtes de la Manche. Chef d'état-major de Brueys lors de l'expédition d'Égypte, il est blessé à Aboukir mais parvient à s'échapper avant l'explosion de l'*Orient*. Contre-amiral et chef d'état-major de l'armée navale d'Égypte en novembre 1798, il commande les forces navales stationnées en Égypte et participa aux sièges de la campagne de 1799 en Syrie.

**Geoffroy Saint-Hilaire Étienne** (Étampes, 15 mai 1772 – Paris, 19 juin 1844).

Naturaliste, professeur au Muséum d'histoire naturelle, membre de la commission des sciences et des arts de l'armée d'Orient et de l'Institut d'Égypte, il sera un des principaux collaborateurs de la *Description de l'Égypte*.

**Gillet Maurice** (Montoire, 8 mars 1763 – Nantes, 14 avril 1833).

Né dans une famille de marins, Gillet entame sa carrière en 1793 à bord du Northumberland. Le 1er juillet 1793, il est promu lieutenant de vaisseau et sert sur les frégates *Carmagnole* et *Cocarde Nationale*. Capitaine en 1796 il sert à bord du *Mucius* et du *Républicain* avant de prendre le commandement du *Franklin*, un navire de 80 canons, en mars 1798. À Aboukir, il reprend le commandement du *Franklin* après la blessure de son commandant, Blanquet

du Chayla, et se battit vaillamment contre cinq vaisseaux anglais. Lui-même blessé, il fut fait prisonnier et emmené en Angleterre où il fut libéré quelques mois plus tard.

**Gould Davidge, Sir** (Bridgwater [Angleterre], 1758 – Hawkshead [Angleterre], 23 avril 1847)

Davidge rejoint la *Royal Navy* en mai 1772, servant comme volontaire en Méditerranée à bord du *HMS Alarm*. Lieutenant le 7 mai 1779, il sert sur le *HMS Winchelsea* et le *HMS Phoenix* et prit part à la campagne de la Révolution américaine. En 1782, il est promu commandeur à bord du *HMS Formidable*. Le 23 mars 1789, il est promu au grade de capitaine et assigné à la frégate *HMS Brune*. En 1794, il combat en Méditerranée et, en 1796, il est nommé à bord du *HMS Audacious*, navire qu'il commandera à la bataille d'Aboukir et engagera contre le *Conquérant*. Par la suite, Gould

prit part au blocus de Malte et de Gênes pour le restant de 1798 et l'année 1799.

**Gouvion Saint-Cyr Laurent, comte puis marquis de** (Toul [Meurthe-et-Moselle], 13 avril 1764 – Hyères [Var], 17 mars 1830).

L'artiste-peintre qu'est Gouvion-Saint-Cyr s'enrôle comme volontaire au 1er bataillon de chasseurs républicains de Paris, le 1er septembre 1792. Quinze jours plus tard, il est déjà sergent-major. De 1792 à 1797, il sert à l'armée du Rhin. En janvier 1794, il est nommé adjudant général. Six mois plus tard, il est fait général de brigade et cinq jours plus tard encore, il est général de division. Nommé commandant de l'aile droite de l'armée d'Allemagne le 2 novembre 1797, il occupe le territoire de l'ancien évêché de Bâle du 15 décembre 1797 au 8 janvier 1798. À cette date, il est désigné pour intégrer l'armée d'Angleterre, mais est nommé commandant en chef de l'armée de Rome en remplacement de Masséna (26 mars), puis en prend la tête sous le commandement supérieur de Brune*. Réformé pour abus de pouvoir, il quitte son commandement le 25 juillet. Remis en activité comme commandant de la 1re division de l'armée de Mayence le 16 août 1798, puis de la 3e division, le 9 janvier 1799.

**Hallowell Carew-Benjamin, Sir** (Boston? 1er janvier 1761 – 2 septembre 1834)

C'est au cours de la guerre d'Indépendance américaine et des guerres de la Révolution que Benjamin Hallowell fit sa carrière et prit part à de nombreux combats de cette époque. Fin 1790, il est promu commandeur sur le *HMS Scorpion* avant de participer, fin 1793, à l'évacuation des belligérants au siège de Toulon. Sous Lord Hood, il participe au siège de Bastia et à la capture de Calvi en 1794. En 1795, il est nommé commandant du *HMS Courageous* et prend part à la bataille d'Hyères. En décembre 1796, il n'était pas à bord de son navire lorsque celui-ci vint se fracasser après un accident dans la baie de Gibraltar par mauvais temps, ce qui causa la perte de 500 marins. Il servit ensuite comme volontaire à bord du *HMS Victory* durant la bataille du Cap St-Vincent (1797). À la bataille d'Aboukir, il commande le HMS Swiftsure, un navire de 74 canons qui engage l'*Orient* et joua un rôle majeur dans sa destruction.

**Hardy Thomas sir, 1er baron** (Kingston Russell [Angleterre], 5 avril 1769 – Greenwich [Londres], 20 septembre 1839).

En 1793, Hardy sert à l'évacuation de Marseille et de Toulon puis est nommé lieutenant en second sur le *HMS Meleager*, sous les ordres du capitaine Tyler d'abord à partir de novembre 1793, puis du capitaine Cockburn en juin 1794. Cockburn nommé sur le *HMS Minerve* en août 1796, il emmène Hardy qu'il élève au grade de premier lieutenant. Hardy reste sur le *Minerve* jusqu'en mai 1797. Après la capture de la corvette *HMS Mutine*, Hardy en devint le commandant et rejoignit une escadre aux ordres du capitaine Troubridge qui se joignit à Nelson en juin 1798, localisa la flotte de Bonaparte et la détruisit à Aboukir. Après cela, Hardy fut promu capitaine sur le navire-amiral de Nelson, le *HMS Vanguard* le

2 octobre 1798. C'est ce bateau qui prit à son bord le roi Ferdinand IV des Deux-Siciles, William Hamilton, l'ambassadeur anglais et sa femme Emma pour les mettre en sûreté en Sicile, en décembre 1798.

**Hatry Jacques-Maurice** (Strasbourg, 12 février 1742 – Paris, 30 septembre 1802).

Le 29 juin 1792, Hatry est nommé lieutenant-colonel au 77e régiment d'infanterie, puis destitué le 20 décembre suivant pour avoir quitté son régiment à la suite d'acte d'insubordination commis par les soldats.

Réintégré, sur la recommandation des

députés alsaciens, il est envoyé à l'armée du Rhin comme adjudant-général chef de bataillon le 8 mars 1793. Chef d'état-major de la division Munier le 1er septembre 1793, il est promu général de brigade le 26 novembre suivant. Général de division le 28 janvier 1794, Hatry se distingue aux armées du Nord, des Ardennes et de la Moselle, ainsi qu'à la bataille de Fleurus, au blocus de Luxembourg, où il fait capituler une garnison de 12'000 hommes.

Il est nommé général en chef de l'armée de Mayence le 9 décembre 1797 qui est prise sans combat le 30 décembre. Le 11 juillet 1798, il remplace Joubert dans le commandement des troupes stationnées en Hollande puis, le 20 août, des troupes françaises stationnées dans la république Batave.

**Hood Samuel sir, 1er baron** (1762 - Madras [Inde], 24 décembre 1814).

Au début de 1793, Hood est en Méditerranée sur le *Juno* aux ordres de son cousin Lord Hood. C'est lui qui évacue les survi-

L'amiral Samuel Hood
à la fin de ses jours.

vants du siège de Toulon. En 1795, il est placé à la tête d'une escadre destinée à la protection du commerce levantin et, au début de 1797, il est promu à bord du *HMS Zealous*, un navire de 74 canons et participe à l'attaque infructueuse sur Santa Cruz de Tenerife.

Le *Zealous* a joué un rôle important à la bataille d'Aboukir en mettant hors de combat un premier navire français en douze minutes, avant de s'attaquer à la frégate *Guerrière*. Après le départ de Nelson, Hood commanda le blocus d'Alexandrie et de Rosette avant de rejoindre Nelson sur la côte du Royaume des Deux-Siciles recevant pour ses services l'ordre de St Ferdinand.

**Ibrahim Bey** (Circassie, 1735 - Dongala [Nubie], 1817).

Ibrahim naît au sein d'une famille chrétienne du nord du Caucase. Capturé par des chasseurs d'esclaves ottomans et vendu en Égypte, il sera islamisé et reçoit une formation mamelouke. Fidèle à Abou Dhahab, Ibrahim gravit tous les échelons et est affranchi. Abou Dahab le nomme bey et lui confie le gouvernement du Caire en 1776. Après sa défaite face à Bonaparte, il se retire en Syrie où il continue d'exercer une très grande influence sur les mamelouks.

**Kilmaine Charles-Edouard-Saül-Jennings de** (Dublin [Irlande], 19 octobre 1751 – Paris, 11 décembre 1799).

En 1792, Kilmaine est capitaine au 6e régiment de hussards depuis le 24 mai 1788. Il va servir à l'armée du Nord en 1792 et 1793. Il est à Jemmapes (6 novembre 1792), est nommé lieutenant-colonel le 23 novembre puis colonel du 6e hussards le 26 janvier 1793. Deux mois plus tard, le 8 mars 1793, il est nommé général de brigade. Le 9 mai 1793, il est nommé provisoirement commandant en chef de l'armée du Nord, mais ne prit pas possession de son commandement. Le 10 mai 1793, il commande la division des Ardennes et, cinq jours plus tard, il est nommé général de division. Le 16 juillet de cette même année, il est commandant en chef provisoire des armées du Nord et des Ardennes, puis suspendu trois semaines plus tard.

Le 9 août, il cesse de servir. Arrêté et emprisonné (29 décembre 1793), il est remis en liberté le 6 août 1794. Arrêté de nouveau quatre jours plus tard, il doit attendre le 12 décembre 1794 pour recouvrer la liberté. Le 13 juin 1795, il est réintégré dans son grade et commande la cavalerie de l'armée d'Italie sous Stengel. Le 28 avril 1796, il commande la cavalerie à la place de Stengel puis l'avant-garde de l'armée d'Italie (20 mai) où il se distingue. Le 7 juin 1797, il est nommé commandant du Bolonais, du Ferrarais et d'Ancône à la place de Sahuguet*. Commandant en chef la cavalerie de l'armée d'Italie (4 octobre), il remplace Bernadotte à la tête de sa division le 6 octobre, il commande par intérim l'armée d'Italie jusqu'à l'arrivée de Berthier, du 17 novembre au 21 décembre 1797. Commandant le centre et la cavalerie de l'armée d'Angleterre, puis commandant provisoire de celle-ci à la place de Desaix (27 mars 1798), puis définitivement à la place de Bonaparte (19 mai), il quitte ensuite son commandement pour organiser l'expédition d'Irlande (7 octobre). Le 2 novembre 1797, il reprend le commandement de l'armée d'Angleterre, mais est contraint de démissionner pour raison de maladie (20 décembre 1798).

**Kléber Jean-Baptiste** (Strasbourg, 9 mars 1753 – Le Caire, 14 juin 1800).

L'architecte Kléber a commencé sa carrière militaire en 1777, à Munich. En 1792, il est adjudant-major au 4e bataillon de volontaires du Haut-Rhin depuis le 8 janvier. Le 20 mai de la même année, il est élu lieutenant-colonel en second du même bataillon et sert à l'armée de Custine. Le 1er avril 1793, il est nommé adjudant général chef de brigade et chargé de la dé-

fense des ouvrages extérieurs de Mayence. Arrêté après la capitulation de la ville, il est remis en liberté et nommé général de brigade à l'armée de Côtes de La Rochelle (17 août 1793). Muté à l'armée des Côtes de Brest en janvier 1794, confirmé général de division le 28 avril 1794, il part à l'armée des Ardennes le 28 avril 1794. Il est ensuite à l'armée de Sambre-et-Meuse à partir du 28 juin jusqu'au 23 novembre. Le 10 mars 1795, il est nommé commandant par intérim de l'armée de Sambre-et-Meuse mais refusa la charge.

Le 2 avril, il est général en chef provisoire de l'armée du Rhin et remet le commandement à Pichegru, le 16 avril. Retourne à l'armée de Sambre-et-Meuse où il se distingue et en devient le commandan,t le 12 octobre 1795, mais refuse le commandement tout en restant à l'armée. Après plusieurs actes de bravoure, il remet le commandement de l'armée dont il avait été chargé, le 14 décembre, à Championnet à la date du 2 février 1797. Il reprend du service comme général de division commandant l'avant-garde de l'armée d'Angleterre (12 janvier 1798), attaché à l'armée de la Méditerranée, puis à l'armée d'Orient où il commande la 1re division comprenant les 4e, 18e, 25e, 32e et 75e demi-brigades de ligne à partir du 14 avril. Le 19 mai, il part pour l'Égypte où il monte à l'assaut d'Alexandrie. Il y gagnera une grave blessure au front. Le 5 juillet, il est nommé commandant de la place et de la province d'Alexandrie. Appelé par la suite auprès de Bonaparte au Caire le 22 octobre, il commande dans la ville par intérim durant l'absence de Bonaparte, du 24 décembre 1798 au 7 janvier 1799 avant de prendre part à l'expédition de Syrie. Le 21 août 1799, il est nommé commandant en chef de l'armée d'Orient par lettre de Bonaparte.

**La Harpe Frédéric César de** (Rolle [Suisse], 6 avril 1754 – Lausanne 30 mars 1838).

La Révolution de 1789 l'enthousiasme. En 1793, il publie dans un journal anglais des lettres dénonçant le despotisme bernois et envoie au pays une pétition réclamant les droits politiques pour les Vaudois. En 1795, La Harpe quitte la cour de Russie et s'installe à Genthod[1], le retour à Rolle lui étant refusé par Berne. De cet asile, La Harpe continue son action politique, multipliant les brochures, les projets de réforme et les contacts avec Paris. Avec le Bâlois Pierre Ochs, La Harpe sollicite l'intervention diplomatique de la France et l'agression armée de la fin de l'année 1797 les laissera pantois. La Harpe ne participera pas au gouvernement helvétique imposé par la France, il restera à Paris comme négociateur au profit des Vaudois. Il entrera dans le Directoire en 1798, mais l'expérience du gouvernement sera un échec cinglant.

**Lannes Jean** (Lectoure, [Gers], 10 avril 1769 – Ebersdorf [Autriche], 31 mai 1809).

La carrière militaire de Lannes, apprenti-teinturier, commence avec son engagement comme volontaire au 2e bataillon des volontaires du Gers, le 20 juin 1792, puis à l'armée des Pyrénées-Orientales de 1793 à 1795. Le 24 novembre de cette même année, il passe à l'armée d'Italie et combat à Loano. Chef de brigade provisoire de la 69e de ligne, le 15 avril 1796, il est confirmé dans ce grade le 24 avril. Sous le général Vaubois*, il prit part à l'expédition contre Livourne (20 juin 1796) puis participa à de nombreux combats en Italie. Nommé par Bonaparte général de brigade de cavalerie en septembre 1796; grade qui sera confirmé le 17 mars 1797. Le 12 janvier 1798, il est désigné pour servir à l'armée d'Angleterre puis à l'armée d'Orient, le 14 mars. Embarqué à Toulon le 19 mai, il servit à l'attaque de Malte (10 juin) et fut ensuite rattaché au quartier général de l'armée d'Orient (23 juin). Le 27 juin, il commande la 2e brigade (25e et 75e de ligne de la division Kléber et prend part à la prise d'Alexandrie, participe à la répression de la révolte du Caire et commande une division à l'armée de Syrie (février 1799).

1. Localité à quelques kilomètres de Genève, en direction de Nyon, dans le canton de Vaud.

**Lanusse François** (Habas, [Landes], 3 novembre 1772 – Canope [Égypte], 21 mars 1801).

Le 8 mars 1792, Lanusse est lieutenant de la compagnie de grenadiers de Limoges. Sergent le 8 février 1793, capitaine quatre jours plus tard, lieutenant-colonel en second, une semaine plus tard. Après avoir servi en Vendée, en 1793, il est muté à l'armée des Pyrénées-Orientales où il servira jusqu'en 1795. Le 15 avril 1796, il se distingue à la bataille de Dego à la tête de la 8e légère sous Masséna. Cette action lui vaut le galon de général de brigade à titre provisoire (confirmé le 1er mai 1796). Il servira à l'armée d'Italie jusqu'au 19 septembre 1797, date à laquelle on le retrouve commandant à Toulon. Le 12 janvier 1798, il est désigné pour l'armée d'Angleterre puis envoyé à l'armée d'Orient. Il débarque à Alexandrie le 25 juillet et se bat en Égypte jusqu'à sa mort après une blessure reçue à la bataille de Canope.

**Larrey Jean-Dominique** (Beaudéan [Hautes-Pyrénées], 6 juillet 1766 – Lyon, 25 août 1842).

En 1792, Larrey est affecté comme aide-major à l'armée du Rhin. En octobre 1794, il rencontre Bonaparte à Toulon. Il le retrouvera trois ans plus tard à l'armée d'Italie. En attendant, Larrey fait campagne en Catalogne et enseigne à l'école de médecine militaire au Val-de-Grâce à Paris. Chirurgien en chef de l'armée d'Orient et membre de l'Institut d'Égypte.

**Leclerc Victor-Emmanuel** (Pontoise, 17 mars 1772 – Cap Français [Saint-Domingue], 2 novembre 1802).

Le 19 octobre 1791, le volontaire au 2e bataillon de Seine-et-Oise est élu lieutenant. Puis, le 1er décembre 1792, il est nommé sous-lieutenant au 12e de cavalerie. En 1793, il est d'abord adjoint aux adjudants généraux à l'armée d'Italie avant de faire fonction de chef d'état-major de la division de l'Est à l'armée dirigée contre Toulon. Il se lia avec Bonaparte dont il épousa la sœur Pauline en 1797. Le 17 décembre 1793, sur le champ de bataille, il est nommé adjudant général chef de bataillon à titre provisoire; grade confirmé par décret de la Convention et employé à l'armée des Ardennes le 24 mars 1794 et nommé colonel. A partir du 8 juin 1794, il est à l'armée d'Italie et participe aux principaux combats de la campagne. Réformé à la nouvelle organisation du 13 juin 1795,

il sert à nouveau à l'armée d'Italie à partir de mars 1796. Chargé de porter à Paris les préliminaires de Leoben ainsi que les drapeaux pris à l'ennemi. Le 6 mai 1797, il est nommé général de brigade puis, le 14 novembre, chef d'état-major provisoire de l'armée d'Italie et servit à l'armée de Rome en février 1798. Désigné pour l'armée d'Irlande, le 2 novembre 1798, il est depuis le 20 octobre chef d'état-major de l'armée d'Angleterre.

**Lejoille Louis-Jean-Nicolas** (Saint-Valéry-sur-Somme, 11 novembre 1759 – Brindisi, 9 avril 1799).

Né dans une famille de marins, Lejoille commence sa carrière à sept ans sur un bateau commandé par son père. Le 6 mai 1793, il est nommé lieutenant et il commande la corvette *Céleste*, en route pour Toulon. Arrivé au port, il est nommé sur *le Tonnant* comme premier officier. Il se distingue en juin 1794 lorsqu'il capture la frégate *Alceste* et y transfère sa marque. En 1795, il prend part à l'action du 8 mars au sein de l'escadre de l'amiral Martin. Capturé, blessé, il est alors transféré à Gênes pour huit mois pour y guérir. Promu chef de division durant sa convalescence, Lejoille est envoyé d'abord à Venise pour contrôler les navires capturés dans le port, puis il est transféré à Corfou pour prendre le commandement du *Généreux*, un bâtiment de 74 canons de l'escadre de Brueys. Il prit part à la bataille d'Aboukir, à l'arrière de la ligne française, se battant en duel avec le *HMS Bellerophon*. Après la bataille, *le Généreux* partit pour Corfou avec le *Guillaume* Tell et les frégates *Diane* et *Justice*, qu'il perd en route. Aux environs de la Crète, *le Généreux* rencontre le *HMS Leander* qu'il capture le 18 août 1798 et dont il relâche les officiers sur parole. Il trouvera la mort suite à une erreur de navigation qui amena *le Généreux* sous les canons du fort de Brindisi. Il mourut au cours du duel d'artillerie qui s'ensuivit.

**Louis Thomas** (baptisé 2 mai 1758 – Alexandrie [Égypte], 17 mai 1807).

Lorsqu'éclate la Révolution française, Louis est immédiatement appelé au service pour commander le *HMS Cumberland* de la flotte de la Manche. En 1794, il se déplace sur le nouveau *HMS Minotaur* et participe à la campagne dans l'Atlantique en mai 1794. En 1796, il convoie d'abord du ravitaillement aux Indes Orientales avant de rallier la flotte de la Méditerranée de Nelson. Deux ans plus tard, Louis et le *Minotaur* sont présents à la bataille d'Aboukir, où le bateau se bat en duel durant deux heures contre *l'Aquilon*.

**Mamelouks**

Lorsque Bonaparte et son armée débarquent en Égypte, la population des mamelouks est d'environ 50 000 personnes, dont 12 000 combattent sous l'autorité de 24 beys, des chefs de clan. Les mamelouks, dont le nom dérive de l'arabe « *malaka* » qui signifie « posséder », sont des esclaves achetés dans les pays turcs et slaves. Acheminés jusqu'en Égypte, ils y sont islamisés, entraînés au métier des armes avant d'être affranchis pour former l'élite militaire entourant le pacha, le gouverneur de province nommé par le sultan ottoman. Au fil des siècles, les mamelouks ont fini par contrôler le pays au détriment du pacha. Par le système de *l'iltizam*, une taxe fiscale, les mameluks extorquent de fortes sommes aux fellahs ainsi qu'aux marchands indigènes et étrangers, ainsi qu'aux douaniers. Raison pour laquelle Bonaparte écrit, le 2 juillet 1798 : « *Les beys mamelouks qui fournissent exclusivement le commerce anglais, qui ont couvert d'avanies nos négociants, tyrannisent les malheureux habitant du Nil, quelques jours après notre arrivée, n'existeront plus !* » Effectivement, après leur défaite à la bataille des Pyramides, les deux beys se séparent, Ibrahim se replie vers le nord-est et Mourad vers le sud. Bonaparte décide de poursuivre le premier tandis qu'il donne mission à Desaix de se lancer à la poursuite du second. Le système mamelouk s'effondre et sur ses ruines Bonaparte crée un « Conseil général » (*al-diwan*) qui doit gérer le pays à leur place et composé de docteurs de la Loi (*oulémas*), de nobles et de commerçants désignés par chaque province égyptienne tandis que tous les biens mamelouks sont confisqués.

**Marmont Auguste-Frédéric-Louis Viesse de** (Châtillon-sur-Seine [Côte-d'Or], 20 juillet 1774 – Venise, 3 mars 1852).

Le 1er septembre 1792, Marmont sort lieutenant en second de l'École d'artillerie de Châlons avant de servir à l'armée des Alpes où il obtiendra le grade de lieutenant le 8 mars 1793. Il sert ensuite au siège de Toulon, est nommé capitaine (12 novembre 1793), puis gagne les rangs de l'armée du Rhin sous Desaix et se signala à la déroute de Mayence le 29 octobre 1795. Bonaparte le désigne comme premier aide de camp à l'armée de l'Intérieur (3 février 1796) avant de l'accompagner à l'armée d'Italie à partir du 27 mars 1796 comme chef de bataillon d'artillerie depuis le 8 février. Il participe à la prise de Cherasco le 25 avril, à la bataille de Lodi, le 19 mai. Nommé premier aide de camp de Bonaparte, il entre à Crémone le 12 mai, sert à Castiglione (5 août), à Saint-Georges (15 septembre) et devant Mantoue. Il fut ensuite chargé d'aller porter au Directoire 22 drapeaux pris à l'ennemi. Le 13 octobre, il est nommé à titre provisoire chef de brigade du 2e régiment d'artillerie à cheval tout en restant premier aide de camp. Confirmé dans ce grade le 1er janvier 1797, il oc-

cupe Loreto le 10 février 1797. En mai 1798, il suit Bonaparte à l'armée d'Orient, s'empare à Malte du drapeau de l'ordre (10 juin). Nommé provisoirement le même jour général de brigade, il commande ensuite la 4e légère de la division Bon. Il est à la prise d'Alexandrie le 2 juillet, à la bataille des Pyramides, le 21. Du 28 novembre 1798 au 22 août 1799, il est commandant à Alexandrie avant de s'embarquer avec Bonaparte pour la France.

**Martin** Claude-Jean (Toulon, 14 mars 1752 – 6 juin 1827).

En janvier 1792, Martin est lieutenant sur la *Junon* avant de prendre le commandement de la corvette *Rossignol* en 1796. En juin, il est promu commandeur et par la suite, capitaine des frégates *Fauvette* et *Sérieuse*. C'est à bord de cette frégate qu'il prit part à la bataille d'Aboukir, se battant contre le *HMS Orion*. Après le naufrage de son navire, Martin fut secouru par les Britanniques et envoyé comme prisonnier à Gibraltar. Relâché en décembre 1798, il se consacre alors à des tâches d'instruction.

**Menou Jacques-François de Boussay, baron de** (Boussay [Indre-et-Loire], 3.septembre 1750 – Villa Corneso [Venise], 13 août 1810).

En 1791, Menou est déjà colonel du 12e chasseurs à cheval à l'armée du Rhin. Maréchal de camp le 8 mai 1792, il est employé dans la 12e division militaire puis nommé à l'armée du Nord le 16 mai, mais ne s'y présente pas, préférant servir à la 17e division militaire. Le 12 août, il est nommé commandant de la 17e division militaire à Paris. En 1793, il est d'abord chef d'état-major de l'armée des Côtes de La Rochelle à partir du 6 mai, ce qui lui permet d'obtenir le grade de général de division le 15 mai. Blessé au combat, il est admis à la retraite le 12 septembre 1794. Rappelé, il gagne les rangs de l'armée des Alpes et d'Italie le 5 mars 1795. Le 12 juillet, il est nommé général en chef de l'armée de l'Intérieur et négocie avec les insurgés la veille du 13 vendémiaire. Arrêté et destitué le 5 octobre, il est acquitté par un conseil de guerre trois semaines plus tard. A partir du 6 mai 1798, il est employé à l'armée d'Orient, chargé de commander, le 1er juin, la 4e division à la place de Baraguey d'Hilliers. Le 2 juillet, il débarque près d'Alexandrie, entre le premier dans la ville après avoir reçu sept blessures. Le lendemain il est nommé gouverneur de la province de Rosette puis remplace Kléber à Alexandrie le 20 octobre. Il se distingue à la bataille terrestre d'Aboukir (28 juillet 1799) et devient général en chef provisoire après la mort de Kléber, le 14 juin 1800.

**MESNARD Philippe-Romain** (Liancourt sous-Clermont [Oise], 24 octobre 1750 – Paris, 13 février 1810).

L'année 1792 voit Mesnard d'abord sous-lieutenant de grenadiers (12 janvier) puis lieutenant (26 avril) et enfin capitaine (3 septembre). En 1793, il est à l'armée des Alpes puis des Pyrénées-Orientales où il est blessé. Le 25 décembre, il est promu au grade d'adjudant général chef de brigade à titre provisoire (confirmé le 6 novembre 1794). Cette même année, il est nommé général de brigade provisoire (24 novembre, confirmé le 13 juin 1795). En septembre de cette année, il passe à l'armée d'Italie où il commande la 2e brigade de la division Laharpe. Il sert à Montenotte, Millesimo, Dego.

Il est commandant de la division Laharpe après la mort de celui-ci, du 10 mai au 20 juillet. Commandant à Crémone à partir du 3 décembre. De nouveau à la division Masséna, il s'empare de Carpenodolo, le 26 janvier 1797, puis commande la 3e brigade (25e et 75e de ligne) à la division Masséna, puis la 1re brigade (18e et 25e de ligne) puis la 1re de l'armée d'Italie. En novembre 1797, il commande la division Masséna avant d'être envoyé en Suisse (28 décembre). En janvier 1798, il s'empare du pays de Vaud, action qui lui vaut d'être nommé général de division le 7 février. Commandant la 23e division militaire à Bastia, le 5 mars, il est ensuite affecté à l'armée d'Italie sous Brune comme commandant la division du Piémont (23 avril 1798). Du 5 au 16 avril 1799, il est commandant provisoire de l'armée d'Helvétie pendant l'absence de Masséna.

**Mireur François** (Escragnolles [Alpes-Maritimes], 9 février 1770 – Damanhour [Égypte], 9 juillet 1798).

Le docteur en médecine est élu le 1er août 1792 lieutenant de grenadiers au 9e bataillon de fédérés nationaux. De 1792 à 1794, Mireur sert à l'armée du Nord, puis, à partir du 2 juillet 1794, à l'armée de Sambre-et-Meuse où il se distingue pour sa bravoure. Le 29 août 1796, il accompagne Bernadotte à l'armée d'Italie où il se distingue à nouveau au passage du Tagliamento le 16 mars 1797, à la prise de Gradisca (19 mars). Le 23 mars, il est nommé chef de brigade du 19e chasseurs à cheval, puis le 2 avril, général de brigade. Le 12 janvier 1798, il est à l'armée d'Angleterre, puis à l'armée de Rome en février. Désigné pour l'expédition d'Égypte, il commande une brigade de cavalerie à l'armée d'Orient. Le 23 juin, on le trouve à la tête des 3e et 20e dragons de la division Dumas. Le 23 juillet, il commande une brigade de cavalerie (22e chasseurs à cheval et 20e dragons). Après le débarquement, il marche sur Damanhour avec la division Desaix. S'éloignant du camp pour essayer un cheval, il est alors assailli par des Arabes qui l'assassinent et le dépouillent.

**Monge Gaspard** (Beaune, 9 mai 1746 – Paris, 28 juillet 1818).

Mathématicien et physicien, ministre de la Marine (1792-93), professeur à l'École normale (1794-95), commissaire des sciences et des arts en Italie (1796-97), membre de l'Institut national, il est désigné pour participer à la préparation de la campagne d'Égypte à Rome. Au Caire, il devient le premier président de l'Institut d'Égypte et rentre en France avec Bonaparte. Après Brumaire, il devient sénateur.

**Mourad Bey** (1750 – Beni Suef, [Égypte], 22 avril 1801).

C'est en 1784 que cet ancien esclave, originaire du Caucase, s'empare enfin du pouvoir après plusieurs échecs et de nombreuses années d'exil. Ce pouvoir, il le partage avec Ibrahim-Bey (*v. ce nom*). Chassé du Caire en 1786, il y revient cinq ans plus tard, en 1791. Ce sera l'un des principaux adversaires de Bonaparte en Égypte, bien que battu à diverses reprises. Il finira par se rallier à Kléber qui le nommera prince du Saïd et gouverneur de Haute-Égypte avant de mourir de la peste.

**Muller François** (Sarrelouis, 29 janvier 1764 – Orléans, 23 septembre 1808).

Ce fils d'un coiffeur est comédien lorsqu'il s'engage comme volontaire dans le bataillon parisien de la Butte des Moulins le 5 septembre 1792. Le 30 octobre de la même année, il est adjudant sous-officier du bataillon et adjoint provisoire à l'état-major de l'armée du Nord. Le 30 septembre 1793, il est général de division à l'armée des Côtes de La Rochelle, puis à l'armée des Côtes de Brest, en octobre de la même année. Le 28 mars 1794, il est envoyé à l'armée du Nord puis commande la 3e division à l'armée de Sambre-et-Meuse (2 juillet 1794), puis la 5e division de l'armée (7 août). Destitué pour incapacité par le Comité de salut public le 14 août 1794. Relevé de sa destitution un mois plus tard, il commande un bataillon de patriotes jusqu'au 13 vendémiaire (5 octobre 1795). Engagé à l'armée des Côtes de Cherbourg le 28 octobre 1795, puis à l'armée des Côtes de l'Océan le 1er janvier 1796. Commandant la 6e division militaire à Besançon le 12 octobre 1797, puis la 7e à Grenoble, le 6 février 1799. Employé ensuite en Helvétie à l'aile droite de l'armée du Rhin, le 16 septembre, puis sous Championnet à l'armée des Grandes-Alpes en octobre 1799.

**Murat Joachim** (La Bastide-Fortunière [Lot], 25 mars 1767 – Pizzo [Calabre], 13 octobre 1815).

Le fils de l'aubergiste de La Bastide

a commencé sa carrière en étudiant la théologie à Toulouse puis s'engagea comme cavalier au régiment de chasseurs des Ardennes, avant de devenir garde à cheval dans la garde constitutionnelle du roi le 8 février 1792. Congédié un mois plus tard, il rentre au 12e chasseurs où, le 29 avril 1792, il est nommé brigadier, puis maréchal des logis le 15 mai. Servit en Champagne puis à l'armée du Nord en 1792-1793. Nommé provisoirement capitaine aide de camp, le 14 avril 1793, puis chef d'escadrons au 16e chasseurs à titre provisoire, le 1er mai et affecté le 14 août au 21e chasseurs. Après l'assassinat de Marat, il voulut changer son nom de Murat en Marat.

Dénoncé après le 9 thermidor, mais, grâce à ses protections, cette dénonciation fut annulée. Il perd toutefois son grade dans l'affaire et se retrouve sans emploi jusqu'à ce que Bonaparte le charge, le 13 vendémiaire, de ramener 40 canons de la plaine des Sablons aux Tuileries.

Nommé chef de brigade le 2 février 1796, puis premier aide de camp de Bonaparte le 29 février suivant, il le suivit en Italie. Après avoir combattu à Dego, Ceva et Mondovi, il est chargé avec Junot d'aller porter à Paris les drapeaux pris à l'ennemi. Général de brigade le 10 mai 1796, il commande l'avant-garde de Vaubois dans l'expédition de Livourne (20 juin), entre dans la ville le 28.

**Nouvion** Jean-Baptiste (Mézières [Ardennes], 26 janvier 1753 – Delémont [Suisse], 4 août 1825).

Le 8 mai 1792, Nouvion est aide de camp du général du Chastellet à l'armée du Rhin, puis lieutenant-colonel aide de camp du général Berruyer, commandant l'armée de l'Intérieur (26 septembre 1792). Promu chef de brigade le 1er mars 1793, il sert à l'armée des Côtes comme chef d'état-major. À l'armée de Rhin-et-Moselle le 13 juin 1795. Le 2 août 1796, il est employé à la 6e division militaire, puis le 3 février 1797, il commande la place de Landau avant de servir sous Gouvion Saint-Cyr au moment de l'occupation de l'évêché de Bâle (15 au 20 décembre 1797). À l'armée d'Italie, il occupe Delémont en avril 1798 puis chef de la division de l'intérieur de l'Helvétie (30 avril 1799).

**Pijon Jean-Joseph-Magdelaine** (Lavaur [Tarn], 7 septembre 1758 – Magnano [Vérone], 5 avril 1799).

Le 1er janvier 1791, Pijon est sergent-major. Un an plus tard, le 1er février 1792, il est adjudant-major au 1er bataillon de volontaires de la Haute-Garonne et prend part à l'affaire du camp de Jalès le 12 juillet suivant. Le 10 novembre, il est nommé lieutenant-colonel en second de son bataillon puis employé à l'armée d'Italie de 1792 à 1799. Nommé provisoirement général de brigade le 3 décembre 1794, employé à la division Sérurier en février 1795, confirmé dans son grade le 13 juin suivant, il est ensuite sous Masséna à la division Sérurier (19 juin), puis Laharpe (25 novembre). En 1796, il commande, le 9 avril, l'infanterie légère de la division Masséna. Fait prisonnier à Lonato le 3 août 1796, il sera délivré un mois plus tard. Le 15 septembre, il prend part à la bataille de Saint-Georges, puis le 14 juin commandant la 5e brigade d'infanterie légère (12e et 26e légères) de la 7e division sous Delmas. Muté à l'armée d'Angleterre le 12 janvier 1798 puis commandant de la division Mesnard en Helvétie où il prend d'assaut Fribourg (2 mars 1798), passe la Sarine trois jours plus tard et attaque les Suisses à Neuenegg où il doit battre en retraire. Nommé chef de la 2e brigade légère à la division Kléber le 14 avril 1798, il ne fut pas parmi les candidats à l'expédition d'Égypte mais suivit Brune en Italie et fut attaché à la division Victor où il combattra jusqu'à sa blessure mortelle, à la bataille de Magnano, le 5 avril 1799.

**Pouget Jean-Pierre, baron** (Péret [Hérault], 5 octobre 1761 – Montpellier, 7 février 1825).

Le 10 novembre 1791, Pouget est élu lieutenant-colonel en second du 1er bataillon de volontaires de l'Aude avant de servir aux armées du Midi puis des Alpes de 1792 à 1793. Cette même année 1793, il est nommé à titre provisoire adjudant général chef de brigade (16 avril). Après avoir servi au siège de Lyon, il obtient le grade de général de brigade à titre provisoire (confirmé le 16 novembre). Le 3 avril 1794, il est nommé général de division à titre provisoire (confirmé le 14 novembre 1794). À Carouge, le 20 avril, commandant la 3e division de l'armée des Alpes à Bonneville (20 juin). L'année 1795 le voit nommé à la tête de la 2e division de l'armée des Alpes. En 1797, il est à Lyon comme commandant de la ville et du département puis, le 13 août 1798, il est à l'armée d'Helvétie avant d'être à Milan le 27 septembre où il est commandant de la place et du château de Milan, puis, le 27 décembre, des départements des Basses-Alpes et des Alpes-Maritimes.

**Poussielgue Jean-Baptiste-Etienne** (Paris, 21 mars 1764 – 1851).

Diplomate, appelé par Bonaparte dès 1797 pour étudier les possibilités de s'emparer de Malte, il participe à la campagne d'Égypte. Administrateur général des finances de l'armée d'Orient puis « de l'Égypte », membre de l'Institut d'Égypte.

**Racord Pierre-Paul** (mort le 27 avril 1841)

Capitaine de vaisseau au moment d'Aboukir, excellent marin et homme courageux, il n'en fut pas moins mis à la retraire après Aboukir.

**Rampon Antoine-Guillaume, comte** (Saint-Fortunat [Ardèche], 16 mars 1759 – Paris, 2 mars 1842).

Le 12 janvier 1792, Rampon est sous-lieutenant et sert sous le général d'Anselme à Nice puis à l'armée des Pyrénées-Orientales de 1793 à 1795. Lieutenant (5 août 1792), puis capitaine le 8 septembre 1793, il est nommé adjudant général chef de bataillon provisoire le 5 octobre 1793 puis, dix jours plus tard, chef de brigade provisoire de la 161e de bataille, nommé adjudant général chef de brigade (colonel) provisoire sur le champ de bataille de Villelongue le 19 novembre 1793. Blessé et fait prisonnier le 20 décembre de la même année, il rentre en France en 1795, alors qu'il est nommé chef de brigade à la date du 1er mai 1794 et chargé par le général en chef Schérer de commander provisoirement la 120e demi-brigade de bataille à l'armée d'Italie, le 27 novembre 1795. Le 11 avril 1796, pour avoir défendu victorieusement la redoute de Montelegino face à 10 000 Autrichiens, il est nommé provisoirement général de brigade par Bonaparte. Il servit à Montenotte, et sera confirmé général de brigade le 24 avril 1796. Sert en Italie où il commande la 2e brigade de la division Masséna, servit ensuite à l'avant-garde à Rivoli et à La Favorite, commandant la 2e brigade (18e et 32e de ligne) de la même division, il est désigné pour l'armée d'Angleterre le 12 janvier 1798 mais est envoyé en Suisse, de janvier à mars 1798. Rappelé à Toulon, il commande le 32e de ligne de la division Kléber à l'armée d'Orient, puis la 2e brigade (18e et 32e de ligne) à la division Bon, servit à la bataille des Pyramides et s'empara du village d'Embabeh le 21 juillet. Du 1er août 1798 au 30 janvier 1799, il est commandant de la province d'Alfieh, entre à Suez le 27 novembre 1798 et servit dans l'expédition de Syrie.

**Reynier Jean-Louis Ebenézer** (Lausanne [Suisse], 14 janvier 1771 – Paris, 27 février 1814).

Entré comme aspirant à l'École des Ponts et Chaussées à Paris en mai 1789, Reynier se retrouve canonnier volontaire le 2 septembre 1792 puis il incorporé, le lendemain, avec sa compagnie au 7e bataillon

de Paris avec lequel il rejoint l'armée de Dumouriez. Le 30 septembre, il est rappelé à Paris pour être employé comme ingénieur aux travaux de fortification commencés dans la plaine Saint-Denis. Capitaine adjoint aux adjudants généraux de l'armée du Nord, il servit à Jemmapes (6 novembre 1792), au siège de Maestricht, à Neerwinden (18 mars 1793). Le 5 septembre 1793, il est nommé adjudant général chef de bataillon, puis adjudant général chef de brigade et chef d'état-major de la division Souham à l'armée du Nord (17 février 1794). Général de brigade à titre provisoire, il refuse le grade. Après la campagne de Hollande, il est à nouveau promu général de brigade le 13 janvier 1795 puis nommé provisoirement chef d'état-major de l'armée du Nord le 31 mars. Le 14 mars 1796, il est chef d'état-major de Moreau. Général de division le 1<sup>er</sup> novembre 1796. Le 26 mars 1798, il est employé à l'armée d'Orient comme général de division (3<sup>e</sup> et 85<sup>e</sup> de ligne et 22<sup>e</sup> de chasseurs à cheval et 18<sup>e</sup> dragons). Le 10 juin, il occupe l'île de Gozo, servit aux Pyramides, gouverneur de la province de Charquieh, il prit part à l'expédition de Syrie le 23 janvier 1799.

**Sahuguet Jean-Joseph-François-Léonard Damarzit de Laroche** (Brive [Corrèze], 12 octobre 1756 – Tobago [Antilles], 26 décembre 1802).

En juillet 1791, Sahuguet est déjà lieutenant-colonel du 14<sup>e</sup> dragons; puis colonel le 17 juin 1792. Le 28 septembre de la même année, on le retrouve maréchal de camp à l'armée des Pyrénées. Le 7 novembre 1793, il est suspendu de ses fonctions parce que noble. Décrété d'arrestation le 10 janvier 1794, il est réintégré dans l'armée des Pyrénées le 8 mai 1795. Général de division un mois plus tard (13 juin 1795), il commande la 20<sup>e</sup> division militaire à Périgueux. Désigné pour l'armée du Rhin le 20 avril 1796, il est en fait employé à l'armée d'Italie le 18 juin. Commandant la Lombardie, Pavie et Lodi à la place de Despinoy, le 10 juillet 1796, il commande la division Sérurier à la place de Fiorella, le 9 août. Une semaine plus tard, il dirige le blocus de Mantoue avant de retourner à Milan le 13 décembre 1796. Il devient gouverneur de la Romagne à partir du 4 février 1797, puis commanda la 8<sup>e</sup> division militaire du 9 juin au 20 septembre 1797, date à laquelle il est rappelé à l'armée d'Italie où il est employé jusqu'au 7 octobre.

**Saumarez James, 1<sup>er</sup> baron** (Guernesey, 2 mars 1757 – 9 octobre 1836).

La vie de marin de Saumarez débute en 1770 comme mousse sur le *HMS Winchelsea*. En 1795, Saumarez commande le *HMS Orion* de 76 canons, au sein de la Flotte de la Manche et participe à la bataille du Cap Saint-Vincent (1797) où il pousse à la reddition le navire espagnol *Salvador del Mundo* avant d'attaquer le *Santisima Trinidad* avec le concours du *HMS Excellent* qui aurait été amené à se rendre si les secours espagnols n'étaient pas arrivés. Saumarez est ensuite à Cadix, de fin 1797 à avril 1798. En mai de cette même année, il rejoint Nelson qui en fait le second commandant à la bataille d'Aboukir où il se distingue, notamment en forçant à la reddition les navires français *Le Peuple Souverain* et le *Franklin*.

**Schauenburg Alexis Balthazar Henri** (Hellmer [Moselle], 31 août 1748 – Geudertheim [Bas-Rhin], 1<sup>er</sup> septembre 1831).

Au 1<sup>er</sup> janvier 1791, Schauenburg est lieutenant-colonel, puis colonel le 23 septembre de la même année. Le 8 septembre 1792, il remplace Berthier comme chef d'état-major de Kellermann puis de Beurnonville et de Ligniville. Le 3 août 1793, il est nommé commandant en chef de l'armée de Moselle, en remplacement de Houchard, mais est suspendu un mois plus tard. Arrêté, il est libéré le 7 août 1794 et réintégré dans son grade le 7 mars 1795. Inspecteur général des armées de Rhin-et-Moselle et Sambre-et-Meuse le 13 février 1797, puis de Rhin-et-Moselle seulement en avril suivant, il est, à partir du 24 septembre 1797, commandant des troupes de l'armée du Rhin stationnées dans le département du Mont-Terrible à partir du 29 janvier 1798. À l'armée d'Helvétie sous Brune, à partir du 5 février, il prend Soleure le 2 mars et Berne trois jours plus tard. Le 8 mars, il est nommé commandant en chef de l'armée d'Helvétie à la place de Brune. Le 28 mars il s'empare d'Appenzell et de Stans. Le 10 décembre, il remet son commandement à Masséna pour rester inspecteur général d'infanterie à l'armée de Mayence et des troupes en Helvétie.

**Soleil Eléonore-Jean-Nicolas** (Cherbourg, 6 janvier 1767 – Octeville, 11 mars 1824).

Né dans une famille de chirurgiens, Soleil commence sa carrière dans la marine marchande. Le 1<sup>er</sup> avril 1790. Le 1<sup>er</sup> avril 1793, Soleil rejoint la marine comme mousse de première classe. En février 1794, il est promu enseigne et sert à partir de mars, sur le *Généreux*. Promu lieutenant en décembre 1794 et commandant en mars 1796 servant comme capitaine en second sur le *Généreux*. En juillet 1796, il est transféré sur le *Formidable*. En mai 1798, Soleil reçoit le commandement de la frégate *Diane*. Il prend part à la bataille d'Aboukir, réussissant à s'enfuir à Malte où il restera jusqu'en août 1800.

**Suchet Louis-Gabriel** (Lyon, 2 mars 1770 – Saint-Joseph [Marseille], 3 janvier 1826)

Le futur maréchal commence sa carrière militaire en 1791. Du 12 mai 1792 au 20 septembre 1793, il est soldat dans

une compagnie franche de l'Ardèche où il devient successivement sous-lieutenant puis capitaine. Le 20 septembre 1793, il est élu lieutenant-colonel en chef du 4e bataillon de volontaires de l'Ardèche, servit au siège de Toulon où il fit prisonnier le général anglais O'Hara (décembre 1793), puis servit de 1794 à 1797 à l'armée d'Italie. Il combat à Loano (23 au 24 novembre 1795), à Dego et Cosseria (13 avril 1796), à Lodi, Borghetto (30 mai), Castiglione (5 août), Bassano (8 septembre). Au combat de Cerea, le 12 septembre, il est blessé d'un coup de feu, mais n'en continue pas moins à se battre.

S'ensuivent les combats de Saint-Georges, Arcole, Rivoli. Blessé une nouvelle fois à Neumarkt le 2 avril 1797, il est nommé chef de brigade provisoire de la 18e de ligne le 28 octobre 1797 puis est nommé chef-d'état-major de Brune en Suisse (février-mars 1798), il est chargé de porter au Directoire vingt-cinq drapeaux pris à Fribourg, Neuenegg et Gümenen. Général de brigade le 23 mars 1798, il est désigné pour l'armée d'Égypte, mais dût se rendre à Paris pour se disculper d'accusations portées contre sa gestion en Suisse. Nommé chef d'état-major par intérim de l'armée d'Italie en l'absence de Leclerc, du 9 mai au 24 juin 1798, le 22 août, il devient le chef d'état-major de l'armée d'Italie, mais, le 14 octobre, il est remplacé par Montrichard. Resté en Italie avec Joubert, il est nommé à l'armée d'Helvétie le 2 décembre 1798, mais ne rejoint pas son poste. Il est alors destitué (27 décembre 1798).

**Sugny Jean-Marie Vital-Ramey de** (saint-Just-en-Chevalet [Loire], 4 juin 1753 – Bezons [Paris], 21 mars 1821).

Le 1er avril 1791, Sugny est capitaine en second, puis capitaine commandant au 4e régiment d'artillerie, le 6 février 1792. Il est nommé chef de bataillon le 15 juin 1793.

Sert à Toulon, nommé provisoirement chef de brigade (29 décembre 1793) et servit à l'armée d'Italie de 1796 à 1800 où il est chef d'état-major de l'artillerie de ladite armée à partir du 1er avril 1796 avant de commander provisoirement l'artillerie de l'armée d'Italie du

28 mai à août 1796. Le 18 décembre, on le retrouve commandant de l'artillerie en Lombardie. Général de brigade d'artillerie, commandant l'artillerie sous Joubert, le 21 février 1797, le 13 mai il commande l'artillerie contre Venise. Le 9 janvier 1798, il commande l'artillerie de l'armée d'Italie.

**Thevenard Antoine René** (1766 – Aboukir, 1er août 1798).

En 1793, le lieutenant Thévenard capture la frégate *Insurgente*. Promu capitaine en été de la même année, il est à bord de la frégate *Révolutionnaire*. En 1795, Thévenard est nommé au commandement du *Wattignies*, avec lequel il quitte Lorient pour l'île d'Aix. L'année suivante, il conduit une division navale à Saint-Domingue et est promu chef de division la même année. En décembre, il prend part à l'expédition d'Irlande. Commandant de *l'Aquilon*, une unité de 74 canons, il est tué à Aboukir.

**Thompson Thomas**, 1er baron (Barham [Angleterre], 28 février 1766 – Hartsbourne [Angleterre], 3 mars 1828).

Capitaine en 1790, Thompson se bat à Santa Cruz de Tenerife en juillet 1797 où il est lui-même blessé. Par la suite, il commande une escadre et poursuit les bateaux français et espagnols. Il retourne à Gibraltar mais ordre lui est donné de repartir en mer et de renforcer Nelson dans sa chasse à la flotte française qui s'est échappée de Toulon. Il participe à la bataille d'Aboukir à bord du *HMS Leander* et, malgré sa petite taille, canonne *l'Orient* et le *Franklin* en compagnie du *HMS Defence* et du *HMS Swiftsure* jusqu'à la reddition du *Franklin*. Ensuite de quoi, à bord du *Leander*, Thompson poursuivit la bataille sur l'arrière de la flotte française.

**Troubridge Thomas sir, 1er baron** (Londres, env. 1758 – à bord du *HMS Blenheim*, 1er février 1807).

Capitaine en janvier 1783, Troubridge reçoit le commandement de la frégate *Castor* en mai 1794, lorsque celui-ci est capturé par les Français et Troubridge emprisonné. Libéré rapidement, il est nommé sur le *Culloden* et participe à la bataille du Cap Saint-Vincent en 1797. En août 1798, alors qu'il prenait position pour l'attaque de la flotte française, le *Culloden* rencontra un récif qui l'empêcha de participer à la bataille, mais n'en fut pas moins récompensé par la médaille d'or commémorant la victoire. Troubridge servit ensuite en Méditerranée et fut créé baron le 30 novembre 1799.

**Truguet Laurent-Jean-François, comte** (Toulon, 10 janvier 1752 – Paris, 26 décembre 1839).

Rallié aux idées de la Révolution, il est capitaine de vaisseau en janvier 1792, contre-amiral en juillet. Il commanda l'escadre qui attaqua Nice, Oneglia et Cagliari,et connut l'échec. Destitué et emprisonné, il fut sauvé par le 9 thermidor et réintégré en avril 1795. Promu vice-amiral en mai de la même année, il est ministre de la Marine de novembre 1795 à juillet 1797. C'est lui qui organise la malheureuse expédition d'Irlande. En 1798, il est ambassadeur en Espagne.

**Trullet Jean-François-Timothée dit Trullet Aîné** (Saint-Tropez, 15 avril 1755 – Toulon, 27 mai 1819).

Né dans une famille de marins et frère aîné de Louis-Léonce Trullet (v. ce nom), Jean-François Timothée Trullet rejoint la marine comme mousse en 1770. Il est nommé capitaine de commerce en 1777 et, en 1779, il rejoint la marine comme enseigne auxiliaire. A servi dans la marine marchande avant 1790. En 1792, il est promu lieutenant et, en février 1793, il sert à bord de l'*Heureux*. En mai 1795, il reçoit une promotion temporaire comme capitaine et est envoyé sur le *Victoire* comme capitaine en second. En mai 1795, il obtient le commandement du *Duquesne*.

En 1798, Trullet commande le *Guerrier*, un navire de 74 canons avec lequel il prend part à la bataille d'Aboukir au cours de laquelle il sera fait prisonnier et son bateau, gravement endommagé, sera ensuite détruit par les Anglais. Relâché sur parole en novembre 1798, Trullet est sans commandement jusqu'en 1803.

**Trullet Louis-Léonce** (Saint-Tropez, 6 octobre 1756 – Toulon, 1er février 1827). En 1784, Trullet est nommé capitaine. En septembre 1793, il est sollicité par l'ambassadeur de France à Constantinople pour renvoyer en France les lettres interceptées. Arrivé au large du fort de Brégançon, son navire est intercepté par les Anglais qui sont repoussés tandis que Trullet met les documents à l'abri. Pour cette action, il est promu capitaine en janvier 1794. En 1797, il commande le *Guillaume Tell*, et, plus tard, le *Conquérant*, puis, en 1798, le *Peuple Souverain* et, plus tard, le *Timoléon*.

**Vaubois Charles-Henri, comte de Belgrand de** (Clairvaux [Aube], 1er octobre 1748 – Beauvais, 5 novembre 1839).

Le 1er avril 1792, Charles-Henri Vaubois est capitaine-commandant au 4e régiment d'artillerie à pied, puis, le 11 octobre, lieutenant-colonel en second du 3e bataillon de volontaires de la Drôme. Sert à l'armée des Alpes où il est nommé, à titre provisoire, général de brigade. Confirmé dans son grade le 6 septembre de la même année. Général de division, commandant la 1re division de l'armée des Alpes, le 8 mai 1796, il passe ensuite à l'armée d'Italie. Employé au siège de Mantoue en juin 1796, il s'empare de Livourne (26 juin) dont il devient le commandant. Commandant de la division Sauret le 30 août, il prend part aux combats dans le Tyrol et à la bataille de Rivoli. De retour à Livourne, le 21 novembre, il commande la 23e division militaire, en Corse de janvier 1797 au 2 avril 1798. Il rejoint alors Bernadotte en route pour Malte où il s'empare de la Cité Vieille (10 juin). Commandant l'île à partir du 19 juin, il capitule le 3 septembre 1800.

**Veaux Antoine-Joseph, baron** (Seurre [Côte-d'Or], 17 septembre 1764 – Dijon, 24 septembre 1817).

Le 27 août 1792, Veaux est capitaine de la 1re compagnie du 1er bataillon de volontaires de la Côte-d'Or. Après un passage aux armées du Nord puis des Alpes, il est à l'armée d'Italie, division Sauret le 10 juillet 1796 puis Joubert. Sert à Rivoli, à la Favorita (16 janvier 1797), prit part à la poursuite d'Alvinzy. Général de brigade le 10 mars 1797, il est ensuite commandant de la 4e brigade d'infanterie légère à la place de Vial, puis à la 5e division de Joubert le 14 juin. Le 12 janvier 1798, il est désigné pour l'armée d'Angleterre, puis pour l'armée d'Orient le 5 mars suivant, incorporé à la division Baraguay d'Hilliers où il commande la 1re brigade (22e légère). Il sert à la répression du Caire (21 au 22 octobre), puis fait partie de l'expédition de Syrie au sein de la division Lannes. Grièvement blessé devant Saint-Jean-d'Acre, en avril 1799, il est fait prisonnier, puis rapatrié en novembre.

**Vial Honoré, baron** (Antibes [Alpes-Maritimes], 22 février 1766 – Leipzig, 18 octobre 1813).

Après des débuts dans la marine, Vial est sous-lieutenant au 26e régiment d'infanterie le 12 avril 1792. Il sert en Corse de 1792 à 1794 où il est employé à la défense de Bastia. Muté à l'armée du Nord, en juin 1794, il est nommé, le 10 décembre, adjudant général chef de brigade à titre provisoire (confirmé le 26 janvier 1795). Employé à l'armée des Alpes puis à l'état-major général de l'armée d'Italie. Il entre à Crémone le 12 mai 1796, ce qui lui vaut la nomination au grade de général de brigade à titre provisoire le 28 août. Il restera en Italie jusqu'en janvier 1798 et participera aux différents combats de la seconde phase de la Première Campagne d'Italie. Le 19 février 1798, il est commandant à Rome et le 5 mars, il est désigné pour l'armée d'Orient, sous Baraguay d'Hilliers d'abord puis sous Menou où il commande les 13e et 69e de ligne (23 juin). Il servit ensuite à la prise d'Alexandrie et commande la division Menou à la bataille des Pyramides (21 juillet).

**Villaret de Joyeuse Louis-Thomas, comte** (Auch, 29 mai 1748 – Venise, 24 juillet 1812).

En janvier 1792, il est capitaine de vaisseau et commande *Le Trajan*. Promu contre-amiral en novembre 1793, il commande l'armée navale de Brest. En 1794, lors des combats dits « de prairial », malgré la perte de huit navires, il permit l'entrée à Brest du convoi d'Amérique venant sauver la France de la famine. Vice-amiral en septembre 1794, il livre le 23 juin 1795 le combat naval de Groix qui fut un échec en raison du manque de discipline des équipages. Nommé commandant de l'expédition d'Irlande, il est remplacé parce qu'il en dé-

sapprouvait le plan. Député du Morbihan aux Cinq-Cents en 1797, siégeant parmi les modérés, il fut atteint par le coup d'État du 18 fructidor (7 septembre 1797), fut proscrit et condamné à la déportation, mais parvint à s'échapper. En 1798, il est en Angleterre.

**Villeneuve Pierre-Charles de** (Valensole [Alpes-de-Haute-Provence], 31 décembre 1763 – Rennes, 22 septembre 1806).

Capitaine de vaisseau en février 1793, destitué comme noble neuf mois plus tard, il est toutefois réintégré en 1795. Major-général à Toulon, nommé contre-amiral en septembre 1796, il devait conduire, de Brest à Toulon, une division qui devait prendre part à l'expédition d'Irlande, mais arriva trop tard. En avril 1798, il commande, sur le *Guillaume Tell*, une division dans l'escadre de Brueys. Son inertie à Aboukir lui sauve peut-être la vie. Il arrive à Malte avec deux vaisseaux et deux frégates. Il sera néanmoins fait prisonnier lors de la capitulation de l'île en septembre 1800.

**Willet Miller Ralph** (New York, 24 janvier 1762 – Jaffa, 14 mai 1799).

Le début des guerres de la Révolution voit Miller à bord du navire de 98 canons *HMS Windsor Castle* en Méditerranée. Après la fin du siège de Toulon, Miller est chargé par Sidney Smith de détruire les bateaux français et les arsenaux. Le 12 janvier 1796, il lui est donné le *HMS Mignonne*, mais l'amiral Jervis lui assigne la Méditerranée jusqu'à l'arrivée de Nelson qui en fait le commandant du navire-amiral, le *HMS Captain*; navire avec lequel il participe à la bataille du Cap St-Vincent le 14 février 1797. Miller suivit ensuite Nelson à bord du *HMS Theseus*. Aux commandes de ce navire, il participe à la bataille d'Aboukir, au cours de laquelle il est blessé, puis envoyé à Gibraltar avec le capitaine James Saumarez pour escorter les prises françaises.

Par la suite, Miller et le *Theseus* retournent en Méditerranée orientale en décembre, agissant comme partie de la flotte de Sidney Smith. Il soutint Smith au siège de Saint-Jean-d'Acre en bombardant les positions françaises entre Acre et Jaffa. Il mourra dans l'explosion accidentelle de son bateau.

Devant les Pyramides,
le général en chef Bonaparte.

# L'aventure continue

Malgré les apparences, l'année 1798 se termine plutôt mal pour la France et ses armées. En effet, depuis le 12 septembre, la Seconde Coalition voit la moitié de l'Europe unie contre la République. Alors que l'année se termine, de mauvais présages annoncent l'imminence d'une catastrophe militaire. Russes, Autrichiens, Napolitains, Anglais, Turcs, tous vont se ruer sur les armées françaises disséminées un peu partout en Europe et les obliger à se battre sur la défensive.

Et l'année 1799 verra nos armées reculer partout où elles sont installées tandis que le Directoire s'enfonce dans l'anarchie et la corruption, préparant la voie à Bonaparte et au 18 Brumaire.

La campagne d'Égypte. Bonaparte, avec Vivant Denon (à sa droite )et un groupe formé de savants, d'artistes et de militaires assistent à l'arrivée, sous le regard d'un tambour de la Ligne, des deux ouvriers égyptiens portant le sarcophage d'une momie de la XXIIe dynastie. *(Huile sur toile de Léon Cogniet, Google Art Project)*

# *L'éphéméride de l'année 1798*

**28 janvier**
Traité de réunion de la république de Mulhouse à la France

**10 février**
Entrée à Rome d'une armée française, commandée par Berthier. Occupation du château Saint-Ange

**15 février**
Révolution à Rome; le peuple abolit le gouvernement sacerdotal, et établit une république romaine dirigée par cinq consuls. Le Pape se retire en Toscane et fixe sa résidence dans la Chartreuse de Pise.

**21 février**
Traité d'alliance et de commerce entre la République française et la République cisalpine.

**5 mars**
À Berne, les Bernois capitulent après une sanglante bataille contre les Français.

**11 avril**
Établissement de la République helvétique sur le modèle français.

**12 avril**
Bonaparte est nommé commandant en chef de l'armée d'Orient

**15 avril**
Entrée à Genève des troupes françaises. Le 26 est signé le traité qui la réunit à la France

**19 mai**
Départ de Toulon de l'armée d'Orient à bord de la flotte française

**10 juin**
Occupation de Malte. L'île capitulera deux jours plus tard

**1er juillet**
L'armée d'Orient débarque près d'Alexandrie

**2 juillet**
Prise d'Alexandrie

**7 juillet**
Bonaparte quitte Alexandrie et prend la route du Caire.

**13 juillet**
Bonaparte bat les Mamelouks à Chebreis

**21 juillet**
Victoire des Pyramides

**1er août**
Désastre d'Aboukir. Nelson détruit la flotte de Brueys

**11 août**
À Salahieh, Bonaparte bat l'arrière-garde d'Ibrahim Bey

**20 août**
Création de l'Institut d'Égypte

**25 août**
Expédition de Desaix pour la Haute-Egypte

**9 septembre**
Insurrection dans l'île de Malte contre les Français.
Les habitants du canton d'Unterwald, en Suisse, insurgés contre les Français, sont complètement défaits.

**12 septembre**
La Porte déclare la guerre à la France, à cause de l'expédition d'Égypte

**24 septembre**
Le Corps Législatif, en France, décrète une levée de 200 000 conscrits.

**7 octobre**
À Sediman, Desaix bat Mourad-Bey.

**16 octobre**
Le gouvernement français forme 16 demi-brigades d'infanterie, dont deux d'infanterie légère.

**21 octobre**
Révolte du Caire.

**24 novembre**
15 000 Français sont attaqués sur le territoire romain par les 80000 Napolitains de Mack.

**29 novembre**
L'armée du roi de Naples réoccupe Rome.

**4 décembre**
Macdonald bat, à Civita-Castellana, l'armée napolitaine. Le roi de Naples se retire de Rome.

**6 décembre**
La France déclare la guerre au roi de Sardaigne et de Naples.

**15 décembre**
Le général Championnet bat les troupes napolitaines du général Mack.
Les Français font 11 000 prisonniers, et rentrent vainqueurs dans Rome.

**9 décembre.** Les Français battent les Napolitains à Calvi.

**23 décembre**
La Russie conclut, à Constantinople, un traité d'alliance avec La Porte et envoie une armée contre la France.

**25 décembre**
Bonaparte quitte Le Caire pour Suez.

# L'armée d'Orient en 1798

**Commandant en chef**
Général Bonaparte

**– Aides de camp**
Junot, Eugène de Beauharnais,
Louis Bonaparte, Sulkowski, Julien, Duroc,
Croizier, Marmont, Le Marois, Lavalette

**– Secrétaire**
Bourrienne

**LES GUIDES DU GÉNÉRAL EN CHEF**

– **À cheval** (1 escadron) 120 hommes
Bessières
– **À pied** (1 bataillon) 600 hommes
– **Artillerie à pied** (1 bat.) 800 hommes

**L'ÉTAT-MAJOR**

**– Chef d'état-major**
Général Berthier
**– Sous-chef d'état-major**
Grézieu

**L'ARTILLERIE**

**– Commandant de l'artillerie**
Dommartin
**– Directeur du grand parc**
Songis
**– Chef d'état-major**
Fouler
**– Artillerie divisionnaire**
Latournerie, Faure, Grobert, Digeon, Motte,
Ruty, Vaille
**– Directeurs d'artillerie**
Faultrier (Alexandrie) & d'Anthouard (Le Caire)
**– Train des équipages**
Thévenin

**LE GÉNIE**

**– Commandant le génie**
Caffarelli du Falga
**– Chef d'état-major**
Detroy
**– Directeurs**
du Cretin (Alexandrie)
et Sanson (Le Caire)
**– Directeur des fortifications d'Alexandrie**
Tousard

**– Génie divisionnaire**
Bertrand, Cazais, Garbé, Geoffroy, Lazowski,
Michaux, Sabatier, Souhait, Rivereulx

**– Directeur des équipages de ponts**
Andréossy
**– Généraux surnuméraires**
Dugua, Dumay, Dupuy, Marmont

**L'ADMINISTRATION**

**– Ordonnateur en chef**
Sucy
**– Adjoint à l'ordonnateur en chef**
Daure
**– Chargé des subsistances**
Lechangeur
**– Habillement**
Thorin
**– Chef d'atelier**
Bernoyer
**– Magasin central**
Grandjean
**– Transports**
Thévenin
**– Postes**
Monicault et Guérin (adjoint)

**LE SERVICE DE SANTÉ**

**– Médecin-chef**
Desgenettes
**– Chirurgien en chef**
Larrey
**– Pharmaciens en chef**
Royer et Boudet
**– Payeur général des guerres**
Boinod

**L'INFANTERIE**

● **Division d'avant-garde** ou 2e division
Général Desaix
**– Chef d'état-major**
Donzelot
**– Généraux de brigade**
Belliard et Friant
**– 21e légère** (3 bat.) 2 100 hommes Chef de brigade Robin - Eppler
**– 61e de bataille** (3 bat.) 2 800 hommes Chef de brigade Conroux

**– 88e de bataille** (3 bat.) 1 500 hommes
Chef de brigade Silly - Morand

● **Division de droite** ou 3e division
Général Reynier
**– Chef d'état-major**
Julien
**– Généraux de brigade**
Damas et Verdier
**– 9e de bataille** (3 bat.) 1 900 hommes
Chef de brigade Simon
**– 85e de bataille** (3 bat.) 2 000 hommes
Chefs de brigade Davroux - Viala
**– Légion Maltaise** (2 bat.) 1 500 hommes
Chef de brigade Mac Sheehy

● **Division du centre** ou 1re division
Général Kléber
**– Chefs d'état-major**
Damas et Laugier
**– Généraux de brigade**
Lannes et Lanusse
**– 2e légère** (3 bat.) 1 700 hommes
Chef de brigade Desnoyers
**– 25e de bataille** (3 bat) 2 000 hommes
Chefs de brigade Venoux - Lefevre
**– 75e de bataille** (3 bats) 2 100 hommes
Chef de brigade Maugras

**Division de gauche** ou 4e division
Général Menou
**– Chef d'état-major**
Rambeaud
**– Généraux de brigade**
Vial et Mireur
**– 22e légère** (3 bat.) 2 000 hommes
Chavardès
**– 13e de bataille** (3 bat.) 2 000 hommes
Delegorgue
**– 69e de bataille** (3 bat.) 1 8000 hommes
Barthélemy

**– Division de réserve**
Général Bon
**– Chef d'état-major**
Valentin
**– Généraux de brigade**
Rampon et Murat
**– 4e légère** (2 bat.) 1 400 hommes
Chef de brigade Delzons
**– 18e de bataille** (3 bat.) 2 100 hommes
Chef de brigade Fugière
**– 32e de bataille** (3 bat.) 2 000 hommes
Chef de brigade Dupuy

## LA CAVALERIE

● **Division de cavalerie**
Général Dumas
**– Chef d'état-major**
Aimera
**– Généraux de brigade**
Leclerc et Zayonszek
**– 7e hussards** (3 escadrons) 500 hommes
Detrès
**– 22e chasseurs** (3 escadrons) 450 hommes
Lasalle
**– 3e dragons** (2 escadrons) 300 hommes
Bron de Bailly
**– 14e dragons** (3 escadrons) 400 hommes
Duvivier
**– 15e dragons** (2 escadrons) 300 hommes
Pinon
**– 18e dragon**s (4 escadrons) 400 hommes
Ledée
**– 20e dragons** (3 escadrons) 350 hommes
Boussart

## LES UNITÉS NON ENDIVISIONNÉES

**– Sapeurs** (1 bat.) 800 hommes
**– Mineurs-ouvriers** (1 bat.) 800 hommes.
**– Légion nautique** (3 bat.) 3 000 hommes
Martinet
– **Légion grecque**
Papas Oglou
– **Régiment de dromadaires**
Chef de brigade Cavallier

## GARNISON DE MALTE

– Général Belgrand de Vaubois
**– 7e de bataille** (1 bat.) 800 hommes
**– 19e de bataille** (2 bat.) 1 500 hommes

## GARNISON DE CORFOU

– Général Chabot
**– 6e de bataille** (3 bat.s) 2 400 hommes
**– 79e de bataille** (3 bat.) 2 400 hommes

# Sources et bibliographie


OUVRAGES GÉNÉRAUX

Napoléon Bonaparte -, *Correspondance générale*, tome II : 1798-1799, Fayard, 2005

Jacques Jourquin, *Dictionnaire historique des guerres et batailles de France*, Paris, 2005

Jean-Baptiste Lattil, *Campagne de Bonaparte à Malte, en Égypte et en Syrie*, Marseille, 1802

Thierry Lentz, *Dictionnaire des ministres de Napoléon*, Christian/Jas, Paris, 1999

Louis Madelin, *Histoire du Consulat et de l'Empire*, volume II, Robert Laffont/Bouquins, 2003

Alain Pigeard, *Dictionnaire des batailles de Napoléon*, Tallandier, 2004.

J.-B. Salgues, *Mémoires pour servir à l'histoire de France sous le gouvernement de Napoléon Buonaparte*, tome II, Paris, 1814

Albert Soboul, *Dictionnaire historique de la Révolution française*, Presses Universitaires de France, Paris, 1989

Adolphe Thiers, *Histoire de la Révolution française*, vol. 10, Paris, 1842

Jean Tulard, J.-F. Fayard, A. Fierro, *Histoire et dictionnaire de la Révolution française, 1789-1799*, Robert Laffont/Bouquins, 1987

SUR LE DIRECTOIRE

Paul Barras, *Mémoires*, Mercure de France, 2005

Jean-Denis Bredin, *Sieyès, la clé de la Révolution française*, Paris, 1988

Étienne Charavay, *La Révellière-Lépeaux et ses Mémoires*, Paris, 1895

Jean et Nicole Dhombres, *Carnot*, Paris, 1997

La Revelliere-Lepeaux, *Mémoires*, vol. 1 et 2, Paris, 1823

Christine Le Bozec, *La Première République, 1792-1799*, Perrin, 2014 ; *Barras*, Perrin, 2016

Léonard Gallois, *Dictionnaire historique de tous les ministres depuis la Révolution jusqu'en 1827*, Paris, 1828

Bernard Nabonne, *La diplomatie du Directoire et Bonaparte*, La Nouvelle Édition, Paris, 1951

Jean-René Suratteau, *Jean-François Reubell, l'Alsacien de la Révolution française*, Strasbourg, 1995

Jean Tulard, *La France de la Révolution et de l'Empire*, Presses Universitaires de France, 1995

Benoît Yvert (dir.), *Dictionnaire des ministres (1789-1989)*, Perrin, 1990

Laurent, marquis de Gouvion Saint-Cyr, *Mémoires pour servir à l'histoire militaire du Directoire, du Consulat et de l'Empire*. Tome I, 1798 et 1799, Paris, 1831

SUR LES PAYS CONQUIS

Christophe De Voogd, *Histoire des Pays-Bas des origines à nos jours*, Fayard, 2003

Jean-Louis Harouel, *Les Républiques sœurs*, Que sais-je ? 3209, Paris, 1997

SUR L'EMPIRE OTTOMAN

Jean-Louis Bacqué-Grammont, Robert Mantran (dir.), *Histoire de l'Empire ottoman*, Fayard, 1989

SUR L'ESPAGNE

Philippe Nourry, *Histoire de l'Espagne*, Tallandier, 2013

Joseph Perez, Histoire de l'Espagne, Fayard, 2008

SUR L'AUTRICHE

Jean Berenger, *Histoire de l'empire des Habsbourg*, Fayard, 2004

Henry Bogdan, *Histoire des Habsbourg*, Perrin, 2002

SUR L'ANGLETERRE

Roland Marx, *Histoire de l'Angleterre*, Fayard, 2010

SUR LE PORTUGAL

Jean-François Labourdette, *Histoire du Portugal*, Fayard, 2014

SUR LA PRUSSE

Jean-Paul Bled, *Histoire de la Prusse*, Fayard, 2007

SUR LA RUSSIE

Pierre Gonneau, *Histoire de la Russie. D'Ivan le Terrible à Nicolas II*, Tallandier, 2016

Nicholas V. Riasanovski, *Histoire de la Russie. Des origines à 1996*, Robert Laffont/Bouquins, 2e édition 1994.

SUR LA CAMPAGNE D'HELVÉTIE

Eugène Muret, *L'invasion de la Suisse en 1798*, 2 vol., Lausanne, 1881-1884

SUR LA CONQUÊTE DE MALTE

Alain Blondy, *L'Ordre de Malte au XVIIIe siècle: Des dernières splendeurs à la ruine*, Paris, 2002

Anne-Marie Edde, *Saladin*, Paris, 2008

Jacques Godechot, *Histoire de Malte*, Que sais-je? 509, 1970.

SUR LA MARINE FRANÇAISE

Frédéric Chasseriau, *Précis historique de la marine française: son organisation et ses lois*, vol. 1, Paris, 1845

Victor Frond, *Histoire de la marine française au XIXe siècle*. Portraits et autres, Paris, 1868

Edmond Jurien de la Gravière, *Guerres maritimes sous la République et l'Empire*, Paris, 1833

Jules Lecomte et Fulgence Girard, *Chroniques de la marine française de 1789 à 1830*, vol. 2, Paris 1836

Philippe Masson, *Marines et constructions navales 1789-1989*, Paris, 1989; Histoire de la Marine, vol. 1, l'ère de la voile, Lavauzelle, 1992

Remi Monaque, *Histoire de la marine de guerre française*, Paris, 2016

Étienne Taillemite, *Dictionnaire des marins français*, Ed. maritimes & d'Outremer, 1982

Michel Verge-Franceschi (dir.), *Dictionnaire d'histoire maritime*, 2 volumes, Robert Laffont/Bouquins, 2002

SUR LES GÉNÉRAUX FRANÇAIS

Jean-Claude Damamme, *Le maréchal Lannes*, Payot, 1999

Patrice Gueniffey, *Bonaparte*, Gallimard, 2013

Frédéric Hulot, *Le maréchal Berthier*, Pygmalion, 2007

Jean Tulard, *Murat*, Fayard, 1999

Jean Tulard, Louis Garros, *Napoléon au jour le jour*, Tallandier, 2002

SUR LA CAMPAGNE D'ÉGYPTE

Alexandre Berthier, *Mémoires de la Campagne d'Égypte*, Paris, 1827

Général Bertrand, *Campagnes d'Égypte et de Syrie*, Paris, 1847

J. Chanut, *Campagne de Bonaparte en Égypte et en Syrie*, Paris, 1832

Laure Murat, Nicolas Weill, *L'expédition d'Égypte*, Gallimard, 1998

Jean-Louis Ebenezer Reynier, *La campagne d'Égypte*, 1er volume, Paris, 1827

A.C. Thibeaudeau, *Histoire de la Campagne d'Égypte*, volume I, Paris, 1839

Jean Tranié, Jean-Louis Carmigniani, *La Campagne d'Égypte*, Pygmalion, 1988

SUR LA BATAILLE D'ABOUKIR

Michele Battesti, *La bataille d'Aboukir*, 1798, Paris, 1998

Lt de vaisseau Chalieu, *Histoire des combats d'Aboukir, de Trafalgar, etc.*, Paris, 1829

Roger Knight, *L'amiral Nelson*, Septentrion, 2015

Peter Padfield, *Nelson's War*, Wordsworth Military Library, Londres, 2000. Il s'agit de la réédition d'un ouvrage de 1976

Oliver Warner, *The Battle of the Nile*, Londres, B.T. Batsford, 1960

# Crédits photographiques

Page 19 Collection particulière, droits réservés (d), Bnf, French Revolution archives, Stanford, USA, Abecassis Science Library, droits réservés (c), Google Art Project, droits réservés (g).

Page 20 Collection particulière, droits réservés (d), Bnf, French Revolution archives, Stanford, USA, Abecassis Science Library droits réservés (c), photo privée, collection particulière, droits réservés (g).

Page 21 Collection privée, droits réservés (g), gravure XIX<sup>e</sup> siècle, droits réservés (c), Google Art Project, droits réservés (d).

Page 22 Collection particulière, droits réservés (c). Google Art Project, droits réservés (c), gravure XIX<sup>e</sup> siècle, droits réservés (d).

Page 23 Collection particulière, droits réservés (h), Google Art Project, droits réservés (bg), collection particulière (mc), Google Art Project, droits réservés (d).

Page 25 Bnf, French Revolution archives, Stanford, USA, Abecassis Science Library droits réservés (g), collection particulière (c), Google Art Project, droits réservés (d), Collection particulière (db).

Page 48 Collection particulière (g), Collection particulière, droits réservés (c), gravure XIX<sup>e</sup> siècle, droits réservés (d).

Page 49 *La France en Guerre*, droits réservés (c).

Page 50 Collection particulière (g), Google Art Project, droits réservés (c), *La France en Guerre*, droits réservés (d).

Page 51 Collection particulière (g), *La France en Guerre*, droits réservés (c).

Page 52 Photo privée, collection particulière, droits réservés (gc), collection particulière (d).

Page 53 Fonds Lapierre, droits réservés (c), *La France en Guerre*, droits réservés (d).

Page 54 *La France en Guerre*, droits réservés (c), Fonds Lapierre, droits réservés (d).

Page 55 Fonds Lapierre, droits réservés (g), Google Art Project, droits réservés (c), collection particulière, droits réservés (d).

Page 56 Fonds Lapierre, droits réservés (g).

Page 160 *National Maritime Museum*, photo privée, droits réservés (g), *La France en Guerre*, droits réservés (c), *National Maritime Museum*, photo privée, droits réservés (d).

Page 161 Collection particulière (g).

Page 162 Bnf, French Revolution archives, Stanford, USA, Abecassis Science Library droits réservés (g), *La France en Guerre*, droits réservés (c), Collection privée, droits réservés (d).

Page 163 Photo privée, collection particulière, droits réservés (g et c), Google Art Project, droits réservés (d).

Page 164 Google Art Project, droits réservés.

Page 165 Collection particulière (g), *La France en Guerre*, droits réservés (c), Collection particulière (d).

Page 166 Gravure XIX<sup>e</sup> siècle, droits réservés (c), Collection particulière (d).

Page 167 *National Maritime Museum*, photo privée, droits réservés (g), Gravure XIX<sup>e</sup> siècle, Photo privée, collection particulière, droits réservés (c), droits réservés (d).

Page 168 *National Maritime Museum*, photo privée, droits réservés (g et c), gravure XIX<sup>e</sup> siècle, droits réservés (d).

Page 169 *National Maritime Museum*, photo privée, droits réservés.

Page 170 Collection particulière (g), Google Art Project, droits réservés (d).

Page 171 Google Art Project, droits réservés (g et c), *La France en Guerre*, droits réservés (d).

Page 172 Gravure XIX<sup>e</sup> siècle, droits réservés (g), Gravure XIX<sup>e</sup> siècle, droits réservés (d).

Page 173 Collection particulière (g), photo privée, collection particulière, droits réservés (d).

Page 174 Fonds Lapierre, droits réservés (g), photo privée, collection particulière, droits réservés (gb) Google Art Project, droits réservés (c).

Page 175 *La France en Guerre*, droits réservés (c et d).

Page 176 *National Maritime Museum*, photo privée, droits réservés (c), Google Art Project, droits réservés (d).

Page 177. *La France en Guerre*, droits réservés (c), *National Maritime Museum*, photo privée, droits réservés (d).

Page 178. Fonds Lapierre, droits réservés (c), Collection particulière, droits réservés (b).

Page 179. Fonds Lapierre, droits réservés.

Dragons du 3e régiment en Égypte : officier, dragon et trompette en chapeau. *(Dessin de Eugène Lelièpvre collection particulière, droits réservés)*

« Cavalier » du régiment des dromadaires en grande tenue, à la fin de la campagne par Edouard Detaille.
*(Collection particulière, droits réservés)*

Les soldats français, sans doute influencés par les vestiges des hiéroglyphes, n'hésitent pas à laisser, sur les pierres millénaires, traces de leur passage. Il est certain que les ruines de l'Égypte pharaonique ont marqué les esprits de tous les membres de l'expédition.
*(Collection particulière, droits réservés)*

Achevé d'imprimer en mars 2020 sur les presses de l'imprimerie *Jelgavas tipografija* (Union européenne)
pour le compte des *Éditions Heimdal.*
Georges Bernage, éditeur